赚钱靠自己

——价值投资实践

周海平 著

东南大学出版社
SOUTHEAST UNIVERSITY PRESS
·南京·

内容简介

"授人以鱼不如授人以渔"。该书对股票投资作了非常全面和完整的阐述和总结:投资股票就是投资其所代表上市公司的未来,要预测公司的未来就需要分析公司的过去和现在。以此展开,从治理结构、业务模式、竞争优势到行业分析、宏观政策影响,再到财务数据分析预测、公司估值、投资策略、投资陷阱识别与预防等。不仅告诉投资者要做什么,还不断用实例和数据告诉投资者怎么做,用哪些工具做。该书语言简洁易懂、风趣幽默,让投资者不知不觉中就能读完本书。

专业和非专业投资人员都可以通过学习本书,掌握证券市场投资的基本思路和逻辑。

郑重声明:本书中涉及个股仅为内容分析之用,不作为投资推荐。投资决策须建立在独立思考之上,投资者据此投资,风险自担。

图书在版编目(CIP)数据

赚钱靠自己:价值投资实践 / 周海平著. —南京:东南大学出版社,2022.6
　ISBN 978-7-5766-0116-9

Ⅰ.①赚… Ⅱ.①周… Ⅲ.①投资—基本知识 Ⅳ.①F830.59

中国版本图书馆 CIP 数据核字(2022)第 079207 号

责任编辑:翟　宇　责任校对:韩小亮　封面设计:王　玥　责任印制:周荣虎

赚钱靠自己——价值投资实践

Zhuanqian Kao Ziji — Jiazhi Touzi Shijian

著　　者	周海平
出版发行	东南大学出版社
社　　址	南京四牌楼 2 号　邮编:210096　电话:025-83793330
网　　址	http://www.seupress.com
电子邮件	press@seupress.com
经　　销	全国各地新华书店
印　　刷	南京玉河印刷厂
开　　本	700mm×1 000mm　1/16
印　　张	16.25
字　　数	320 千字
版　　次	2022 年 6 月第 1 版
印　　次	2022 年 6 月第 1 次印刷
书　　号	ISBN 978-7-5766-0116-9
定　　价	68.00 元

本社图书若有印装质量问题,请直接与营销部联系。电话(传真):025-83791830。

专 家 推 荐

价值投资来源于投资者参与资本市场的大量投资实践,已经成为控制投资风险并寻求投资收益的重要分析框架。对于机构投资者或者个人投资者来说,价值投资的专业价值并没有根本的差异。不过,从目前的市场情况看,价值投资已经基本成为主流机构投资者的共识,但是在个人投资者群体中推广价值投资,还需要市场共同付出努力,这不仅对个人投资者有利,实际上对整个资本市场的健康发展,以及促进资本市场提升资源配置效率,都有积极的意义。本书从普通投资者的视角,以深入浅出的方式,系统介绍了价值投资理念,梳理了如何在中国证券市场实践价值投资的不同环节,颇有参考价值。在中国资本市场实行全面注册制改革、对外开放不断扩大之际,这本书的出版更有意义。特此推荐。

——巴曙松教授(北京大学汇丰金融研究院执行院长,
中国宏观经济学会副会长)

国内价值投资类的书并不少。我为什么推荐这本呢?有四个理由:其一是基本概念非常清晰准确,比如认为"价值投资的投资对象不必区分价值型公司还是成长型公司",只要是具备令人满意的安全边际的公司都可以;其二是投资体系非常完备,比如认为"尽管不少龙头股具有强劲的基本面特征,但只有价格合适时购买才是价值投资",强调公司价值与预期收益具有同样的重要性;其三是理论推导严密,比如认为"价值投资不等于长期投资",市场价格是价值投资实现收益的外部因素,价值投资的时间可长可短;其四是某些结论独到,比如认为"周期性强的股票是价值投资很重要的对象",这类公司的价值其实是比较稳定的,其价格的波动却非常大,提供的较高安全边际的机会很多,投资者只要克服贪婪和恐惧、坚持价值投资理念就可取得理想收益。特此推荐。

——陈杰明(国信证券前总经济师,首批公募基金经理)

普通投资者完全可以像机构投资者一样建立价值投资框架。上市公司基本面研究和行业等相关知识可以慢慢地积累，难点在于上市公司经营结果的预测以及价值评估——这里涉及财务和金融知识。为了弥补大部分读者财务知识的欠缺，本书通过一个普通家庭活动的记账分析逐步导入相关的财务理念和知识，带领读者一步步去理解相关内容，财务分析部分则突出重点、讲透讲深——都与投资直接相关。估值部分的难点在于对金融理念的理解及对金融知识的掌握，作者通过多个基础的数学知识讲透了资金的时间价值；估值模型部分阐述的关键在逻辑和应用的重点，旨在帮助大家较快地掌握和运用。本书内容深入浅出，结构紧凑合理，语言通俗易懂，用典风趣贴切。特此推荐。

——蔡红标博士（中国人保资产管理有限公司）

序

20世纪90年代初，上海、深圳两个证券交易所成立，标志着中国证券市场开启。三十多年过去了，上述两个交易所以及最近开业的北京证券交易所上市公司总数已超过4 600家，总市值超过80万亿元，参与交易的账户数超过2亿，参与交易的个人投资者超过1亿。有统计显示，中国居民拥有的近250万亿金融资产中，证券资产约占15%。因此，中国证券市场已成为居民投资的重要场所。当然，证券市场也是政府实现市场化资源配置的重要场所，是国内大中型企业实现转型发展的重要依托，证券市场及其投资行为已对社会经济生活产生重大影响。

由于工作性质的原因，经常有朋友圈的朋友说："给我们推荐几个股票呗！"这其实对我们来讲是一个很为难的问题。"授人以鱼不如授人以渔"，作为回答，我常常会给他们介绍我们作为机构投资者的投资思路和投资逻辑。看到周海平先生的《赚钱靠自己——价值投资实践》书稿，我非常高兴，感谢海平对股票投资非常全面、完整的阐述和总结：投资股票就是投资其所代表上市公司的未来，要预测公司的未来就需要分析公司的过去和现在，以此展开，从治理结构、业务模式、竞争优势到行业分析、宏观政策影响，再到财务数据分析、预测，公司估值，投资策略，投资陷阱识别与预防等。不仅告诉投资者要做什么，还不断用实例和数据告诉投资者怎么做，用哪些工具做。语言简洁易懂、风趣幽默，让投资者在不知不觉中就能读完本书。事实上，任何金融投资，都需要认认真真地分析其标的及其底层的资产，建立价值分析的框架。专业和非专业投资人员都可以通过学习本书，掌握证券市场投资的基本思路和逻辑。

海平先生名校数学硕士出身，逻辑思维清晰，二十五年前就开始在证券公司从事投行、资管和自营投资工作。海平先生从事投资工作始终坚持价值投资理念，不断深化对上市公司的调研分析，是国内最早践行价值投资的专业人士，当年发掘了一批前景好、股票表现好的上市公司，取得了非常好的投资业绩。近十年，海平先生转战私募市场，同时在多所大学开设过相关课程，具有丰富的投资经验,更拥有深厚的理论功底。

证券投资是一项艰苦细致的工作,在充分调研分析的基础上,需要不断的判断、决策、修正,贵在持之以恒,耐得住寂寞,守得住信念。证券市场的价值投资其实质是探索事物问题的本质,求索真相,需要不断学习,补充知识以扩展认知空间。在坚持价值投资理念基础上,建立完整框架,可以使投资行为可复制、可积累、可回溯、可修正,可以不断总结经验和教训,以提升投资能力,取得更好的业绩。愿广大投资者多多践行价值投资,减少市场炒作风气,愿中国证券市场更健康,发展得更好。

华泰证券副总裁

吴祖芳

目　　录

第一章　选股 ·· 1
一、投身资本市场，无法绕开选股 ·· 2
（一）基金由基金经理选股 ·· 2
（二）买卖 ETF 与自动选股 ·· 3
二、只要选对股，成功一大半 ·· 4
三、选对人的启示 ·· 5
四、选股的五项内容 ·· 6
（一）治理结构 ·· 6
（二）发展前景 ·· 7
（三）业务模式 ·· 8
（四）竞争优势 ·· 9
（五）价值评估 ·· 9
五、结语 ·· 10

第二章　观察治理结构 ·· 11
一、治理结构 ·· 16
二、结语 ·· 17

第三章　判断发展前景 ·· 18
一、满城尽是药店 ·· 18
二、药店的秘密 ·· 18
（一）秘密是高毛利率，柜台是护城河 ························ 19
（二）客流转化率高 ·· 19
三、要不要开药店 ·· 20
四、看得到的蛋糕 ·· 22
五、谁是最后的赢家 ·· 23
六、上市药店 ·· 25

（一）积极收购，此前不得不参加的战争 ········· 26
　　（二）回归自建，上市药店无可奈何的选择 ········· 26
　七、药店的未来 ························· 28
　八、结语 ···························· 29

第四章　厘清业务模式 ····················· 30
　一、业务模式研究 ······················· 30
　二、几种有吸引力的业务模式 ················· 35
　　（一）让人成瘾 ······················· 35
　　（二）客户自我嫌弃 ····················· 36
　　（三）原料做不坏 ······················ 37
　　（四）产品一成不变 ····················· 37
　　（五）投资一劳永逸 ····················· 38
　　（六）倾注关爱 ······················· 38
　　（七）补丁市场 ······················· 38
　　（八）受销售半径保护 ···················· 39
　三、结语 ···························· 39

第五章　辨别竞争优势 ····················· 40
　一、特许权 ··························· 40
　二、定价权 ··························· 41
　三、竞争优势的表现 ······················ 44
　　（一）原料 ························· 44
　　（二）技术 ························· 44
　　（三）配方 ························· 45
　　（四）客户 ························· 45
　　（五）品牌 ························· 46
　四、竞争优势辨别方法 ····················· 46
　五、结语 ···························· 47

第六章　五可法的应用 ····················· 48
　一、初识 ···························· 48
　二、再识 ···························· 49
　　（一）上下齐心吗（治理结构） ··············· 49
　　（二）前途光明吗（发展前景） ··············· 50

（三）靠啥赚钱（业务模式） ………………………………………… 51
　　（四）跟谁竞争（竞争优势） ………………………………………… 52
　　（五）股价贵吗（估值评估） ………………………………………… 54
　　（六）可以买吗（做个决策） ………………………………………… 57
　三、结语 ……………………………………………………………………… 57

第七章　财务基础知识导入 ……………………………………………………… 59
　一、权责发生制是公允的保证 …………………………………………………… 60
　二、财务报表 ……………………………………………………………………… 61
　三、结语 ………………………………………………………………………… 65

第八章　看懂财务报表 …………………………………………………………… 66
　一、安全性 ………………………………………………………………………… 69
　　（一）到期债务 …………………………………………………………… 70
　　（二）可供变现的资产 …………………………………………………… 71
　　（三）速动比率 …………………………………………………………… 73
　二、营运水平 ……………………………………………………………………… 73
　　（一）总资产周转率 ……………………………………………………… 74
　　（二）存货周转率 ………………………………………………………… 74
　　（三）应收账款周转率 …………………………………………………… 75
　三、盈利能力 ……………………………………………………………………… 76
　四、成长能力 ……………………………………………………………………… 95
　　（一）做大 ………………………………………………………………… 95
　　（二）做强 ………………………………………………………………… 97
　　（三）财务指标上的表现 ………………………………………………… 99
　　（四）利润增长的因和果 ………………………………………………… 101
　五、结语 ………………………………………………………………………… 103

第九章　防范大股东的资金占用 ………………………………………………… 104
　一、余额模式 ……………………………………………………………………… 105
　二、发生额模式 …………………………………………………………………… 105
　三、结语 ………………………………………………………………………… 107

第十章　基本的宏观知识 ………………………………………………………… 108
　一、GDP ………………………………………………………………………… 108
　二、CPI ………………………………………………………………………… 111
　三、PPI ………………………………………………………………………… 115

四、PMI ··· 117
五、广义货币 M2 ······································· 120
六、两会政府报告 ····································· 124
七、结语 ··· 126

第十一章　如何研究行业
一、行业现状 ··· 127
　（一）认清所处的发展阶段 ··················· 127
　（二）认识行业的周期特征 ··················· 130
二、竞争结构 ··· 132
　（一）结构与集中度 ····························· 133
　（二）竞争格局 ···································· 136
三、规模空间 ··· 138
　（一）供给 ·· 138
　（二）需求 ·· 141
四、观察的渠道 ·· 145
五、结语 ··· 146

第十二章　预测公司的未来
一、经营活动预测 ···································· 148
　（一）收入 ·· 148
　（二）成本 ·· 150
　（三）销售费用 ···································· 151
　（四）管理费用 ···································· 152
　（五）研发费用 ···································· 152
二、营运资本预测 ···································· 153
　（一）存货的预测 ································ 153
　（二）应收账款的预测 ·························· 154
　（三）应付账款的预测 ·························· 155
三、资本支出预测 ···································· 157
四、资本结构预测 ···································· 159
　（一）分红政策 ···································· 159
　（二）债务政策 ···································· 159
　（三）股本融资 ···································· 161
五、结语 ··· 162

第十三章　估值 · 164
一、相对估值法 · 164
二、绝对估值法 · 166
三、相关结论 · 176
####（一）增长是公司价值的重要因素，没有增长的公司不值得投资 · 176
####（二）价值投资与长期投资不可画等号 · 177
####（三）市盈率法是自由现金流折现模型的一种特殊情形 · 178
####（四）周期性公司的价值其实是相对稳定的，股价大幅波动中蕴含的投资机会不容小觑 · 180
####（五）除了WACC还有其他折现率吗 · 181
####（六）价值还是成长本不应该对立 · 182
四、结语 · 182

第十四章　投资策略的运用 · 184
一、资产配置 · 184
二、构建组合 · 189
三、构建组合的经验 · 191
四、组合管理 · 193
####（一）组合的整体调整 · 194
####（二）目标价到了 · 194
####（三）收到分红 · 195
####（四）参与股票的再融资吗 · 195
####（五）市值配售中签新股 · 196
####（六）组合的业绩评估 · 196
####（七）个股的止损 · 197
五、结语 · 198

第十五章　上市公司的跟踪 · 199
一、上市公司公开资料解读 · 199
二、上市公司调研 · 223
####（一）调研目的 · 224
####（二）调研的途径 · 225
####（三）实地调研 · 226
####（四）资料归档 · 228
####（五）公司文化的分类 · 229

三、结语 ·· 233

第十六章　投资心理管理 ································· 234
　　一、几个疑问 ·· 234
　　　（一）有效市场与安全边际冲突吗？ ····································· 234
　　　（二）跌破净资产的股票继续下跌是不是意味着安全边际高？ ········· 236
　　　（三）我的股票换手率低，成交金额小，要不要换掉？ ··············· 237
　　　（四）调整投资组合时我总是卖掉赚钱的股票而保留亏损的股票，我的朋友
　　　　　 也是这样做的，对吗？ ··· 237
　　二、行为金融学的财富效用公式 ··· 238
　　三、前景理论揭示的真相 ·· 239
　　四、心理账户 ·· 240
　　五、问题（四）的行为金融学解释 ······································· 241
　　六、窄框架与宽框架 ·· 241
　　七、禀赋效应 ·· 242
　　八、处置效应 ·· 243
　　九、后悔 ·· 243
　　十、摆脱处置效应需要外部帮助 ··· 244
　　十一、价值投资者必须坚持慢思考 ······································· 244
　　十二、结语 ··· 246

第一章 选股

古典名著开篇多魔幻。或妖魔如三国之青蛇盘龙椅，如水浒之洪信走魔怪；或梦幻如隐去真事的红楼之青梗峰下僧道说通灵玉，如伏妖降魔的西游之花果山上仙石育美猴王。其内容无一不宏大，事件全部很精巧。作者或悲天，或悯人，道尽世间悲欢离合，倾诉人物喜怒哀乐。看似满纸荒唐言，实则一把辛酸泪。读者或兴奋，或感伤，或愉悦，或叹息，无不临文嗟悼，有感于怀。

本书是介绍价值投资的小册子，所言所论真实有据，写作手法平铺直叙，全然无关魔幻。作者集多年学习思考之心得、实践教授之经验，汇总成篇，在我国证券市场实行全面注册制之际奉呈读者，无非是想帮有些投资者在此后的投资实践中少走些弯路、多得些回报，让更多的投资者依靠自己的能力和努力分享资本市场发展的成果，改善家庭的资产配置而已。作者既无济世之志，也无救人之力，如果此书能被评论家认为授人以渔，则愿足矣。

许多人是通过银行卡知道金融市场的。不少人可能都没有留意过，年中和岁末时银行卡中都会多出一笔存款，这笔存款是利息收入，是存在银行卡里资金的投资收益。当人们弄清楚银行是按照活期利率计算利息时，不少人就会不满意那点微薄的收益了，这时各种投资工具已经在向他们招手。这些投资工具有余额宝、银行理财、基金产品、股票等。这些工具都是金融市场工具，人们将存续期不超过一年的归入货币市场工具，其他的归入资本市场工具。这些工具各有各的卖点，由不同的经纪人介绍给各自的客户，它们像穿着各自国家服饰的运动员在旗手带领下进入奥运会开幕式现场一样，在随后的竞技舞台上展现各自的风采。有的投资工具以风险低、流动性高吸引人，比如余额宝，相较于银行卡上的活期存款，余额宝基本上做到随时取用的同时收益率显著提高；有的工具收益率高而且安全性也有很高的保证，比如银行理财，相较于余额宝，银行理财的收益率有明显的提高，区别在于，其流动性受到了限制，通常在规定的时间内不能随时收回，到期后银行会归还你投资的本金和保证的收益。由于是保本业务，余额宝及银行理财的收益率总体上不可能太高。如果希望获得较高的收益率，你就要进入股票市场。需要特别说明的是,股票投资是风险投资,有可能获得较高收益,也有可能遭遇本金损失。本书所介绍的是关于如何投资股票的一种叫作价值投资的方法,其投资工具就是股票。股票作为持有时间可长可短的产品,以其明显高于货币市场的历史收益率,获得了全世界投资者经久不衰的热爱。

股票市场有很多上市挂牌的品种。一段时间内每个品种的市场表现是不尽相同的。有连续上涨的股票,有涨涨停停的股票,有涨涨跌跌的股票,有涨少跌多的股票,有持续下跌的股票,等等。要想获取投资收益,选对股票无疑是最重要的。

股票是上市公司所有权凭证,其持有者可以获取上市公司的红利和股息,因而股票是有价值的,是一种有价证券。上市公司的经营状况和发展前景不尽相同,因而不同公司的股票价值是不同的。我国股票市场中主流的投资机构从上市公司的基本面出发,研究公司的经营状况,预测公司的发展前景,估算公司的投资价值。它们所奉行的投资理念叫作价值投资理念。众多基金公司突出的投资绩效表明价值投资理念是机构投资者成功的基石,突出的选股能力是优秀基金公司的竞争法宝。毋庸置疑,我国的机构投资者在选股方面是值得普通投资者学习的。实践证明,普通投资者经过系统的学习,可以掌握这些机构选股的方法,真正地理解价值投资理念,熟练地运用价值投资工具以实现相对稳定的预期投资收益。

一个完整的股票投资流程包括选股、构建股票组合和投后管理等。选股就是从上市挂牌的公司中选择合适的公司股票作为投资对象;股票组合的构建是确定所选股票的具体持有数量并进场买入的过程;投后管理是跟踪已经买入股票的市场表现是否达到目标价以及上市公司经营活动是否符合预期的工作。选股无疑是股票投资活动中最为基础也是最为重要的工作,基本决定了投资的绩效,所以我们以"选股"为本书的开篇。构建股票组合和投后管理也是投资活动的重要环节,我们会在本书的后半部分详尽地介绍这些内容。

一、投身资本市场,无法绕开选股

截止到 2021 年底,我国 A 股上市公司已经超过 4 000 家。即使是资金规模庞大的社保基金也没能买尽所有的品种。从所有的上市公司中选择一些股票是所有投资者必须要做的工作。股票投资离不开选股,基金投资和 ETF 投资也不例外。

(一) 基金由基金经理选股

投资基金表面上可以避免选股工作,但对于买基金产品的投资者来说,选择哪家基金公司的哪只基金却是无法避免的工作。目前我国的公募基金公司超过 50 家,公募基金产品数量比挂牌的 A 股公司还多。如果加上私募基金,基金产品的数量可谓蔚为壮观。仅仅了解每只基金的合同中的投资范围、投资策略和投资限制以及产品的费用结构就得花不少时间。至于管理基金的基金经理及其所属的基金公司,作为投资人总要研究基金经理的投资偏好和基金公司的过往业绩吧。这件工作严肃而又异常重要,却只能从有限的公开信息中推导出结论,着实不太靠谱。如此看来,挑选中意的基金产品作为投资对象未必比从上市公司中选到合适的股票容易。

基金业协会调查数据显示,截止到2021年底,我国盈利的基金投资者占比不足一半,远远低于公募基金的净值表现,存在明显的"基金赚钱基民不赚钱"现象。究其缘由,不仅有投资者的主观原因,也有基金经理和市场等方面的客观原因。具体地讲,投资者存在盲目追涨杀跌、持有周期短、热衷低吸高抛、喜欢追逐热点、迷信"冠军基金"、偏好"便宜"基金和基金净值低位入场比例小而净值高位入场比例大的资金管理失当等错误投资行为;基金经理容易出现认知行为偏差,无论是风格稳定还是风格轮动的投资策略,均很难保持业绩的持续性;A股市场环境复杂,市场风格经常切换,基金数量众多,给基金投资者带来较多困难。

实际上投资基金并没有绕开选股,只不过选股工作由基金经理去完成,他选择的结果决定了你的投资收益。遇到某些基金经理某些超出基金契约范围的不当所为,你可能还要担负额外风险。《沉思录》中讲过,"如果你自己对接受什么不加选择,那么别人就会替你选择,而他们的动机未必很高尚"。

(二)买卖ETF与自动选股

ETF是按照某种规则从上市的所有股票中选出的股票组合。投资者购买ETF不是不选股而是按规则自动选了许多股票。上证50ETF是完全按照上证50指数的成分股组成及其权重构建的股票投资组合,并根据指数成分股及其权重的变动而进行相应调整。沪深300ETF的组合构建也是完全复制其指数的内容,其他ETF亦是如此。

由于ETF是股票组合,其股票样本及权重是固定的,因此也就无法对ETF进行估值。这是因为即使每只股票样本可以精确估值,但由于单只股票实现估值的过程肯定千差万别,因此实现估值的时点也参差不齐。无法通过内在价值设定目标价的投资需要选择好恰当的买卖点,也就是说买卖ETF必须把握好时点,俗称"踩好点"。至于哪个点是好点,着实是件令人头疼的事。

实际上ETF所包含的股票也不是一成不变的,不过选股工作按照ETF管理规则定期完成。通常ETF会设置一些时间窗口用以对样本及权重进行适当的调整,结果是有些股票会进入ETF,有些股票会被ETF剔除,不少股票仍然保留在ETF中。构建新的股票组合后稳定持续一段时间,直到下一个调整窗口。相较于基金,ETF的选股工作是机械的、死板的,是可预期的。ETF中的股票有些表现突出,有些表现一般,还有些表现糟糕。投资ETF只能接纳所有股票的结果。如果投资了行业ETF,大多数时间内只能接受平庸的结果,除非行业在高速成长期的窗口。一个行业里面投资价值超群的公司一定只有少数几个,因为行业内部的公司本来就呈现互相竞争的格局,相对成熟的行业里,一般就有两三个佼佼者,其他的多数是平庸公司和业绩较差的公司。而行业 ETF 由于受到合约的限制,对单一股票的权重有所限制,需要被迫买入一些质地一般的公司,这样就必然浪费了不少仓位,拖累整体业绩。

投资 ETF 需要平和的心态,"好的坏的我们都收下吧,然后一声不响,继续生活"。

二、只要选对股,成功一大半

既然选股不可避免,我们就必须全力以赴。

选择的结果不会每次都令人满意,相反总会留有遗憾,正如有句俗话说的,"人生不如意事十之八九"。选股也是一样的,也可能会伴随着遗憾。但有一点是肯定的:这些遗憾作为宝贵的经验是我们走向成功的铺路石,面对这些遗憾,我们将清楚地知道自己的短板,它为我们指明需要提高的方向。我们在学习中进步、在实践中提高,我们就会坦然地接受一切,尽管可能不是百分之百称心如意,尽管方法应用时稍显稚嫩,尽管具体操作时尚欠老练,但我们深信自己走在正确的道路上,我们一定会看到光辉的未来。

选择从来就不是件轻松的事,选股也是一样,对于初入股市的投资人如此,对于股市中跌打滚爬过的老将也是如此。我们在学习新的选股方法时,先前使用旧方法所形成的认识及实践中积累的经验会不时"冒"出来,新旧知识的对抗、经验与理论的分歧无一不在干扰你的学习。你必须与已有的观念抗争,只有摆脱这些旧的观念才能真正地学习新观念,只有改造旧思想才能接受新理念。这种摆脱有时是一种妥协,但大多数时候是割离。妥协倒也无妨,因为妥协的对象是自己;割离却一定伴随着疼痛,尽管对象还是自己。然而没有一种诞生不是伴随着痛苦,没有一种获得不需要付出代价。

学会了选股,股票投资就成功了一大半,全球资本市场概莫能外。公司选对了,买股票可以实现财富增值;公司选错了,买股票的目标可能是解套。今天的完美归功于昨天的选择,明天的辉煌只能依赖今天正确的决定。自从美国投资家格雷汉姆提出了基于上市公司价值的安全边际理论,无数投资者的实践证明了恰当的选股可以带来丰厚的投资回报,正确的选股是价值投资的前提条件,做好选股工作是股票投资的重中之重。

上市公司多如夏夜繁星,我们该怎样选择呢?不着急,我们先从生活经验中寻找一些借鉴。幸运的是,我们都有在茫茫人海中找寻到朋友的经验,从人群中选对人的方法和经验可以帮助我们从上市公司中选出合适的股票。

三、选对人的启示

同样是在大量的备选者中做选择,选股和选人有很多相似之处。选股的对象是上市公司,选人的对象是人。公司有强大与弱小之区别,人有强壮与瘦弱之不同;公司有成熟与成长之差异,人有壮年与青年之阶段;公司有丰年与歉年之迥异,人有好运与背运之轮转;公司有盈利与亏损的时候,人有结余与不足的年景;公司有前途光明与日暮西山之分别,人有前程似锦与走投无路之殊途。

我国历史上选人的经典事例不可胜计,选择几则用作借鉴。

早期的人才招募大多属于个例,系统性的较少,即使贴出招揽告示也不过是传达意见的幌子罢了。在这种环境下人才的引荐工作就非常重要了,贤达们见到决策者,有的靠朋友,有的靠财货,有的靠自己,有的靠运气。得到面试的机会只是第一步,显示出超越时代的眼光和同侪难及的才干方能赢得信任,得到重要的工作岗位。无数例子中又以管仲、商鞅、乐毅和韩信的经历最具代表性,他们在各自的时代建立了不赏之功,对当时的政治格局和社会发展产生了开创性影响,司马迁在《史记》中叙述他们的事迹,传于后世。

管仲得到齐桓公的重用完全依仗于好友鲍叔牙坚持不懈的推荐。齐桓公走上领导岗位的时候,站在竞争对手队伍里的管仲已经被打翻在地,性命堪忧。鲍叔牙不计前嫌力荐管仲,齐桓公最终宽宥管仲的一箭之仇而重用他。《史记》记载:"管仲既任政相齐,以区区之齐在海滨,通货积财,富国强兵,与俗同好恶。"他辅佐齐桓公成就了霸业。

秦孝公颁布招聘启事的时候,商鞅刚刚经历了在魏国的求职失败。经不起失败的商鞅花重金买通了秦国宠臣。得益于荐头的面子大,商鞅得到了三次面试机会,最后一次以霸道强国之术说动了孝公,被委以重任。商鞅废井田、开阡陌、奖军功、实行统一度量和建立郡县制,重农抑商、奖励耕战,助秦国走上富国强兵之路。

乐毅跟商鞅一样也是从魏国出走的,不同之处有三:一是目的地是燕而非秦;二是乐毅是有身份的而且是官方身份;三是自荐,史书说"委质为臣",就是臣下通过一定的仪式把自己交付给主人,并通过盟誓表达绝不背主的诚信,"委质"之后终身事主,无有二心,君臣间通过"委质"建立起个人之间的私人臣属关系。乐毅连下燕之强敌齐国70余城,掠夺财宝无数,辅佐燕昭王振兴了燕国。

韩信从项羽处"跳槽"到刘邦那里时,工作岗位从"仪仗队队长"变成了"仓库管理员",不但未受重用,还差一点因为下属的错误被砍头。机缘巧合地认识了刘邦的"办公室主任"夏侯婴,升任军需官,很快就因为工作能力突出被萧何赏识。后来萧何上演了月下追韩信,刘邦正式拜韩信为大将。韩信先出主意帮助刘邦定三秦,然后亲率大军击魏破赵灭齐,垓下之战围住霸王项羽,助刘邦一统天下。

管仲、商鞅、乐毅和韩信四位贤达或忠贞、或勇毅、或不懈、或谦逊,共同之处是个人能力超群。他们都是后世敬仰崇拜学习之楷模。在国人心中,如果有人同时具备他们四人这些品格,无疑是完美的,这样的人生是人生的顶峰,这样的人是完人。

如果将完人的品格与上市公司的特质相对应,那么可以找出优秀的公司。完人的忠贞对应公司的治理结构完美,完人的不懈对应公司的发展前景光明辉煌,完人的勇毅对应公司的业务模式能经历风雨,完人的能力超群对应公司的竞争优势难以撼动,完人的谦逊对应公司股票的价值评估留有余地。

四、选股的五项内容

上市公司的治理结构、发展前景、业务模式、竞争优势和估值评估这五个方面构成了从公司到股票的主要内涵,从这五方面入手就可以描绘出上市公司的特征,测算出公司股票的内在价值,判断出股票投资的预期收益。我们命名这种选股方法为"五可法"。

(一) 治理结构

伴随着公司这种文明制度的诞生,治理结构问题就同时出现了,股份制公司的出现让治理结构问题成为无法回避的首要议题。

公司是市场经济中人与人合作的主要形式,是市场经济运行的主体。通过这种形式,不同要素的所有者可以组织在一起,合作生产出市场所需要的产品和服务,并获得各自的收益。公司的启动资金来源于股东的股本金和债权人的借贷。公司的债务必须按照借款条件偿还本金和利息,股本金则不需要偿还。股东以出资额为限承担有限责任,公司经营的最终剩余即净利润归股东所有。上市公司的股票可以公开转让,只要持有上市公司的股票就是公司的股东。上市公司通常有众多股东,大家首先要了解公司的运营模式:由股东来运营还是聘请职业经理人,是所有股东来运营还是大股东来运营,不参与运营的股东如何保证公司按照大多数人的意志发展而不是大股东一人说了算。作为出资人,股东自然要关心公司为谁服务、由谁控制,最高领导班子怎样架构,公司怎样决策,收益和风险在股东、管理层、员工和相关利益群体之间怎样分担等。这些问题都是关于股东与公司以及所有者与管理层之间的关系的,属于公司治理范畴,需要选择相应的公司治理模式来应对。公司治理模式的不同选择构成了公司治理结构。我国公司治理结构通常采用"三权分立"制度,即决策权、经营管理权、监督权分属于股东会、董事会或执行董事和监事会。通过权利的制衡,以上三大机构各司其职,又相互制约,保证公司顺利运行。

治理结构可以用三句话来进一步阐述：第一，公司治理结构是所有企业参与人及其利益相关者（包括股东、董事、经理人、员工、债权人、客户、供应商、所在地居民和政府等）之间的关系。第二，公司治理结构是一个涉及权利和利益分配的合约，通常会以公司章程的形式规范公司的组织和行为。第三，公司治理结构是一个激励机制，也就是让每个与公司相关的参与人如何对自己的行为负责、如何做出最优决策的问题，在实现个体利益最大化的同时实现企业价值的最大化。

公司治理有两个基本目的：一是选拔具有企业家素质的人领导企业；二是激励和监督企业领导人更好地创造价值。这两项工作主要是由股东承担的。公司治理实践中存在的诸如股东大会、董事会、独立董事、股票期权、业绩奖金、股票交易、公司并购、诚信义务等这些东西，本质都是为了这两个目的。

一个好的公司治理机构必须同时解决激励问题和公平性问题。它既要保证真正具有企业家精神的人控制和管理企业，激励管理层积极地为股东创造价值；同时还要保证一视同仁地对待股东的利益，杜绝发生一部分股东侵占另一部分股东的利益。

我国上市公司治理结构一直是证券市场关注的重点问题，也是监管层坚持不懈推动的制度建设工作之一。

资本市场诞生之初，上市公司的关联交易问题比较突出，通过"三分开、五独立"（"三分开"是指公司与其股东尤其是控制股东在财产、财务、人事等方面分开；"五独立"是指公司相对于第一大股东在业务、人员、资产、机构、财务等方面完全独立）等一系列制度建设，保证了上市公司以独立的法人主体参与市场。随着我国资本市场不断深化，强制信息披露制度的落实，由关联交易牵扯的利益输送问题基本得到根治，基本实现了对中小股东利益的保护。

目前少数上市公司大股东对上市公司的资金占用问题时有发生，这主要源于某些公司大股东与上市公司的业务关系密切，此外，上市公司尚难以与大股东平等独立导致内控制度失灵也是重要原因之一。资金占用问题是我国上市公司治理的"顽疾"，是投资者必须重视的问题，对发生资金占用问题的上市公司必须坚决远离。杜绝大股东侵占上市公司资金的工作任重而道远，需要资本市场的所有参与者付出更大的努力。

（二）发展前景

对上市公司的发展前景的研究就是要看清楚公司所处行业的未来以避免闭门造车。

行业的研究首先要定位生命周期的阶段。在不同的生命周期阶段，企业生存和发展的关键点不同，抓住关键点才能把握问题的核心，走上正确的道路。行业初创期内的企业要点是生存,不管是自我造血还是吸引到外部的输血,都是企业生存的关键所在。行业成长期内的企业要点是市场份额,不管现在挣的钱多还是少,未来最挣钱的一定是市场份额最大的那个公司。处于行业成熟期的企业要点是现金流,有现金流的企业才有价值。处于行业衰退期的企业要点是找到买家,秀外慧中的姑娘才会有人看中。

通过观察行业内的竞争状况可以给企业排排序,分分类。不同位置的企业的发展前景自然是不一样的。领先企业希望百尺竿头更进一步,优势企业期望守住阵地找机会上个台阶,跟随企业力争跟上行业发展的速度。行业的竞争格局往往是不稳定的,各类企业在行业发展的过程中都面临机会和挑战,需要付出艰苦的努力,稍有疏忽,要么优势丧失,要么被对手超越,应验着那句古语:"逆水行舟,不进则退。"

行业的发展通常伴随着集中度的提高,内部的收购兼并及外部资本的介入都会加快行业的整合,集中度提高到一定水平时行业竞争格局就会有利于行业整体利润率的上升,企业的经营进入黄金期,业绩增长快速且可预见性强。

行业的规模空间是投资者必须关注的内容。工业化实现以后,大多数行业的规模空间是由需求决定的,服务业的空间受到供给的影响较大。除了需求和供给外,制度对行业的影响不可小觑,特别是在我国,一些产业政策的出台带给行业的要么是直接的需求增加要么是供给的管理,行业竞争格局和竞争激烈程度的改变会立即改变企业的收入和利润状况。

投资者要从自己的能力圈出发,先从自己熟悉的行业(比如长期就职的、比如生活工作中长期接触的)做起,方能事半功倍。

(三)业务模式

企业的业务模式分析是微观的,是具体的,是每个环节都不可忽略的。

"做什么,如何做,卖给谁"是理解业务模式中产品或服务的必答题。"做什么,如何做"是供给端的,看品质、看稳定性。产品(服务)品质优良的企业如果欠缺稳定性,那么商业价值前途未卜;产品(服务)品质不佳且无法改善的企业肯定会被市场淘汰;产品(服务)品质优良且稳定性好的企业可能获得"特许权"。特许权意味着定价权,意味着高现金流,意味着高利润水平,是资本市场趋之若鹜的对象。

"卖给谁"的中心是需求分析,通过大量经验和数据方可勾勒出客户的需求曲线,基于需求曲线的定价才能体现企业的能力进而实现企业近期及远期的目标。

产能和产量是企业的供应能力。产能决定产量,产量依赖订单。

产量多于销量的部分计入资产负债表的存货科目,卖掉货还没有收到的钱计入应收账款科目,用了供应商的料还未付的钱计入应付账款科目。存货和应收账款的增加、应付账款的减少会增加企业的营运资本,降低企业的价值。

销量与价格的乘积构成企业的收入,收入是企业价值的源头,是企业一切经营活动的保证和目标。没有收入,企业就是无源之水、无本之木。

(四) 竞争优势

竞争优势是在比较中获得的。如果市场竞争不激烈,那么行业要么处在初创的早期要么处于成熟的晚期。行业初创时,行业前途迷茫,大家都看不清未来,活下去是所有参与者的唯一要务。行业进入成熟期,经过血雨腥风、你死我活的竞争后,大家的位置和地位名分已定,落后的无力再战,领先的不用再争,所有人都认命了,然而此时行业往往已经日薄西山,垂垂老矣。

激烈的竞争注定企业的竞争态势是不稳定的。领先的想江山永固,落后的想取而代之。大部分时间内,领先企业的排行榜变化多端,变化是常态,唯一不变的是变化。

企业获得的竞争优势通常表现为某项资源的优势或是某种能力的突出,比如自然资源、生产工艺、创新体系、品牌价值等。投资者可以从某项认识出发,发现企业的竞争优势。

有竞争优势的企业通常具有产品的定价权,长期具有定价权的企业就有了"护城河","护城河"就像竞争对手面前水流湍急的通天河,你渡不过去就不可能取到真经,只能眼巴巴地看着被"护城河"保护的企业吃香的、喝辣的。

拥有"护城河"的企业也不是万事无忧的,如果你矜功自伐,如果你裹足不前,如果你贪图享乐,如果你骄傲自满,如果你忘本负义,你将会很快失去"护城河"的保护。

(五) 价值评估

业务模式分析帮助我们知道了企业的现况,竞争优势研究帮助我们预测企业的未来。有了现在和未来,我们便可以测算企业的价值。

上市公司的价值是存续期里未来自由现金流量的折现值。自由现金流量就是企业产生的、在满足了再投资需要之后剩余的现金流量,这部分现金流量是在不影响公司持续发展的前提下可供分配给企业资本(股权和债权)供应者的最大现金额。计算时,自由现金流量等于息税前利润加上折旧摊销费用减去所得税减去资本支出再减去营运资本的增加值,将未来的自由现金流量折现到现在就构成了企业的价值,教科书中选取基于资本资产定价模型计算出的加权平均资本成本作为折现率,也有著名的投资人选用长期国债收益率作为折现率。这种估值方法叫作自由现金流量折现法(DCF)。这类方法常用来估算公司的绝对价值,所以被称为绝对估值法。

与绝对估值法相对应的是相对估值法。相对估值法是以公司的某项财务数据为基础乘估值倍数所得到的数目作为公司的价值。通常采用的财务数据有公司的净利润、净资产和收入等，它们对应的估值倍数分别是市盈率、市净率和市销率，此时相对估值法分别被称为市盈率法、市净率法和市销率法。估值倍数通常取某个参照对象作为"锚"，如市盈率法参照行业市盈率的平均值或公司股票历史市盈率的均值，其他相对估值法也是一样的做法，需要寻找各自的"锚"。实践中，财务数据可以用财务指标替换，估值的结果从公司的整体价值变成每股价值，投资者使用起来会更为方便。比如市盈率法可选用每股收益，其估算的每股价值与股票市价的对照显得一目了然。

绝对估值法和相对估值法看上去像两个不同世界的陌生人，终其一生都不会相遇。其实不然，它们在某种情况下不但联系在一起，而且可以相互替代。市盈率法就是自由现金流量折现法在某种情境下的特殊形式。

实践表明，市盈率法能胜任比较平稳行业的较短期限的投资决策。其他方法如市净率法及市销率法只适合某些公司在特定阶段的决策参考。对于长期的投资决策，绝对估值法是投资者的必修课，此时相对估值法是难堪大用、漏洞百出的，简单地使用市盈率法可能招致投资处于非常危险的境地。顺带说一句，市盈率法最大的作用是用来描述上市公司特别是股票市场的估值状况，简洁明了的特征注定了市盈率法能够成为资本市场耳熟能详的"网红"。

五、结语

运用五可法可以选出中意的公司并测算其内在的价值，对照股票的市场价格，就可以确定投资的预期收益率，只有预期收益率超过设定的目标，我们才可以进场买入，我们才算完成了选股，找到了好股票。特别强调一下：不是好公司肯定不是好股票，即使是好公司也不一定是好股票。如果不顾股价昂贵而买入"龙头股"本质上不是价值投资，因为此时的"龙头股"不是好股票。只有好公司以合适的价格交易才能成为好股票。选对了股票，投资就像开上了高速公路，即使是很一般的车，你也能飞驰，也能奔腾。选对了股票，时间就像装在财富身上的翅膀，让财富飞起来，飞得高，飞得远。选对了股票，生活就像一个个五彩缤纷的日子描绘成的绚丽多彩的图画，没有风雨只有晴。选对了股票，人生就不会是眼前的苟且而是说走就走的远行和柔情蜜意的诗篇。

此开篇第一章，为选股之内核精要，欲知详情细节，此后章节分解。

第二章　观察治理结构

案例 2-1

2020 年山东赫达非公开发行 A 股股票

● **引子**

多年以后，当山东赫达的毕总见到上海秦远的高起时，他们一定会回忆起 2020 年的满城春色的那个下午。

"怪就怪证监会没批那个定增方案，否则……"落座后高起就嘟囔了。

"还不是方案有漏洞，才没过。"毕总接得很快。

"怪就怪投行的方案没设计好。"

"还不是你操之过急了。"

"怪就怪当时手头有点紧。"

"还不是新冠给闹的。"

……

"如果可以重新来过，你会咋弄？"分别之前毕总问高起。

"山盟虽在，锦书难托。莫莫莫。"高起脱口而出。

"一怀愁绪，几年离索。错错错。"望着高起逐渐远去的背影，毕总沉默了许久自言自语道。

● **毕总**

2020 年 5 月初，毕总从父亲手中接过山东赫达的帅印，在总经理的岗位上兼任公司董事长。

此时的山东赫达已经今非昔比。当初以非离子型纤维素醚为主业的山东赫达在充分竞争中崭露头角，获得幸运之神的垂青，登陆中国的资本市场。经过几年的快速发展，在 2019 年底公司的市场地位已经是国内第一、世界第四，基本完成产品升级及客户结构优化。经营业绩表现为高净资产收益率（超过 19%）、高增长（收入增长超过 20%，利润翻番）、高质量（资产负债率较低，经营活动现金流量较高）。

此时的毕总未免踌躇满志，想在纤维素醚的蓝海中大展宏图。

告别红海的赫达靠的是国内同行中率先进入日化医药领域的植物胶囊;进入蓝海的赫达想百尺竿头更进一步的话就必须进入食品领域。

根据中国纤维行业协会提供的数据,在全球范围内,非离子型纤维素醚在不同领域的消费占比分别为:建筑领域约占52%、日化医药食品领域约占21%、涂料领域约占16%、其他领域约占7%、聚合反应约占4%。目前,我国的建材级纤维素醚(含建筑、PVC和涂料等领域)需求量约占非离子型纤维素醚需求量的90%。(据公司招股说明书)

当初进入日化医药领域得益于上海秦远高起的启发及合作。现在想进入食品领域,毕总自然而然地想起了高起。

● 高起

上海秦远对于山东赫达而言从来就是个不一样的存在。秦远不使用赫达的产品但每年购买的金额都名列前十名;秦远转卖赫达的产品但秦远却不是赫达严格意义上的经销商,因为它卖赫达的产品不受销售区域、销售保底、客户管理、产品包装及客户范围等经销商规范的约束。

高起是秦远的实际控制人。

上海秦远公司作为一家进出口型贸易公司,通过自身努力成功开发了一家外资食品企业客户,并长期维持良好的关系。该食品生产企业的主要产品包括植物奶油、冷冻食品等,是国内食品级纤维素醚市场的主要客户之一。上海秦远公司与该食品生产企业开展合作,采用发行人的产品替代进口,给发行人的食品级纤维素醚带来了新增销量,扩大了市场份额。由于该食品生产企业每年的需求量较大,公司在食品级纤维素醚产销量较小的情况下,向上海秦远公司销售食品级纤维素醚的收入占公司同类产品收入的比重较高。(据公司招股说明书)

发行人2002年开始与高起合作,并通过其控制的上海秦远发生纤维素醚产品购销业务。发行人了解到上海秦远的实际控制人高起在纤维素醚市场销售方面具备丰富经验;同时,高起在业内纤维素醚产品质量参差不齐的情况下,也迫切需要寻找一家具备高端纤维素醚生产能力、产品质量稳定的厂家展开长期合作。经过多年合作,双方进一步加深了了解和信任,基于互惠互利原则,发行人与高起建立了长期合作关系。高起还对纤维素醚的下游细分应用领域具有深刻理解,向发行人建议可将纤维素醚应用于植物胶囊的生产制造。因此,发行人于2014年3月与高起共同设立了赫尔希公司,专业经营植物胶囊业务,现植物胶囊产品已成为公司主营业务的支柱产品之一,也是未来发行人重点发展的核心业务。(据《山东赫达股份有限公司2020年非公开发行A股股票申请文件反馈意见回复报告》)

公司数据显示,秦远自2013年至2015年从赫达购买的产品稳定维持在1 800余万元,享受高单位数的折扣。2017年至2019年累计销售金额为7 000余万元,比2013年至2015年区间增长30%。相对于公司同期销售收入增长的80%，似乎有些掉队。

如果说近一个区间秦远没有锦上添花的话，那么前一个区间确实是雪中送炭。

在现有的领域，上海秦远很难再有较大的发展机会，高起已经勾勒好向食品领域拓展的蓝图。他不由自主地想到了毕总。

当高起想着毕总的时候，远方的毕总正在盘算着公司如何跟秦远合作向食品领域拓展呢。

● 定增预案

2020年的一个满城春色的下午，毕总与高起见了个面，就双方更深层次的合作交换了意见。既是你情我愿，双方一拍即合。很快双方会同投行做出了《关于公司非公开发行股票方案的议案》《关于公司非公开发行股票预案的议案》《关于公司引入战略投资者的议案》《关于公司与战略投资者签订附条件生效的战略合作协议的议案》等议案。

公司于5月10日召开董事会，会议顺利地通过了上述议案，也通过了《收购控股子公司少数股东股权的决议》，并与高起签订《附条件生效的战略合作协议》。

次日公告的《2020年度非公开发行A股股票预案》（以下简称为"定增预案"）主要内容有：1.募集金额2亿元，用于补充流动资金；2.发行对象为毕总及高起，分别认购1.5亿元和0.5亿元，发行价格为14.1元；3.引进发行对象高起作为公司战略投资者参与公司治理；4.锁定期分别为毕总36个月，高起18个月。公告解释了与本次发行有关的诸如关联交易、控股权变更、上市资格等公司治理结构方面的问题。

根据相关法律法规的规定，这次发行尚需经公司股东大会批准及中国证监会核准。

● 深交所的关注函

定增预案公告第二天，深交所给公司出具了关注函。深圳速度啊！

关注函的内容如下：

一、公告称，你公司拟以现金7 000万元受让高起持有的赫尔希公司13.85%的股权，且高起拟认购本次非公开发行不超过5 000万元额度。请补充说明：

（一）你公司受让赫尔希公司股权与高起参与认购本次非公开发行是否互为前提，交易各方是否存在其他协议安排。

（二）上述交易是否构成一揽子交易，是否存在刻意规避重大资产重组的安排。

（三）请独立财务顾问和律师核查并发表明确意见。

二、公告称，自然人高起作为战略投资者拟认购本次非公开发行不超过5 000万元额度，且承诺，未来三年内不再代理销售其他公司纤维素醚、植物胶囊等产品，只专注于为你公司销售相关产品。以其控制的上海秦远进出口有限公司（以下简称"上海秦远"）2019年向你公司的采购额为基数，未来三年其控制的公司向你公司的采购额每年增长不低于10%或者未来三年向你公司的采购额合计为其2019年向你公司采购额的3.64倍。

（一）请根据《发行监管问答——关于上市公司非公开发行股票引入战略投资者有关事项的监管要求》（以下简称《监管问答》）进行自查，逐项核实并补充披露本次非公开发行拟引入的战略投资者是否符合《监管问答》"一、关于战略投资者的基本要求"。

（二）高起的上述承诺是否构成承诺事项，如构成，请补充说明承诺无法履行时保障上市公司利益的措施；如不构成，请详细说明原因及合理性。

（三）请结合目前上海秦远代理销售的主要商家、客户、主要产品和销售额等，补充说明其承诺只专注于为你公司销售产品的可行性；并结合市场环境、供求情况，补充说明其承诺销售额增长率的合理性及可实现性。

三、你公司应予说明的其他事项。

四、请你公司就上述问题做出书面说明，在2020年5月15日前将有关说明材料报送我部并对外披露，同时抄报山东证监局上市公司监管处。同时，提醒你公司：上市公司应当按照国家法律、法规、本所《股票上市规则》和《上市公司规范运作指引》等规定，诚实守信，规范运作，认真和及时地履行信息披露义务。

不难看出深交所关注函的出发点是帮助上市公司做好信息披露。内容不厌其烦，措辞中规中矩，像班主任找学生谈话，慈爱之心跃然纸上。

1. 公司收购子公司少数股权（上海秦远所持）与高起参与增发同时公告，未免让市场浮想联翩。你们双方有没有私下协议？
2. 高起的承诺如何兑现问题。如何做到，做不到咋办？

公司做了相应的回答，并完善了一些内容，及时公告于众。

信息披露是我国上市公司治理结构建设的重要内容，是三公原则（公开、公平、公正原则）的基础保证。目前我国的交易所专司信息披露的现场监管职能。

强制的信息披露制度是保护上市公司中小投资者的重要前提，是监督上市公司非法内幕交易等欺诈行为的强有力武器。

● **股东大会意见**

临时股东大会通过了所有议案，都是全票。

● **证监会的反馈意见**

按照预定的时间，公司及投行在7月初向证监会提出此次发行的审核申请。

一周后收到的《反馈意见通知书》出乎所有人的预料，太出乎预料了。

正式回复证监会反馈意见之前，定增预案做了重大调整，高起退出。其间投行更换了保荐人。

第二章　观察治理结构

如果说深交所的关注函似春风化雨,那么证监会的反馈意见就是雷霆万钧。春风化雨无疑是爱,雷霆万钧又何尝不是呢?

《反馈意见通知书》列出十个问题,关键点如下:

(1) 大股东有股权质押

【解读】　大股东质押是公司稳定经营的风险点,**持续经营是公司治理的重要关注点。**

(2) 高起的战略投资人身份认定、秦远与公司的生意、高起增发协议的保证、公司收购高起持有的子公司股权与定增的关系。

【解读】　要求高起作为战略投资者引入核心大客户的具体安排以及保障引入大客户的相关落地措施。**出发点在于是否存在损害上市公司利益和中小投资者合法权益的情形。**

(3) 本次非公开发行股票股东大会决议有效期设置有自动延期条款。

【解读】　程序性的失误啊,投行难免其咎。**股东大会制度是公司治理的重要基础,是公司所有权与经营权制衡的重要制度保证。**

(4) 子公司非法占用土地

【解读】　文明的底线是守法,公司的底线是合法经营。**治理结构是商业文明的产物。**

(5) 截至 2020 年 6 月 30 日,对公司及相关子公司具有较大影响的诉讼、仲裁案件共计 24 项

【解读】　诉讼或仲裁事项对发行人的影响,可能涉及核心专利、商标、技术、主要产品等,可能进一步对发行人生产经营、财务状况、未来发展、募投项目实施产生重大影响。发行人健康的财务状况是公司持续经营和未来发展的重要基础,是公司为股东创造价值的基本保障。**价值创造是治理结构的议题之一。**

(6) 首发募投未达到预计效益

【解读】　质疑公司的投资决策是否谨慎、合理。**投资决策制度是公司经营管理制度的重要部分,公司管理制度体系是建立良好委托代理关系的基础。**

(7) 2017 年没分红

【解读】　股利政策是上市公司治理结构的一部分,上市公司按时分红有利于公司治理结构的完善。适当的分红还可以降低中小股东的投资风险。2012 年证监会出台的《关于进一步落实上市公司现金分红有关事项的通知》指出**现金分红是实现投资回报的重要形式,更是培育资本市场长期投资理念,增强资本市场活力和吸引力的重要途径,上市公司提高现金分红的透明度,有利于投资者形成稳定的回报预期。**

(8) 存在大额关联交易且关联交易量逐年提升

【解读】　关联交易根据市场公允价格定价,符合公平、公正、公开的原则,有利

于公司主营业务的发展,没有损害非关联股东利益,对公司和全体股东是平等的,不存在损害公司及其他股东利益,特别是中、小股东利益的情形。在关联交易的决策过程中,公司履行了必要的表决和批准程序,独立董事对关联交易事项发表独立意见,且公司已按照交易所上市规则等法律法规的规定对交易事项履行了相应的审批程序并进行了信息披露。监管层关注**关联交易问题的实质在于是否存在损害上市公司利益和中小投资者合法权益的情形,加强信息披露是规范关联交易的主要手段**,交易所在规范上市公司关联交易的制度建设上不懈努力。

(9) 对外投资

【解读】 根据深交所《股票上市规则》第 9.1 条、9.2 条的规定,上市公司对外投资达到其最近一期经审计总资产的 10% 以上,或达到其最近一期经审计净资产的 10% 以上且绝对金额超过 1 000 万元的,上市公司需要履行信息披露义务。

(10) 或有事项

【解读】 或有事项应该计提相应的负债计提。**计提的充分性和谨慎性可以提高公司资产质量,预防虚增股东权益,保护中小投资者权益。**

- 定增方案的修改

高起退出,毕总作为唯一的战略投资人;募集资金缩减至 1.5 亿元。

- 证监会审核通过

从来好事多磨,自古诚不相欺。

- 随感

事件中的参与方或多或少、自觉不自觉中推动了上市公司治理结构的建设。有好事者赋诗一首:

信息披露众睽睽,

完整真实不可违。

坦坦胸怀公司责,

孜孜不倦中介为。

治理结构无小事,

监管文件紧相随。

眷眷之情交易所,

拳拳之心证监会。

一、治理结构

所谓治理结构是指为实现资源配置的有效性,所有者对公司经营管理和绩效进行监督激励控制和协调的一整套制度安排。狭义地讲,治理结构是股东大会、董事会、经理层之间的各种关系框架,它们的权利责任利益互相分工并相互制衡。公司作为一组合同的联合体,在公司内部可以强制性地调动资源进行超过市场交易费用的价值创造,这种价值创造必须依照公司法和公司章程规范公司各种利益主体,才能有所保证。价值创造构成公司的剩余,对剩余的索取是公司治理结构的另一个重要内容。这里包括了激励安排和分配原则,由此引申出控制权和管理权的分离和制衡问题。公司治理的功能就是配置权、责、利,通过相应的制度安排,决定公司的权利分派和经营风险及收益在不同主体之间的分配。

公司治理结构方面的难点主要集中在激励不相容问题和信息不对称问题。

剩余的索取权不同注定公司各主体之间的激励相容比较难以实现,剩余的索取权的优先次序是从员工到管理层到债权人最后到股东,上一批人拿完了才轮到下一批人,其他人拿完了剩下的无论多少都归股东,其他人多拿就意味着股东少拿,其他人少拿股东就多拿。股东拿少了,会降低对管理层的信任度,这对公司的日常经营和发展规划都可能带来不良后果。股东拿多了,管理层的积极性会受到抑制,对公司的影响可能是缓慢的,日积月累的伤害除了削弱公司的竞争力外还可能带来管理松懈,表现为消极怠工、尸位素餐、跑冒滴漏和假公济私,严重的还可能表现为监守自盗。这些问题的爆发往往是在对公司造成严重的不良后果之后。管理层掌握的信息是及时的、完整的、系统的,股东得到的信息是滞后的、零碎的、只言片语的,也就是说股东和管理层在信息上处于不对称位置,这是由委托代理关系决定的,也是风险分布的结果。所幸的是我国证券市场监管者引导上市公司积极建立激励机制,鼓励新上市的公司赋予员工股权。强制信息披露制度的不断推动和落实是减少信息不对称问题影响和保护投资者特别是中小投资者的重要举措。

普通投资人可以从两方面观察公司的治理结构:一是公司与你在经营上是不是一条心,二是公司在利益分配时是不是一视同仁。所谓"上下同欲者胜","不求先大股东乐而乐,只求随大股东乐而乐"。

二、结语

本章通过山东赫达2020年定增一案剖析了治理结构的主要内容。归纳起来有:以股东大会为最高权利机构的三会治理制度保证公司在权责制衡的前提下创造价值;以"三分开及五独立"基本制度保证上市公司的独立性;以内控建设管理制度(募集资金管理办法、投资决策制度、关联交易决策制度等和内控管理办法)保证公司高效健康地运营;以信息披露相关制度(信息披露管理制度、重大事项报告制度、内幕信息管理制度)等保护投资人利益等。

第三章
判断发展前景

研究一个行业的发展前景需要我们对这个行业有比较深刻的理解,在第一章的"发展前景"段落中我们曾建议投资者在自己的能力范围内寻找熟悉的行业,将研究的对象与自己的认知相匹配,不妨先从自己长期就职的或是生活工作中经常接触的行业入手。现在我们就来结合大家都打过交道的连锁药店行业谈谈如何研究行业的发展前景。

一、满城尽是药店

大家对药店的印象不外乎"店多人少"。不敢说药店比便利店多,但肯定比米铺多。用门可罗雀来形容药店的热闹程度也是准确的,比起超市的门庭若市,药店难免"自惭形秽"。

如果你在药店购过几次药,你肯定嘀咕过:这空荡荡的店哪能赚钱?

二、药店的秘密

药店的布置与便利店是不同的。通常便利店只将烟酒陈放在柜台内,其他货物都放在货架上。药店则不同,靠墙的地方一般都被柜台围起来,中间的货架摆放的大多是慢性病患者等熟客日常使用的药品。作为生客,你来到药店,如果你不知道要买啥药,会有执业药师就病症告诉你应该用啥药,店员会推荐具体的药品,并从某个柜台内拿出药来,也许你对他拿的药不太满意,因为他手中的药通常不是大药厂生产的,价格也稍贵,但你一般不会拒绝,因为你用医保(截至 2020 年底,全国范围内超过四分之三的药店可医保刷卡),而且金额也不大。如果你知道要买啥药,比如感冒灵,而且是某某牌感冒灵,但你未必能买到某某牌的,即使某某牌的药就在你眼前柜台的最下层摆放着。站在柜台里面受过专业训练的穿着白大褂的店员无一不是优秀的推销员,他总能让你买走他推荐的感冒灵。不管你是不是知道买啥药,你离开时带走的通常是高毛利的药。大家要知道,我国药店售卖药品的价格受有关部门监督管理,同类药中大厂品牌药进价高,售价相近的药品进价高的毛利率就低。

(一)秘密是高毛利率,柜台是护城河

下面是 2019 年益丰药房(SH603939)与联华超市(HK00980)的相关数据比较(如表 3-1 所示)。

表 3-1　益丰药房(SH603939)与联华超市(HK00980)相关数据比较(2019 年)

	益丰		联华	
	平效/[元/(米²·天)]	综合毛利率/%	平效/[元/(米²·天)]	综合毛利率/%
超大型店	150	41.5	100	26.44
中型店	56	41.5	100	21.73
小型店	60	41.5	100	22.07
备注	整体数据	加入供应商进场费用	整体数据	加入供应商进场费用

表 3-1 清晰地显示了药店的毛利率(GPM)高出超市十几个百分点。从绝对数上讲,毛利率超过 40% 的行业在上市公司所有行业中排名较为靠前。

根据 2012 年年报统计,我国上市公司中毛利率超过 40% 的行业主要有高档白酒、餐饮酒店、信息服务、医药、高速公路和银行等。高档白酒、餐饮酒店等行业因为拥有垄断性资源或稀缺性资源而获得定价权。信息服务、医药等行业的高毛利率在于较低的成本,特别是极低的边际成本。高速公路行业的高毛利率是因为会计记账中收入对应的成本较低,其成本只是提供日常服务的支出。与高速公路类似,银行的高毛利率是因为对应成本的收入较高,利润表中的收入中大部分为贷款发放后收到的利息,而不是贷款总额。

了解一个行业的毛利率状况对投资的意义非常重大。因为高毛利率的行业不一定产生长期具有竞争力的公司,但长期具有竞争力的公司通常不会诞生在毛利率很低的行业中。

(二)客流转化率高

大家都听过"逛街,逛超市",但肯定没有听过"逛药店"吧。进入药店而空手而出只有一个原因:暂时缺货。进入超市而满载而归也只有一个原因:打折促销。人们进药店只有一个目的:买药。进超市的有人买东西、有人逛逛、有人乘凉、有人聊聊天,不一而足。门可罗雀的药店的客流转化率是门庭若市的超市的数倍。

如果说高毛利率是药店隐藏的秘密,那么高客流转化率则是药店公开的秘密。

高客流转化率意味着单位收入的营销费用低,意味着在其他费用相同的情况下,公司的净利率高。净利率是净资产收益率(ROE)的重要因子,其他两个因子为杠杆倍数和资产周转率。净资产收益率的高低是衡量一个公司以及一个行业盈利

能力强弱的最为重要的指标。

理解了药店行业的盈利能力,我们再来看看行业的竞争状况。

三、要不要开药店

不同于便利店,作为医药零售企业的药店,需取得药品监督管理部门颁发的《药品经营许可证》方可办理工商登记注册;药店还需在药品监督管理部门规定的时间内达到GSP(即药品经营质量管理规范)要求,并通过认证取得认证证书。门店还须经地区劳动和社会保障行政部门审查核准方可获得医保资格。手续办齐,快的要半年时间。

人员基本配置:店长、药师、收银员、咨询员等。

采购及配送:确保商品供应和控制采购成本对于医药流通企业至关重要。医药流通企业只有通过与医药供应商长期良好合作,才能保证畅通的商品供应、物流配送和较强的议价能力。新进入的企业与医药供应商关系的建立和磨合需要一定的时间。

支付方式:品牌类药品有预付、货到付及信用期付;普通药品有货到付、信用期付及月实销实结。

滞销品处理:供应商都接受对滞销品的退换货,也有供应商接受2个月内一定比例的退货。

药店主要通过所经营商品的进销差价和向上游供应商收取服务费等方式盈利(如表3-2所示),是典型的商业企业。

表3-2 上市连锁药店企业零售毛利率及服务费收入表

	2019年GPM/%	2019年服务费占比/%
益丰	38.55	2.91
老百姓	36.32	
大参林	38.59	2.33
一心堂	38.02	2.40

成熟药店的费用支出中,销售费用率为25%左右,管理费用率为5%左右。

第一年亏损是不可避免的,第二年能保本就算经营管理非常优秀了。

2016年,益丰药房(SH603939)完成非公开发行A股股票事项,共计募集资金13.55亿元,其中,"连锁药店建设项目"为3年内开设1 000家连锁药店,总投资11.30亿元。截至2017年11月30日,公司在该项目实际累计使用募集资金2.46亿元,已完成开设门店392家。

保荐机构中信证券（SH600030）出具的数据显示，这392家店，单店平均面积为100米^2，第一年收入2.8亿元，亏损3 800万元；第二年收入4.2亿元，保本。

1. 开单店

据上面的数据测算，平均下来，单店投资63万元，盈亏平衡点在年收入110万元。开店的前两年亏损近10万元。

根据表3-1中益丰药店的平效数据推测，两年后单店的年收入攀升至250万元，盈利将达到12万元至15万元。通常药店的租赁周期和装修周期都是5年。这个周期内药店的总盈利大概为30万元，按时间排列这5个年度的盈利分别为－10万元、0、10万元、15万元和15万元。第五年账面流动资金为50万元。相对于63万元的投资，5年的内部收益率（IRR）等于5%。如果续租5年，再花10万元重新装潢，假设房租条件和人员工资不变，年收入维持在原来水平，那么10年的IRR将提高至10%。如果只开5年，投资收益率肯定不算高，即使能开10年，收益率水平大概算中等稍微偏上些。

开单个药店的生意是否有吸引力，见仁见智吧！

2. 开连锁药店

拥有十个以上单店才可以组成连锁药店。

连锁药店具有质量控制严格、执行力强、终端控制有力等特点，有利于保证品牌形象和服务质量的一致性，相对于单店更容易获得监管部门的认可。连锁药店的集中采购及配送在提高零售终端经营效率的同时可以增加客户满意度，规模化订单能够获得上游供应商较大的支持，在医药价值链上拥有更大的分配比例。

较大规模的连锁药店通过覆盖药品采购、物流、储存、销售等全部经营环节的药品信息化管理，以及覆盖人力资源管理、财务管理、质量管理、价格管理、商品管理的企业信息化管理，一方面能降低单位成本，另一方面能有效控制产品质量，降低差错率，从而提升企业整体经营效率（如表3-3所示）。

表3-3　部分连锁药店上市公司的经营成果

	年度	直营门店数/家	ROE/%
益丰	2018	3 611	10.3
	2019	4 752	12.1
	2020	5 991	14.1
大参林	2018	3 880	17.5
	2019	4 702	16.6
	2020	5 705	19.7

(续表)

	年度	直营门店数/家	ROE/%
一心堂	2018	5 758	12.9
	2019	6 266	13.1
	2020	7 205	13.7
老百姓	2018	3 289	14.3
	2019	3 894	14.6
	2020	4 892	14.5

从净资产收益率上看,连锁药店的绩效明显地超过单体药店。

从单店的盈利状况看,我国药店行业的竞争非常激烈,盈利水平不高说明行业有总体供给过剩的嫌疑。

在产业政策驱动、资本介入、规模化竞争等因素影响下,行业集中度持续提升。根据国家药监局的数据,药店零售连锁化率从2013年的36.57%提高至2021年三季度末的57.17%。

四、看得到的蛋糕

随着我国GDP持续增长,居民可支配收入和社会消费水平逐年提升,居民的医疗消费需求也随之增长。人均医疗保健消费支出呈逐年增长的趋势,2019年中国居民人均医疗保健消费支出为1 902元,同比增长率为12.9%,占人均消费支出的8.8%。同时,受人口老龄化、二孩生育、城市化推进及人口迁移等多重社会因素的影响,社会对于医疗资源的需求不断提升。随着居民对医疗保健的重视程度的提升,预计中国居民人均医疗保健消费支出将保持增长态势。

1. 药店还是医院? 政府选择药店卖药

长期以来,我国医院施行"以药补医"机制。这套机制一直备受诟病,被认为是导致药价虚高、医生乱开药的主要原因,进而成为看病贵等现象的重要原因,拉低了广大民众的获得感。

以药养医是指医疗机构以药品价格加成弥补医疗收入的不足、以医生的劳动来实现药品的高附加值,以药品的高利润拉动医院的经济效益,维持医院的正常运转的现象。

以药养医的根源在于政府财政投入不足。

随着我国综合国力的提高,解决医患矛盾的深层次问题的时机逐渐成熟。

2012年全国卫生工作会议中,卫生部部长在报告中强调"十二五"期间深化医改的首要任务就是全面取消"以药补医",理顺补偿机制,这为"医药分离"创造了条件。

2. 处方外流乃大势所趋

《关于进一步改革完善药品生产流通使用政策的若干意见》(国办发〔2017〕13号)明确提出:"推进医药分开。医疗机构应按药品通用名开具处方,并主动向患者提供处方。门诊患者可以自主选择在医疗机构或零售药店购药,医疗机构不得限制门诊患者凭处方到零售药店购药。具备条件的可探索将门诊药房从医疗机构剥离。"随着药占比、零差率、医保控费、分级诊疗、一致性评价、带量集采、慢病长处方等一系列医改措施的稳步推进,特别是在2020年初新冠肺炎疫情期间,有关"互联网+医疗""互联网+医保"等政策的探索和推动,医药分开、医院处方外流在新的形势下明显提速。

药品销售市场由公立医院、零售药店和基层医疗三部分组成,目前医院为第一大终端市场(占比近七成)。2017年整体销售规模达1.6万亿元(同比增长7.6%),目前增长情况趋于稳定,预计未来增速保持在7%。其中,药店为第二大终端(占比约22%),2017年零售药店销售规模为4 003亿元(同比增长9%)。如果处方外流率为50%(参考日本长达30年的医药分家历史,日本处方外流率最终从1974年的1%增至2015年的70%以上),药店市场规模将突破8 000亿元,实现了翻倍。

3. 药品集中采购是药店收入占比提升的短期推进器

2019年国家实施的"4+7"带量采购政策,大幅拉低了中标药品的价格。药企将"4+7"医保目录中选药品按照中标价供应给医院,医保局要求医院药房按照规定的价格来卖药品。医院的市场销售份额占近七成,所以在选择供给对象时,药企也会更倾向于医院。这些品类的药,零售药店基本上拿不到货;价格上,零售药店也不占优势。

西方有句话:"上帝给你关了一扇门,就会为你打开一扇窗。"对于药店来说,中标药品是这扇门的话,未中标的药品就是那扇窗。可以预见,在未来相当长的一段时间内,这扇窗是巨大的。

未中标的药品供应商在市场销售过程中更加迫切地需要医药零售药店的营销配合。特别是终端产品同质化竞争越来越激烈,供应商会通过向药店支付服务费的形式来换取药店的促销服务及其他管理服务。该服务费与零售连锁公司的市场影响力及销售规模成正向关系,药品供应商往往愿意向头部零售连锁公司支付更多的服务费以换取它们的服务支持。

五、谁是最后的赢家

我国药品零售企业连锁化率从2013年的36.57%提高至2020年的56.50%。

头部连锁市占率逐年提升,TOP 10 连锁的市占率从 2015 年的 13.56% 提升至 2019 年的 20.22%,TOP 100 连锁的市占率从 36.75% 提升至 46.08%。虽然我国零售连锁集中度近年来提升较快,但相较于美国、日本等国的成熟市场,仍然处于较低水平,尚有较大发展空间。美国药店的连锁化率从 1990 年的不到 40% 增至 2019 年的 87%,TOP 3 连锁门店数量占据了全美药店数量的近 30%,市场份额则高达 85%,最大企业的市场份额超过 30%。

美国连锁药店用 30 年的时间完成了整合。有券商研究报告预测,如果我国的药店行业也以这样的速度整合的话,到 2043 年,我国连锁药店的前三强有望占据 85% 的市场份额。这三家公司的年收入之和将超过万亿元,是 2020 年的 30 倍。

行业巨大的机会诱惑着所有关注它的人。场内的一个个加足马力,大干快上。游离在行业门口的人虎视眈眈,准备迎头赶上。以益丰、老百姓、大参林和一心堂等四大药店为代表的行业领先者除了加快自建门店外还大力收购其他门店,源源不断的再融资为上市药店的发展提供了充足的资金,一时间上市药店企业快速将势力范围扩大至全省全国。随着门店和收入的快速增加,上市药店的行业地位不断突出,至 2020 年底,上市药店在行业门店占比已经超过 6%,收入占比则超过 10%。

上市药店的快速发展缘于自建和收购。与自建必须熬过前两年培育期不同,收购的好处立竿见影,收购当年就可以带来高收入、高盈利。上市以后多数药店收购热情持续高涨,收购的门店与自建门店的比例一直较高,表 3-4 揭示了上市药店老百姓门店扩充的进程。

表 3-4 老百姓药店 2017—2020 年门店变化

年份	新开/家	收购/家	收购与自建的门店比值
2017 年	339	318	0.94
2018 年	506	413	0.82
2019 年	466	243	0.52
2020 年	995	94	0.09

上市药店收购步伐较快,但是并没有放弃自建,而且自建的部分一直是大头。它们走的是内涵式增长和外延式增长齐头并进的路线,采用了"两手都要抓,两手都要硬"的战略方针。

上市药店可以两条腿走路,站在行业门口的资本想快速获得行业地位而进场的话就只有收购这一条路。2017 年至 2019 年,做足了前期准备的高济医疗入场,投资超过 200 亿元,两年时间收购了 1 万多家门店,一举成为我国药店行业规模最大的企业。

高济入场加快了行业整合的节奏。一个行业在较短的时间更换了老大,这个行业一定会出现与以往不同的特征。新特征很快就出现了,被收购方要价节节升高,收购成本不断提高,行业整合的难度提高了。

表 3-5 2015—2020 年全国药店及益丰药房门店数量变化情况

年份	全国门店数/万家	增幅/%	门店变化的原因	益丰门店数/家	收购店数/家	益丰单店收购价/万元
2015	46.6		单店经营吸引力不大	1 065	49	150～180
2016	46.6	0	单店经营吸引力不大	1 512	188	120～200
2017	47.2	1.30	高济入场,行业扩建待售	2 059	167	180～360
2018	50.8	7.63	高济入场,行业扩建待售	3 611	959	180～300
2019	54.4	7.09	上市公司等自建	4 752	381	150～200
2020	57.3	5.33	上市公司等自建	5 991	415	150～200

2018年后行业出现了集中度提高的同时门店数量快速增加的局面(如表3-5所示)。这种局面预示着行业的竞争没有收敛,未来的整合之路漫长。行业需要等待新的事件(如强强联合)或者新的模式(如新加盟模式)的出现。

六、上市药店

高济们入场的负面影响很快就体现在上市药店的报表上,资产负债表中快速增大的商誉让积极参与收购的上市公司不从容了,至少是不淡定了,个别公司的商誉与股东权益的比值超过了0.7。

应该说对于规划全国布局的药店上市公司来说积极参与收购是一场不得不参与的战斗。谁愿意看着自己苦心孤诣培育的成果被别人轻易摘走呢?

战争的激情过后,战士们才会感到自己的痛。

高济们的痛在于整合,在于文化难以相容的阳奉阴违。单店,小本经营也,所需资源有限,所要知识不多,所雇人员底层,承载梦想不大。连锁做大的公司的创始人无一不是从单店做起的,深知经营的酸甜苦辣,同感店员的喜怒哀乐。大资本,肉食者也,高价收购后肯定引入一系列管理规范,这些制度章程无疑是高效而且公平的,但一定是缺少温度的,是哄不住所有底层的。万家门店有万家门店的独特诉求,整合难度之大可想而知。

上市药店的痛在于资源消耗太快,需要从资本市场补充"血液"。不巧的是,一个会计准则的更改可能会延缓甚至阻碍融资活动。2021年开始实施的"新租赁准则"要求所有租赁须确认使用权资产和租赁负债,并分期计提使用权资产摊销和利息费用。新的准则除了因为财务费用的增加不均衡而直接降低了近期利润外,还大幅度地提高了以租赁经营场地为主的上市药店的资产负债率——在一个分数的分子和分母上同时加上一个相同的正数,分数值会变大。这对那些商誉高的已经不甚好看的公司报表无疑是雪上加霜。

上市药店不得不重新审视发展战略。

(一) 积极收购,此前不得不参加的战争

开店的好处是一步一个脚印,基础扎实,管理规范,经营预见性大,风险小。缺点是慢,两年培育期太长,贡献迟。

收购的好处是快,不管收入还是利润,立竿见影。缺点是整合不确定性大,认同感差。最大的缺点是贵,尤其在一场恶战之后,惨胜者难免遭受"赢者诅咒"。

如果说开店是每件事都必须亲力亲为的家常菜,那么收购无疑就是高档餐厅的饕餮大餐。

慢而便宜,快而昂贵,此前的上市药店公司大都选择了后者,因为那是一场不得不参加的战争(如表3-6所示)。

益丰药房(SH603939)在2019年共发生了12起对同行业的并购投资业务,涉及390家门店。

老百姓(SH603883)在2019年并购了243家门店。

大参林(SH603233)在2019年加快了对同行业的并购步伐,共发生了13起同行业并购投资业务,涉及560家门店。

一心堂(SZ002727)在2019年年度报告中表示,通过"新开+收购"并重的方式,加快门店网络扩张。

(二) 回归自建,上市药店无可奈何的选择

表3-4表明2019年以后,老百姓的门店战略已经发生明显的转变,经历了2017年和2018年与资本大鳄的短兵相接,高举高打的收购战略所积累的问题需要公司花时间消化,休养生息无疑是明智的举措。其结果无疑是增长速度下滑,经营业绩面临压力。

老百姓面临的问题也是其他上市药店面临的问题,只不过有的公司重一些,有的公司轻一些,这些都已经表现在它们涨跌不一致的股价上了。

第三章 判断发展前景

表 3-6 上市连锁药店公司部分收购案列表

收购方	转让方	合同时间	门店数/家	收入/万元	净利/万元	净资产/万元	总资产/万元	收购比例/%	合同金额/万元	备注	收购后一年净利承诺/万元
老百姓	安徽政通	2018年	12	1 460	-57	68	1 241	100	3 200	会计数据为上半年	
益丰	江西天顺	2017年	139	14 187	212	285	1 630	60	40 200	会计数据为前11个月	200
益丰	浏阳天顺	2017年	43	4 430				100	3 500	会计数据为前11个月	
益丰	无锡九州	2017年	62	18 977	1 359	1 652	5 525	51	16 830	会计数据为前11个月	1 725
大参林	南通江海	2019年	123	12 816	606	829		51	12 746	会计数据为前11个月	1 200
一心堂	宜宾老百姓	2020年	7					100	1 200		
一心堂	百心康	2020年	10					100	1 300		

七、药店的未来

药店行业的未来在于整合,路径不外乎加盟和收购。

1. 加盟是中小企业的唯一选择

中康 CMH 数据显示,2020 年我国零售药店终端销售规模为 4 616 亿元,同比增长 4.9%,全国药店总数为 553 892 家。2020 年我国药店的单店平均收入为 84 万元。

前文测算过单店收入的盈亏平衡点在 110 万元。这说明大多数药店处于会计亏损中。这些药店的出路无外乎退出或坚守。退出的不再讨论,坚守的必须提高收入。单店势单力薄,想留下,加盟应该是较好的出路。

加盟最大的好处是省事,背靠大树好乘凉,可以快速解决销量上不去的问题,其他无须多语。加盟的缺点是不自由,受人管,还要交些加盟费,拿的货也会比以前贵。加盟发不了大财,但不加盟就只有死。

药店加盟的事早在十几年前就有人搞过,那时的条件真让人羡慕:不但不用交加盟费,还有辅助资金拿,既不用统采,还可以自由定价。加盟简直就像吃免费的午餐。只是好景不长,盟主轰然倒下,行业一地鸡毛。从此行业谈加盟色变,恰如一朝被蛇咬,十年怕井绳。

近几年由上市药店主导的加盟模式已经今非昔比,这种加盟模式体现了各利益主体的权责关系和合理的利益分配机制。在上市药店的大力推广后,加盟门店数量快速增加。

表 3-7 截至 2021 年一季度末益丰的加盟店统计

年份	2018	2019	2020	2021
加盟店数量/家	95	212	491	693
加盟店增长率/%	—	123.16	131.60	41.14
店面总数/家	2 328	3 958	4 869	6 279
加盟店占比/%	4.08	5.36	10.08	11.04
门店净增加数量/家	—	117	279	202

表 3-8 截至 2021 年一季度末老百姓加盟店统计

年份	2018	2019	2020	2021
加盟店数量/家	347	749	1 323	1 829
加盟店增长率/%	—	115.85	76.64	38.25

(续表)

年份	2018	2019	2020	2021
店面总数/家	3 125	4 215	5 438	7 268
加盟店占比/%	11.10	17.77	24.33	25.17
净增加数量/家	—	402	574	506

表 3-7、表 3-8 显示,益丰和老百姓的加盟业务增长迅速,加盟店数量的增长率以及加盟店占比无不给人留下深刻的印象。

除了可以加盟头部公司外,小型药店也在受到互联网服务型平台的诱惑。如药师帮平台首推的服务试图帮助药企们解决零售渠道过程中遇到的痛点,致力于为药企提供一站式、全渠道的数字化营销和供应链解决方案。"希望携手优秀的药企伙伴,成就 30 个亿级新爆品,培育 300 个千万级优秀产品,让好药一步到终端。"2020 年下半年以来,其药品 B2B 交易平台已经引入药企直供独家品种 1 000 多种。截至 2020 年 12 月,通过药师帮采购过药品的零售终端达 35 万家,超过零售药店总数六成。

互联网服务型平台可以帮助单店解决一些暂时的困难,但给不了它们未来。

2. 药店收购兼并方兴未艾,值得期待

部分上市药店的收购活动的放缓并不意味着上市药店对外收购的终结。先前活跃的益丰和老百姓放慢了收购的步伐,但大参林和一心堂的收购活动还在按部就班地推进。数据表明,大参林在 2021 年的收购活动较前两年更为积极。

从国外药店行业发展的轨迹看,更大规模的公司之间的收购兼并有望在不远的将来出现,这将有助于行业快速地整合。

八、结语

作为药店行业的从业者,不管你是否愿意,一股席卷整个行业的持续的并购大潮已扑面而来。这场由资本驱动的、由企业家精神主导的裹挟着热情、欲望、利益、快感、泪水和汗水的风暴正在"扫荡"中国城镇的每个街道,那些渺小的散落在角落的单店将会像一颗颗珍珠一样被串成项链,每串项链又会被集中在一个个珠宝匣里成为交相辉映的宝贝熠熠生辉、璀璨夺目。整个大潮的参与者在自觉不自觉中推动了行业的整合,提升了行业效率,优化了资源配置,增加了社会福利,加大了民众的获得感,实现了客户的正义感,体现了投资主体的成就感,在行业内做到了"我为人人,人人为我"的帕累托改进,促进了社会主义文明和谐的发展。

第四章
厘清业务模式

上市公司的数量之多如夏夜繁星,令人眼花缭乱;上市公司的公告之密似汗牛充栋,让人应接不暇。对于普通投资者来说,要研究清楚所有的上市公司显然是不可能完成的任务。事实上,机构投资者并不会研究所有的上市公司,普通投资者就更没有必要这样做了。我们只要研究清楚我们关注的有限的几家就足以支持我们的投资了,正所谓"弱水三千,只取一瓢饮"。不过话又说回来了,如果我们掌握了研究上市公司的方法,任何一家公司都可以成为我们的案例。

从某种意义上说,我们介绍的五可法中关于治理结构和发展前景的研究是选股的必要条件,对于治理结构有问题的公司就不必进一步研究了,对于发展前景不好的公司,我们建议暂时停止关注。因为这些公司肯定不会成为我们的投资对象。

一、业务模式研究

上市公司机构庞大,人员众多,产品或独特或普通,技术或领先或跟随,客户分布在全国各地甚至世界各地,原料来自五湖四海。普通投资者该从哪里下手研究呢?俗话说得好,"牵牛要牵牛鼻子","打蛇要打七寸"。对上市公司的所有研究中,业务模式的研究就是牛的鼻子,就是蛇的七寸。

上市公司业务模式千姿百态,丰富多彩,不同的行业各有各的不同,同一个行业内也千差万别。业务模式是独特的,是具体的,是程式化的,是短期固化的,是长期可能变化的。但万变不离其宗,业务模式是利用公司的资源向外部提供公司生产的商品或服务时所选择的组织资源的方式。

也许你有些犯嘀咕了:这么复杂,还能坚持下去?!不要害怕,不必担心,因为上市公司在上市的招股说明书中都会详尽介绍公司的业务模式。下面看两个例子,一个来自内地A股,另一个来自香港市场。

案例 4-1

盛视科技

(一) 业务介绍

1、主营业务

盛视科技 (SZ002990) 是一家专业提供智慧口岸查验系统整体解决方案及智能产品,包括陆路口岸、水运口岸、航空口岸,业务涵盖边检和海关(含原检验检疫)等出入境旅客、货物及交通运输工具的智能通关查验和智能监管等系统的国家高新技术企业。基于在智慧口岸领域的技术积累,公司已将业务拓展至智能交通、智慧机场等其他应用领域。

2. 主要产品及服务

公司拥有丰富完善的软硬件产品线。报告期内,公司的主要产品及服务包括智慧口岸查验系统、智能交通等。

根据证监会公布的《上市公司行业分类指引(2012 年修订)》,公司所属的行业为"I 65 软件和信息技术服务业"。(据盛视股份招股说明书)

(二) 主要经营模式

1. 生产、服务模式

公司自主开发与生产的产品一般是由硬件电路、机械结构及软件构成的综合性产品。公司的成品均在工厂内完成调试测试,质量检测合格后交付;对于部分大型产品,外购件由供应商直接运到安装现场,公司安排技术实施人员现场组装完成调试验收后再交付。

公司智慧口岸查验系统中,涉及的设备分为自主研发设备及外购设备。其中,公司自主研发的设备以公司开发的嵌入式软件为支持,对采集信息进行分析后,根据查验要求进行信息或功能输出,实现查验功能;外购设备主要为前端采集、识别设备,根据客户特殊需要配备的检测设备,以及办公、网络类支持设备。

2. 客户及销售模式

报告期内,公司产品主要以直销方式销售,公开招标是主要方式。

公司的业务订单获取方式主要为公开招标和商业谈判方式,2017 年、2018 年和 2019 年,通过这两种方式获得的订单金额占公司总业务订单金额的比例分别为 92.69%、95.09% 和 90.25%。

公司报告期的客户主要有口岸主管部门、边检、海关(含原检验检疫)、机场集团、国有企业、公安部门、交通管理部门、道路规划和建设管理部门及企业等。

3. 定价方式

公司参与招标时,就项目的竞争激烈程度、竞争对手业务能力、获得标的对自身的重要程度、项目实施的时间安排等综合考量,结合公司的利润目标制定项目报价。

3. 主要采购及供应情况

采购模式分为按项目采购和按产品采购。公司的采购主要包括四类:用于加工的原材料,该类原材料用于制造公司自制设备的核心部件主控电路板,包括各类电子元器件、电路原材料板等;组成自制设备的其他部件,包括电子信息设备、结构件等;外购设备,包括大型外购设备及其他非自制的外购设备;外购劳务,在项目现场的少量劳务采购。

(三)业务特色

公司的硬软件技术研发在同行中都具有优势。硬件研发技术优势表现为在产品研发过程中,公司积累了多项先进技术的应用经验;软件研发技术优势体现在集业务处理、设备联动、警情分析及指挥调度于一体的一站式智能化管理平台。整体解决方案优势体现在公司智慧口岸查验系统遍布全国,部分产品销往境外市场。经过20多年的发展与积累,公司长期与众多优质客户合作,在业内取得了较高的专业认可度,多次作为行业专家受邀参与客户举办的行业交流论坛、现场会、高峰论坛、联席会等。

(四)周期性

公司所处的行业不存在明显的周期性特征。但面向政府机关和事业单位的业务存在一定的季节性特征。

(五)成长性

根据国家口岸办的相关数据统计,截至2020年5月31日,全国共有经国务院批准对外开放口岸310个。公司的智慧口岸查验系统整体解决方案已成功推广至全国40多个口岸。公司的千余条自助通关产品投入全国100多个口岸。(据盛视科技2020年半年报)

表 4-1　盛视科技合同签订和执行表　　　　　　　　　　单位:亿元

年度	期初在手合同	本期新签合同	本期完成	期末在手合同
2017	2.79	5.09	3.92	3.96
2018	4.05	7.69	5.91	5.83
2019	5.83	11.63	9.2	8.26

备注:每年都有一些合同终止,金额很小。

未来每个年度新签合同决定公司的成长幅度,是预测公司发展速度的关键(如表4-1所示)。你需要密切关注公司的有关公告,也需要定期到中国政府采购网及各地方政府采购网上搜寻盛视科技中的标。需要做些笔记,做些汇总,会有些辛苦。

(六) 小结

业务模式:类工程型。

定价方式:参与招标。

资金安排:客户预付。

事后事项:一定义务。

回款速度:基本正常。

周期特征:季度不均。

客户组合:政府为主。

归根结底,业务模式的问题就两点:做什么和卖给谁。一个企业做什么无疑是重要的,而卖给谁更加重要。如果说做什么是企业的能力,那么卖给谁则需要企业坚持不懈的努力。能力决定起点,努力决定高度。

案例 4-2

中烟香港

(一) 业务概览

中烟香港(HK06055)的业务有四块:

烟叶进口:主要从全球原产国或地区(如巴西、美国、阿根廷、加拿大、赞比亚等)采购烟叶类产品,并向中烟国际出售进口烟叶类产品。

烟叶出口:从中国内地多个原产地区采购烟叶类产品,出口至东南亚及中国港澳台地区。

卷烟出口:2016—2018 年,分别直接向 9 家、8 家及 9 家免税店营运商以及 17 名、18 名及 29 名批发商出口中国烟草公司生产的卷烟。

新型烟草制品出口:新型烟草制品主要包括加热不燃烧烟草制品,即与电子控制加热装置配套使用的加热棒。

2018 年底相关数据显示,四项业务的收入占比分别是 62%、17%、21%、0.2%,毛利率(GPM)分别为 5.1%、3.3%、7.6%、1.0%。

所从事的业务领域为独家营运实体。

(二) 业务策略

短期内,将利用全球发售所得款项进一步发展现有业务。

长期而言,打算扩大独家经营业务的范围、烟叶类产品供应来源和出口目的地,并建立自己作为与世界各地供货商及客户交易的全球性烟草原料供货商的地位。

(三) 业务活动(只谈烟叶类产品进口业务)

与海外供货商签订采购海外烟叶类产品的采购协议,并根据销售协议将此类烟叶类产品售予中烟国际。中烟国际是中烟香港烟叶类产品进口业务的唯一客户。中烟香港评估每家供货商的历史供应表现,对工业公司(作为国内终端用户)的估计需求及未来一年海外供货商的估计供应能力进行研究,并就未来一年进口计划与海外供货商及国内终端客户沟通。

公司每年派遣烟叶运营部雇员前往原产国或地区,于各自烟草季节从这些原产国或地区采购烟叶类产品,开展各项工作流程。公司的主要职责包括:(1)研究及确认工业公司对烟叶类产品的需求及收集统计数据;(2)在原产地核查烟叶类产品生产;(3)检查并核查由海外供货商提供的烟叶类产品样品,并监督其生产流程;(4)就烟叶类产品的质量、等级及价格与海外供货商进行磋商;(5)安排海外供货商向中烟国际交付烟叶类产品。

中国烟草总公司基于所有行业公司的估计需求厘定各原产国烟叶类产品进口总量。在适当的时候,中烟香港公司随后向各原产国或地区供货商发出有关烟叶类产品的年内采购指示,其中设有有关等级、规格、样式及数量的条款。

公司在确定或调整各供货商的产品供应时,除了满足中烟国际特定的产品需求外,亦需考虑其财务状况、履约历史、质量控制及若干其他因素。

公司经磋商后与海外供货商订立个别采购协议,并与中烟国际订立销售协议。公司的采购及销售均为终端采购及销售。

烟叶类产品通常直接由中烟国际聘用的独立第三方物流服务提供商经船运运送到公司指定的目的地。

(四) 定价政策

烟叶类产品进口业务,目前自供货商的采购价格加价6%。

烟叶出口业务,从相关进出口公司及工业公司采购烟叶类产品的价格通常是通过从出售予客户的销售价格中减去1%至4%的利润厘定。

卷烟业务,就增量业务而言,通过于采购价中增加1%至2%、2%至5%或5%以上的适用比例来厘定售价。

(五) 客户及供货商

与11个客户建立业务关系,它们都是贸易公司及独立第三方。中国烟草总公司旗下实体为公司的主要供应商。

(六) 周期性

不是非常明显。烟叶业务有一点的季节性。

（七）雇员

截至 2018 年 12 月 31 日，在香港有 28 名雇员。

（八）小结

干的是代理商的活，拿的就是代理商的利。

中烟香港的起点无疑是很高的，公司的发展速度不仅取决于自身的努力，还与大股东的支持有关。如果能得到多一些大股东的帮助的话，中烟香港也许达到的高度会更高些，时间会更短些。

二、几种有吸引力的业务模式

上市公司的业务千姿百态，各有各的精彩，各有各的特点，成就了百花园的五彩缤纷、绚丽灿烂，一年四季绽放着美丽与芬芳，吸引着无数投资者流连忘返，驻足入场。

要说哪家的业务模式最好，哪家的业务模式最差，着实是件吃力不讨好的事。实际上你也无法比较，否则岂不成关公战秦琼了？不过要说哪些业务模式在资源运用、客户发展、管理要求、定价能力及资本投入等方面具有一定的优势，倒是可以找到一些，列举如下，以供参考。

（一）让人成瘾

让人成瘾的产品有茶、咖啡、酒精、烟草、游戏、川味火锅、卤制品和短视频等。

让客户成瘾生意的秘密在于销售收入的增长远高于销售费用的增加。企业为了实现自身产品和服务的销售，要进行市场营销，包括市场调研、目标市场选择、产品开发、产品推销、组织运输等一系列与市场相关的经营活动。这些活动无一例外地要消耗企业的资源，会计记账时这些消耗被归置在销售费用中。人们在进行财务分析时用到的销售费用率就是销售费用在收入中的占比，通常企业的销售费用率会随着收入的提高而有所下降，这主要是企业规模效应的作用。但不同的企业其销售费用率下降的幅度却是不同的，在所有的业务模式中，让客户成瘾生意的销售费用率下降幅度无疑是最快的。

比如茶。当你习惯了某个品种后，你总是习惯性购买，也就是说生产茶的公司不需要在你身上投入哪怕一分钱广告，你也会购买他们公司的茶。再比如游戏。你熟悉了某个"吃鸡"游戏后，你多玩的每一次都不需要游戏公司在你身上花费销售费用了。再比如以麻辣为主的川味火锅。麻椒和辣椒两种味道混合在一起能够让人上瘾，对我们的味觉和嗅觉都是一种挑战以及诱惑，人们是无法抵御这种美食的诱惑。有关调查数据表明，喜欢川味火锅的人如果长时间没有体验麻辣味道的话，会很想念。还比如卤制品，产品凭借独特风味，即重盐、无肉不欢、耐嚼等特点,相对其他休闲食品品类具有较强上瘾性,消费者黏性强,产品复购率高,与烟酒等重度上瘾产品相比,休闲卤制品为轻度上瘾类。

在所有上瘾类服务中短视频属于比较特殊的一类,2021年《中国互联网发展状况统计报告》显示,短视频用户已占全体网民的87.8%,人均日观看时间长达125分钟,超过半数的人每天都会刷短视频节目。该年度相较于去年,用户平均观看短视频时间增加10.2分钟,大幅领先其他行业,增加时间排名第二的社交电商仅多了1分钟。寻找短视频上瘾的原因需要综合生理学、心理学及社会学的理论实践。短视频内容少严肃、多轻松、直接提供感官刺激的特点能够极大地提升用户体验,让观众感受到愉悦和快乐。有研究表明人们在观看喜爱的短视频时,大脑会产生高于日常一倍的多巴胺。视频内容的时间较短,也避免了增加用户的身体疲劳,这使得短视频成为一种效果相当强烈的"快消品"。用户通过刷动手指,观看自己喜欢的视频产生心理愉悦感,并通过不停的反复刺激保持这种愉悦感。这种兴奋不需要思考,不需要考验我们的意志力,更能产生身体依赖,所以会"上瘾"。互联网类让客户成瘾生意的特征是"要么让人幼稚,要么让人弱智"。

让客户成瘾生意的客户本次消费会成为下次消费的缘由,客户除了自己消费外,还会向他的亲朋好友推荐公司的产品或服务。客户成为公司的推销员,这样的推销员高效而且免费。每位客户的消费额会随着客户收入水平的提高表现出稳定的增长,当然这里的增长可以是数量增加也可以是单价提高。

(二)客户自我嫌弃

该类产品有美容、手机、鞋、牙科等。

能做客户自我嫌弃生意的企业注定其产品或服务的保鲜期很短,产品或服务的迭代更快。比如手机,即使功能没有落伍,使用体验没有任何下降,你也不可能长期使用,尤其是在社交日益频繁的时代。试想一下,在一个生意场合,你的电话响了,当你当众掏出一部落后别人好几代的手机,不免会有些尴尬。如果说落伍的手机带给你尴尬,那落伍的鞋子可能早就被扔放到垃圾箱中了。鞋是所有生活用品中比较特殊的存在,男士的衣橱里只需几套西装,但鞋柜里一定摆满了鞋,这可能是人们都怕被骂"蹩脚"而用各种各样的鞋包装脚的缘故吧。如果说手机让你自我嫌弃是因为突发事件,那么鞋让你自我嫌弃则完全是毫无退让的自觉。从这个意义上讲,做鞋生意的比做手机生意的更值得关注。

产品的保鲜期短导致两个结果:一是每一款产品销量有限且在线时间短,二是产品的售价不会向下调整。产品热销意味着公司的现金流流进速度快,公司的各项周转率高,公司的管理负担小,控制费用的压力小,便于公司提高利润水平。公司一直没有存货负担,其结果必然是营运资本不需要增加,这有利于控制自由现金流量的损耗,提高公司的长期价值。缩短的产品周期可以让产品处于高利润区

第四章 厘清业务模式

间。我们知道新产品通常由于不会受到市场竞争的压力而定价较高，因而新产品的毛利水平也就处于较高的位置，这有利于公司保持较高的利润。较高的利润可以提高公司的市值，抵消公司股票近期估值昂贵的压力。

自我嫌弃的行业还包括美容和整形。前者包括化妆品等辅助美丽和保持美丽的产品；后者通常需要变得美丽的服务，如医美，如牙科。有句鸡汤说"不要活成你自己都讨厌的样子"。人们对美的追求从来就没有止境，钱少的时候靠化妆品，钱多的时候靠手术刀。

永无止境的需求催生不断增长的公司。投资者对成长性的追求几乎成为世界各地证券市场的信仰，我国也不会例外。

（三）原料做不坏

相关产品如浓香白酒、豆腐等。

生产型企业通过生产活动将采购的原物料加工成产品。产品的生产过程中除了原物料，企业还需要投入的资源有人工、机器设备、动力等，在会计账目上对应的是直接人工、制造费用和燃料动力等。合格的产品方可进入市场成为能交换成现金的商品。而不合格的产品要么拆除后保留有用的部分重新使用，要么直接报废形成存货损失。由于不合格产品消耗了企业的资源而没有市场价值，因此越来越低的不良率是每一个企业管理的目标之一。卓越的企业有很高而且持续不断改善的良品率。

对于精密制造行业，稳定的良品率可以形成企业的核心竞争力，比如苹果手机产品链中的优秀供应商都是以此安身立命的。

做不坏的生意避免了良品率的困扰，它的良品率为百分之百：没有次品，也就不会产生存货损失。

做浓香白酒的，头曲不尽如人意可以再做二曲、三曲等，出不来酒后成为酒糟还是优质猪饲料。

做豆腐的，做硬了可以做豆腐干，做薄了可以做千张，豆腐卖不掉可以做臭豆腐，做剩下的豆腐渣也是涮火锅的一道小菜。

（四）产品一成不变

相关产品有云南白药、片仔癀、马应龙等。

永远不变的产品意味着企业只要照着原来的工艺生产就行了，不需要为了新产品而投入研发，也不需要为了生产新产品而购买新的机器设备、组织培训工人安排生产，也不需要为新产品组织市场开发和营销推广。研发投入和固定资产添置属于资本支出，工人培训费用和市场营销费用都会增加当期的费用、减少当期的利润。资本支出增加的结果是企业当期的自由现金流量减少，企业的长期价值降低。

不需要新品研发,就不需要研发支出,利润表的研发费用一栏是空白。少了一项扣减项,净利润自然就比别的公司高。

产品一成不变公司的所有支出几乎只有成本,刨去成本就是利润,一本万利说的就是它们。

(五)投资一劳永逸

相关产品有公用事业、高速公路等。

一劳永逸的生意的特点在于对管理的要求非常低,低到无人管理的程度也不会影响公司的运营。这类生意大多属于特许权经营。

特许权经营企业的好处是确定性高,无论是它的资产结构还是收入结构都比较容易预测,因而经营的结果比较稳定。不确定性低的企业有比较低的风险回报要求,也就是我们用绝对法估值时可以采用较低的折现率。

稳定的好处一目了然,稳定的弊端有目共睹。

稳定的弊端就是成长性差,甚至没有成长。究其根源在于特许权经营企业的产品或者服务的价格大多是由政府确定的,因而基本是固定的,上调的可能性小。上调的困难不在于技术上的组织听证会而在于社会压力大,尤其是在通货膨胀压力一直存在的时候。

对于追求稳定收益的投资者,当证券市场面临巨大冲击而大幅下跌的时候,可以较低的价格买入特许权经营的股票。

(六)倾注关爱

与此相关的有婴孩的生、老人的去。

俗话说"黄金有价,情谊无价"。婴儿的生、老人的去是人类最为强烈的情感所在,消费者在相关服务及商品面前基本没有免疫力,大多照单付账。

这些产品或服务的最大特点是高利润,只要进入市场,即使是一直精打细算的消费者都会慷慨解囊。

(七)补丁市场

相关产品有厨房里的调味品、食品里的添加剂、工业里的钛白粉及纤维素醚等。

补丁市场的产品有时是锦上添花,有时是雪中送炭。一旦用过,终身难离。这些产品对于客户的采购支出来说又很不起眼,需求价格弹性较小。

猪肉价格大涨的时候,老百姓吃猪肉就少了,这就是说猪肉的消费量随着价格的上涨而减少。经济学教科书上讲消费量随着价格变化而变化的商品是需求价格弹性大的商品,可以说猪肉的需求价格弹性大。这些年你家买的酱油价格也涨了不少,你家少买酱油了吗?估计没有,这就是说酱油等调味品消费量不会因为价格的上涨而减少,需求价格弹性小。需求价格弹性小的商品通常是支出金额占比较小的必需品。它们的市场有个特别的名称,叫作补丁市场。调味品和食品添加剂是食品饮料行业里的补丁市场。钛白粉及纤维素醚是建筑工业的补丁市场。

补丁市场的上市公司通常没有调价后销量下滑的风险,经营业绩的波动性小。由于掌握了定价权,企业的成长性比较确定。我们测算企业的长期价值时最关注的两个重点,一个是企业的成长区间,一个是必要的折现率。补丁市场的公司在这两点都具有显著的优势,因此决定了这些上市公司的价值较高。

(八) 受销售半径保护

相关产品有水泥等。

在我国大一统的市场经济体系里,销售区域限制通常是由商品的某种属性——比如销售半径——决定的。水泥的销售半径通常不超过 300 公里,水泥企业受到的竞争自然就比其他工业品如钢铁要小得多。

销售半径给予水泥企业以定价权,水泥企业可以根据成本和费用自由地定价,这种定价权是企业利润的保护伞。

销售半径内的企业只能小心而且谨慎地使用定价权,价格上调得过大会让销售半径之外的竞争对手加入竞争,从而缩小了自己的销售半径。销售半径的缩小意味着一批客户的流失,甚至可能出现毛利率提高而收入下降的尴尬局面。

企业拥有销售半径就像有了自己的领地。在领地内企业由于没有竞争对手,经营压力较小,但也不是高枕无忧了。事实上,对于拥有领地的水泥上市公司,如何利用和巩固自己的销售半径从来就不是件轻松的事。就像非洲草原狮群的领地从来不是一成不变的一样,水泥企业的销售半径可能会缩小甚至消失,企业需要高超的管理水平和精细的市场维护才能保持住竞争优势。

三、结语

中国有句古话:"天下熙熙皆为利来,天下攘攘皆为利往。"西方经济学的解释是市场参与者通过交易实现了各自的动机,满足了各自的效用,买家实现了消费者剩余的同时,生产者也实现了生产者剩余。需求和供给的价格弹性影响生产者剩余的多寡。在供给的价格弹性的决定因素中,业务模式是举足轻重的。业务模式就是公司的商业基因,因此研究清楚上市公司的业务模式至关重要,是我们做好投资工作的必修课。

第五章
辨别竞争优势

初冬的北京三里屯,太阳刚刚露出脸。

苹果手机专卖店门口排着长长的队。排在中间的一位裹着军大衣的年轻人搓着手,问前面的戴着棒球帽的啥时开门。"马上就开门了,不急,大家都等了好几个月了。"棒球帽低头玩着手机。"你买哪一款?""还是 Plus。"棒球帽抬了一下手中的 iPhone 6 Plus。"Plus 贵不少呀,而且比上款涨了不少,听说小米性能非常不错,还便宜。"对军大衣的这个问题,棒球帽没有接话。军大衣怅然若失,回头看看长长的队伍,他似乎知道了答案,想到自己马上也是果粉了,刚才的不快就冰消云散了。

此时在大洋彼岸一个小型办公室里,全球闻名的伯克希尔·哈撒韦公司正在开投资决策会,会议主题为要不要加仓苹果股票。与会者讨论的焦点在于苹果公司是否拥有所谓的"特许权"。

结果大家都知道了,苹果公司通过了"特许权"环节的所有提问,苹果公司的股票在这家公司投资组合中的比例显著提高。

一、特许权

特许权这个概念是随着股神巴菲特的价值投资理念一起被引入我国的,一起引进来的还有安全边际、护城河、能力圈等概念。巴菲特将企业分为两大类:拥有特许权的伟大公司和其他平庸的公司。他认为那些平庸的公司都不值得购买。

特许权包括以下三条内容,只有都满足的企业才能称得上拥有特许权。
(1) 产品适销对路而且是客户渴望拥有的;
(2) 被顾客认定为找不到其他类似的替代品;
(3) 公司可以自由地定价而不会受到政府的管制。

拥有特许权的企业不光现在就能产生很高的回报,未来的发展也是值得期待的。

特许权涵盖了公司与客户的关系、公司与同行之间的竞争关系及公司在价值链中的分配权。巴菲特说过,一家公司如果具有以上三个特点因而拥有特许权,那么它就能具有为本身所提供的产品与服务制定价格的能力,通过合适的定价从而能够保持较高的资本报酬率。简单地说,普通投资人可以通过观察公司的定价权而去判断其是否拥有特许权。需要指出的是,特许权与定价权不可等同,拥有特许权的企业都具有定价权,定价权是手段,收入和盈利才是目的,只有改善公司收入和盈利的价格手段才是特许权的体现。

二、定价权

西方经济学货币学派创始人弗里德曼曾总结过,价格在经济活动组织中起三个作用:第一传递情报;第二提供一种刺激,促使人们采用最节省成本的生产方式,将可以得到的资源用于最有价值的目的;第三是分配收入。

商品或服务的价格作为经济活动的重要媒介,是市场均衡的结果。企业作为市场活动的主要供给方,往往在决定价格时起主导作用。合理的定价可以最大限度地实现企业收入和利润,从而提高资本的投资回报率。评价资本回报最重要的指标就是净资产收益率(ROE)。

ROE是公司税后利润除以净资产得到的百分比,该指标反映股东权益的收益水平,相同的资本投入,ROE越高的公司投资回报就越高。不同行业的公司都可以通过ROE的比较,衡量公司运用自由资本的效率。追求高的ROE是投资人的目的,是公司管理层的义务。

对于盈利的公司,由于税后利润通常不会全部以现金的方式分配掉,因此年末的净资产会大于年初的净资产,这也是下个年度的年初净资产。如果公司经营的水平稳定,ROE不变,那么下个年度公司的净利润必然多于上年,呈现业绩增长的态势。如果ROE提高了,净利润的增长幅度会更大。

需要强调的是,ROE的提高肯定会表现出利润的增长,但利润的增长不一定导致ROE的提高,有时候ROE出现下降,利润也会增长。

衡量一个企业是不是有定价权可以通过观察企业的ROE变化得到答案。其中产品价格的调整而带来公司ROE的改变是最直接的观察对象。能让ROE提升的涨价才是企业拥有定价权的标志。

下面分析两个案例。

案例 5-1

贵州茅台

贵州茅台在2001年至2012年间共进行了8次出厂价调整,平均每次上涨21%(如表5-1所示)。公司ROE可以分为四个阶段,每个阶段3~4年,分别为20%以下、20%~30%、30%~40%、40%以上。调价期间,公司的收入和净利润都明显增长,平均算术增长率分别为29%和41%。

除了2009年,茅台每一次提高出厂价,当年的ROE都比上年增大了,这些数据表明贵州茅台拥有产品的定价权。

表5-1 贵州茅台(SH600519)主要经营数据及出厂价相关表

年份	收入/亿元	增幅/%	净利润/亿元	增幅/%	ROE/%	出厂价/(元/瓶)	调价幅度/%
2001	16		3.3		13	218	18
2002	18	13	3.8	15.2	13.2		
2003	24	33	5.86	54.2	17	268	23
2004	30	25	8.2	39.9	21.3		
2005	39	30	11	34.1	24		
2006	49	26	15	36.4	25	308	15
2007	72	47	28	86.7	34	358	16
2008	82	14	38	35.7	39	438	22
2009	97	18	43	13.2	34	499	14
2010	116	20	50	16.3	31		
2011	184	59	87	74	40	619	24
2012	264	43	134	54	45	819	32
2013	309	17	154	14.9	40		

注:本表中的出厂价为53度飞天茅台价格。

案例 5-2

东阿阿胶

东阿阿胶在2006年至2018年间共进行了18次出厂价调整(如表5-2所示),2018年出厂价是2005年的23倍。提价两年后公司ROE上升至20%,2010年10月后稳定在20%以上并于2011年达到最高。到2018年,公司出厂价已在2011年价格的基础上上调了3倍,ROE却不断下滑。

在ROE上升期,公司的收入平均年增幅为20%,利润平均年增幅超过40%。

在ROE下滑期,公司的收入年增幅的中位数为17%,利润年增幅的中位数为22%。

从这些数据看,不能说东阿阿胶有定价权。

表 5-2　东阿阿胶经营数据及出厂价相关表

年份	收入/亿元	增幅/%	净利润/亿元	增幅/%	ROE/%	出厂价/(元/千克)	幅度/%	月份
2006						196	21	5
2006	10.7	15	1.5	36	14	255	30	12
2007	13.8	29	2	33	17.8	320	25	11
2008	16.8	22	2.9	45	20.4			
2009						352	10	4
2009	20.9	23	3.9	36	16.4	393	12	10
2010						432	9.9	1
2010						516	19	2
2010						542	5	5
2010	24.6	18	5.4	48	21.2	594	9.6	10
2011	28	14	8.1	50	25	954	61	1
2012	30.6	9.3	9.4	16	24.5	1 049	10	10
2013	40	31	11.5	22	24	1 388	32	
2014						1 650	19	1
2014	40		12.6	10	23	2 525	53	9
2015	54.5	36	15	19	23	2 903	15	
2016	63	16	17	16	22	3 310	14	
2017	74	17	19.6	13	20.8	3 640	10	
2018	73	-1.4	19	-3.1	18.5	3 858	6	
2019	29.6	-59.5	-5.4					

实际上,有定价权的企业很少,有长期定价权的更是凤毛麟角。

综观巴菲特半个世纪的投资生涯,被他看中的有定价权的企业最多几十个,大部分也是阶段性持有,长期看好的不超过十家公司。这些公司大多为大家耳熟能详,如可口可乐、华盛顿邮报、美国运通、吉列公司、苹果等。

我国资本市场中大家追逐的有定价权的公司一直也没有冷过场。寻找到能长期保持定价权的公司自然而然是大大小小投研机构最高的目标,不过像前面讲的这种公司特别稀少,因此大家的视线就转向寻找阶段拥有定价权和短暂拥有定价权的公司了。在我国的投资实践中,这两种研究视角都取得过很高的投资绩效。

前面我们说过,公司定价权源自所在行业价值链上的竞争地位,有竞争优势的公司在价值分配中占据优势,获得独特竞争优势的公司才拥有定价权。要想寻找有定价权的公司,就必须先找到公司的竞争优势。

三、竞争优势的表现

企业获得竞争优势未必要全方位超越竞争对手,实际上只要在某一方面卓越,在其他方面达到行业中等水平,就能成为竞争的领先者,这印证了我国的一句古语"一招鲜,吃遍天"。需要提醒大家的是,获得竞争优势的企业未必拥有特许权,如果其他方面再差一些,也可能难以占据行业的优势,成为头部公司。有竞争优势的企业,其优势都会体现在某项资源上,如原料、技术、工艺、品牌或客户关系。

(一) 原料

如赤水河的水。

我国酿酒历史悠久,酿酒企业众多。不管酿造的酒是何种香型,不管酒厂有多大规模,这些企业都有一个共性,那就是依水而建。水是万物之源,活水是酿造白酒的基础。我国长江上游有窖香浓郁的五粮液,黄河流域产纯正清香的汾酒,淮河流域出绵柔淡雅的洋河,赤水河孕育了酱香醇厚的茅台。

如果不是酿出茅台酒,赤水河只是我国众多的名川大河中一条普通的河流。茅台让赤水闻名天下,赤水河的特色为人们所津津乐道。

赤水河有一个奇特现象:每年的端午节至重阳节期间,雨季来临,大量紫红色土壤被冲刷入河,河水呈赤红色;而重阳节至翌年端午节期间,雨量骤减,河水又恢复清澈透明。沿岸的酒企根据赤水河河水自然变化规律来酿酒。端午过后水浑浊,适宜用水量少的制曲;重阳过后水变清,水量丰沛,沿岸的酒企取水投料、烤酒、取酒。赤水河流域沿岸地貌多为陡坡深谷,封闭的、湿热的峡谷地带,酿酒微生物格外丰富,茅台镇夏季炎热、冬季温和,昼夜温差小。在这种地形和气候条件下,赤水河流域空气流动相对稳定,多种微生物得以大量繁衍并合理分布,造就了一个相对封闭、有利于酿酒微生物生长的小环境。正是这个特殊的小环境造就了以茅台为代表的酱香型白酒。

(二) 技术

如高性能碳纤维。

高性能碳纤维长期被以美日为首的发达国家所垄断和禁运。

中简科技(SZ300777)经过长期自主研发生产的国产ZT7系列(高于日本东丽T700级)碳纤维产品打破了发达国家对宇航级碳纤维的技术装备封锁,各项技术指标达到国际同类型产品先进水平,经过严格的产品验证,已被批量稳定应用于我国航空航天八大型号,优先满足了国家战略需求,实现了军民深度融合。在碳纤维技术水平方面,公司以ZT7系列碳纤维研发为切入点,开展以T800级、T1000级、T1100级碳纤维为代表的高强型碳纤维和以M40J、M55J、M60J为代表的高模高强碳纤维的研发工作。ZT8系列碳纤维率先通过科技部的认定,性能达到T800级碳纤维。

中简科技目前生产的ZT7系列碳纤维所用的技术均为自主研发,具有完全自主知识产权;生产工艺实现自主开发,生产设备98%为自主设计,关键设备全部实现国产化;生产所用关键原辅料均为国内配套或自制;核心控制系统采用国产化DCS自动系统。

(三) 配方

如中药秘方。

片仔癀悠久的历史、深厚的文化底蕴和显著的疗效彰显其独特的品牌优势。公司独家生产的传统名贵中成药片仔癀,其源于宫廷、兴于寺庙、流传于民间、发展于当代,因其独特神奇的疗效而形成了极佳的口碑,被国内外中药界誉为"国宝名药"。

片仔癀处方及工艺为国家保密配方。目前我国保密配方分为三级,其中最高等级为国家级绝密配方,这个级别的配方只有两家,其中一家就是片仔癀。由于其配方独特、作用机理突出的特点,功效较类似产品有明显优势。2005年,国家有关部门为保护野生麝资源,仅准许片仔癀等少数几个传统名贵中药品种继续使用天然麝香,这更进一步增强了片仔癀的稀缺和名贵程度。

公司精准推进独家中药大品种培育工作,不断突破中药现代化关键技术,进一步提升产品的科技价值和竞争力。继续深入开展片仔癀治疗肝病、肿瘤及在抗炎、免疫调节方面的系列药理毒理、质量标准及临床研究项目近40个。

(四) 客户

企业的销售对象可能是政府、企业和个人。按企业的销售类型可以将企业分为B2G、B2B和B2C,其客户的集中程度由高至低。

由于政府不是经济理性的,也不具有动物精神,政府工作人员通常不会有激励安排(除非接受贿赂),以政府作为客户的B2G企业不可能因为竞争优势而产生定价权。

B2B企业中客户所在行业集中度高且竞争激烈,有机会诞生竞争优势。原因有两点:一是客户对供应商依赖程度高,对供应商认证周期长,优秀的供应商是竞争对手拉拢的对象;二是优秀供应商通常是企业新技术布局的深入合作者,是企业发展的左膀右臂,难以割舍,其重要性不言自明。传统汽车行业的零件供应商如博世就是代表。

相较于前两类企业，B2C 中诞生过很多有竞争优势的企业。这些企业面临竞争时可以像遭遇敌人袭击的勇士站在一面能够保护好身后的墙前面，他只需要盯着眼前就行了。客户就是那面墙，它可以很坚固，也可能很薄弱；它可以保护你，也可以保护别人；它今天站立着，说不定哪天它就倒塌了。它未来会咋样，全靠今天你咋做，遵循古话"种什么因，得什么果"。

（五）品牌

电视时代是品牌的黄金岁月。互联网时代到来后，品牌的重要性越来越低。

以互联网应用作为分界线，人类获得信息的方式发生了根本改变。此前是被动的，此后是主动的。此前通常是听你说什么，此后往往是"我"想听什么。此前内容匮乏，此后内容泛滥。此前感叹没东西看，此后感叹没时间看。此前通过品牌才能找到商品，此后浏览商品时众多品牌纷至沓来。

失去信息优势，单靠品牌自然就无法获得竞争优势了。

在互联网时代建设品牌需要更加注意品质的提升。企业品牌建设的中心从产品过渡到用户。以产品功能作为载体提升客户的体验，让用户产生情感共鸣是品牌经营的关键。进行产品和品牌的持续优化，以满足用户的精准需求，从而能让用户拿到产品的第一反应就是通过微信朋友圈、微博等社交工具分享给亲朋好友。客户从产品用户变成公司产品的营销经理。再往前走，利用互联网的优势，某些功能或某些产品的开发也可以让客户参与，这样客户又变成了产品经理。用户的多重身份除了会加深客户的忠诚度外，还在用户与公司之间建立起相互信任。互联网时代，好的品牌建设能做到有品质、有感情、有温度。

四、竞争优势辨别方法

对公司竞争优势的研究方法，归纳起来大致分成两种：行业集中度观察的边际法和事件项目驱动的点燃法。

1. 边际法——行业集中度变化的观察

行业集中度是指市场中该行业前 N 家最大的企业所占市场份额的总和。行业的集中程度反映了市场中参与竞争的企业的数量、规模和分布。一般而言，行业的集中程度越低，竞争越激烈，反之亦然。

静态的行业集中度反映了行业内竞争程度，通过行业集中度收敛（集中度越来越高）可以发现行业内有竞争优势的企业。一般来说，自由竞争的行业，集中度收敛大多伴随着行业内大规模的收购兼并，结果是头部企业规模更大、份额占比更高，而行业总体产能并没有增加。此外还有个重要影响是行业的壁垒提高，对外部资本的吸引力下降。

集中度收敛的行业内头部公司形成的具有竞争优势的土壤是肥沃的，能不能长出参天大树,主要看苗壮不壮、苗正不正。

前面介绍的连锁药店行业可以作为观察的标的之一。

2. 点燃法——事件驱动

● 电视剧《亮剑》中李云龙新任独立团团长,接替进攻未果的兄弟部队,运用土工作业的方式,绕到日军的工事前,用大量的手榴弹消灭了日军山崎大队。经此一役,原本不是主力部队的独立团树立了能打仗、会打仗的形象,成为军中王牌。

● 2017年12月苹果CEO蒂姆·库克到昆山拜访了立讯精密。库克称赞"他们超一流的工厂将了不起的精良工艺和细思融入AirPods的制造"(见公开媒体报道)。

此时立讯精密已经登陆A股市场7年多了,做连接线起家,以承揽富士康配套业务为主,业绩中规中矩,其貌不扬。

苹果CEO的赞扬传达了两点公开信息:立讯精密的精密制造水平在全世界都是领先的,立讯精密对无线耳机的供应能力具有很强的竞争优势。一般人对立讯精密的评价可能是恭维、可能是客套,你不必太当一回事。但大客户对立讯精密如此评价,你就不能不重视了,因为大客户的态度预示着订单将源源不断地到来。事实上立讯精密也正是从库克的造访后青云直上、飞黄腾达的。

立讯精密2017年年报中这样说:"2017年,是公司实现高速发展的一年,我们始终坚持以客户为中心,不断在研发设计、制程工艺改善和自动化提升等方面加大投入,向客户充分展示了我们在研发、规模化生产、品质保障、弹性交付以及解决问题的综合能力,获得了大客户的肯定与认可,市场开拓进展顺利,尤其在消费电子的新产品领域实现了快速突破。在内部管理上,公司有力地执行运营增效减耗的各项措施,取得了预期的业绩回报。"

五、结语

自由市场里企业要获得竞争优势是非常困难的,如果还要保存这种优势无疑是难上加难。投资人在众多的上市公司中找到有竞争优势的企业也不是很容易,普通投资人似乎更不容易。下一章中大家会看到五可法选股的实际过程,其结果也未必让人满意。事实上只有通过耐心观察和不懈的跟踪才可能发现有竞争优势的公司,找到这样的公司我们就发现了好的投资标的。长期的竞争优势是股票持续上涨的保证,短暂的竞争优势足以支持股票一段时间的强势。这些结论都经过了国外资本市场的验证。我国资本市场2020年的表现似乎有些夸张地验证了投资者对具有竞争优势公司的偏好。

第六章 五可法的应用

前面几章我们详细地介绍了五可法的有关公司基本面的四项内容,这一章将结合一个案例做具体的演示,并介绍估值评估的相关知识。

选股大致分为初选和精选两个阶段。初选是在挂牌的上市公司中选出与投资理念相近且适合自己投资风格的股票,不少上市公司是第一次进入视野,像初次相识的朋友。精选过程就是运用五可法选股流程对初识的公司进行甄别,寻找合适的公司,作为在恰当时机介入的股票,这个过程像新朋友成为老朋友的再识。

一、初识

初识阶段就像找朋友。要处朋友首先要认识朋友。A股四五千家上市公司,如何找到自己喜欢的公司呢?

各位认识朋友的渠道一定很多,找到喜欢公司的方法其实也是五花八门的。我们推荐运用行情系统的选股功能。券商电脑终端的行情交易系统和理财服务机构的手机行情(比如同花顺App)一般都有智能选股功能,你可以按自己的偏好输入相应的条件,喜欢竞争力强的公司就选净资产收益率高的(比如大于20%),喜欢成长性好的就选利润增长率高的(比如大于30%),喜欢价值型的就选分红收益率指标高的(比如大于4%),不喜欢高估值的就选市盈率小的(比如小于20)。这些指标可以单独使用,也可以组合起来使用。按一下回车,通常会跳出一大串来,就像捕鱼时一网撒下去捞了好多鱼一样。如果啥也没捞到,大多数的原因是你用的指标或指标组合太苛刻了,可以尝试放松一些条件,肯定会有所收获。

宁水集团就是通过手机行情App选出来的。

宁水集团2019年初登陆上海证券交易所。2020年中报显示:ROE(净资产收益率)为9.05%,GPM(毛利率)为36.5%,收入同比增长了18.3%,净利润同比增长了46.5%。

公司作为国内最早生产水表的制造企业之一,秉承"一业为主,做精做强"的经

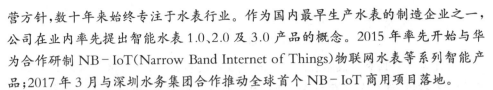

营方针,数十年来始终专注于水表行业。作为国内最早生产水表的制造企业之一,公司在业内率先提出智能水表1.0、2.0及3.0产品的概念。2015年率先开始与华为合作研制 NB‐IoT(Narrow Band Internet of Things)物联网水表等系列智能产品;2017年3月与深圳水务集团合作推动全球首个NB‐IoT商用项目落地。

作为传统制造业的宁水集团通过物联网新技术的赋能,呈现出高附加值、高技术含量、高质量、强品牌的"三高一强"特征。

当时(2020年中报披露不久),宁水集团的PE(市盈率)为30倍,PEG(市盈率相对盈利的增长比率)为0.64。业绩高速增长,估值相对便宜,是难得的好品种,活脱脱一副"小荷才露尖尖角"的样子。初识的你不免有点欣喜、有点憧憬、有点急切、有点忐忑。马上就想从新朋友关系再向前迈进一步。

二、再识

如果说初识是一小步,那么再识就是一大步。如果说初识是感性的,那么再识就是理性的。如果说初识的目的是找朋友,那么再识的目的就是找爱人。

通过再识的公司将会变成股票,变成你用现金换成的金融资产。在你持有的整个时间段,它不再是任人评说的谈资,而是左右你喜怒哀乐的牵挂。

再识的过程就是将公司放入一个评价系统进行全方位的研究分析,这是券商研究所的主要工作,此项工作增加的附加值足以让证券分析师们钟鸣鼎食、鲜衣怒马。

如此这般,难道我们普通投资人就无法完成对公司的再识吗?此时运用五可法可以完成再识过程,补救大家的不足。

我们前面提过五可法,其全称叫五可选股法。"五可"之名源自晋武帝选太子妃的典故。

初,帝将纳卫瓘女为太子妃……帝曰:"卫公女有五可,……卫氏种贤而多子,美而长、白。"(《资治通鉴》卷七十九)

顾名思义,五可法分为五个步骤,我们需要分别研究上市公司的五个方面:治理结构、发展前景、业务模式、竞争优势和估值评估。研究这五个方面通俗地讲就是要回答以下问题:公司上下齐心吗?行业前景光明吗?公司做什么、怎么赚钱?比竞争对手有优势吗?目前的股价可以买吗?

(一)上下齐心吗(治理结构)

我们在前面的章节曾指出,其实普通投资人可以从两方面观察公司的治理结构,一是公司与你在经营上是不是一条心,二是公司在利益分配时是不是一视同仁,所谓"上下同欲者胜"、所谓"不求先大股东乐而乐,只求随大股东乐而乐"。

公司治理结构是公司成为好股票的必要条件。

我们来分析一下宁水集团的治理结构。

宁水集团是国企宁波水表厂改制后成立的股份公司，由6名自然人组成的一致行动人控股，这6人中有5名长期在宁波水表厂就职，是同事关系。公司的股东中家族占股最大的比例为25.3%。其他一致行动人作为知根知底的熟人，与占大股的家族是一种既能合作又会制衡的关系。较为分散的股本结构有利于上市公司的独立性，关联交易问题和大股东侵占问题因为会受到其他一致行动人的监督可以得到比较好的解决。

往前看，公司只要按部就班地落实监管部门关于上市公司治理结构方面的制度建设，加强信息披露，其治理结构就值得投资者信赖。

(二) 前途光明吗 (发展前景)

这部分跟公司所处的行业 (赛道) 和公司的资源及能力 (选手) 有关。建议将研究的范畴与你的认知相匹配 (即能力圈)，先从自己熟悉的行业 (比如长期就职的、比如生活工作中长期接触的) 入手。

投资者基于自己的能力或认为自己具备的能力所能达到的范围就是能力圈。投资者应该在自己的能力圈范围之内寻找投资机会，而不应觊觎能力圈之外的投机机会。

如果希望获得很高的回报 (比如以倍数论)，那么必须做好这部分的研究，所谓 "不谋全局者，不足以谋一域"。

研究方法上需要短期与长期相结合。

短期研究清楚了，可以让你的投资快速脱离成本；长期研究清楚了，可以让你熬过股票的调整期。

回到宁水集团这个案例上来。

水表行业短期受惠于国家节水政策推动下的智能水表对机械表的替换，水表单价的大幅提高扩大了行业的短期总需求，行业的技术变革给了头部公司们提高市场占有率的机会。

国家制造强国建设战略咨询委员会发布《〈中国制造2025〉重点领域技术路线图(2015版)》，提出重点发展集成电路及专用设备智能仪表，逐步扩大国家集成电路的投资基金规模，同时加强现有政策和资源的协同，以此促进我国智能仪表的研发。上述政策的出台，为水计量产业的发展指明了方向，为行业的发展带来了新的契机。

立足水资源战略和全局的角度，近几年国家层面的纲领性文件与政策不断出台，要求水计量产业朝着 "计量—监测—控制" 为一体的高精度、智能化、系统化方向集成发展，为早日实现全国范围水资源总量控制提供必要的技术保障。

智慧城市项下的智慧水务及智能水表技术迈向成熟的步伐将加速。

长期看，以 NB-IoT 为代表的物联网技术正在加速改变我国乃至全球水表产业格局，水表行业龙头公司有望成为全球供应商。

(三) 靠啥赚钱(业务模式)①

简单地讲，业务模式就是公司运用拥有的资源进行生产并销售产品或服务的运营方式。

业务模式是公司最根本的价值基础，形成公司的收入来源。

影响收入的两个主要变量是产量及价格。

产量通常受制于公司的产能，如果公司的产品销量越来越多，公司通常会扩大产能，这是上市公司融资方案中募集资金的主要用途之一。产能管理是评估管理层经营管理能力的重要指标，产能闲置会增加单位收入的折旧而降低当期的盈利，产出不能及时销售会增加公司的营运资本从而降低公司的价值，产能不足会让公司失去市场景气的机会进而影响公司的长远竞争能力。

价格是评估公司业务景气程度最重要的指标。考察公司产品历史价格走势可以认识到公司产品的周期性特征。价格波动大的行业周期性就明显，如钢铁，如有色金属，如生猪。引起价格的波动的原因不外乎总需求和总供给。

将上市公司一段时间内的经营成果汇总起来编制成利润表。

利润表是经营业绩的财务记录，反映了这段时间的销售收入、销售成本、经营费用及税收状况，直观地揭示了公司实现的利润或形成的亏损。

收入是利润表最上边的一项，即所谓的 Top line。

公司的年报会列示收入的结构及与上期的比较，并且附带上成本的结构及与上期的比较。

收入与成本的差构成毛利，毛利与收入的比值叫毛利率。毛利率是判断公司竞争力的重要指标，尤其是同一个行业内。

毛利减去四项费用(销售费用、管理费用、财务费用和研发费用)的余额叫作营业利润(GOP)。我国会计准则在很长时间内将研发费用作为管理费用的子科目，费用项主要是销售费用、管理费用和财务费用，统称三项费用②。

正的营业利润需要交纳所得税，税后的余额叫作净利润(NP)，净利润位于利润表的最下方，又被称为 Bottom line。

---

① 本部分所涉及的会计知识是非常粗略的，系统而详尽的财务知识介绍和会计报表分析将在随后的章节展开。

② 本书中有时用三项费用，有时用四项费用，如无特别指明，其内涵是一样的。

净利润除以发行股份总数叫作每股收益(EPS)。

净利润除以净资产(总资产减总负债)叫作净资产收益率(ROE)。需要指出的是,由于利润表反映的是区间内经营结果,因此以净利润为分子的指标也是阶段指标,比如 EPS、ROE 等,使用这些阶段指标时,通常需要将其年化,如果直接使用需要注明区间。

ROE 体现了自有资本获得收益的能力,是投资者最看重的财务指标之一。

ROE 非常重要还因为它消除了行业的类别,让所有的企业都可以进行经营结果的比较。ROE 是评估企业竞争力的重要指标,持续具有高 ROE 的企业一定是行业内竞争力最强的公司,反之亦然。资本市场对 ROE 高的公司的估值也会高一些。根据 ROE 的杜邦分析可以清晰地看到销售净利率、总资产周转率和债务比率之间的相互关联关系,给投资者提供了一张明晰的评估公司资产管理效率和是否最大化股东投资回报的路线图。

我国非金融上市公司长期年度平均 ROE 在 8% 左右。

让我们回到宁水集团这个案例上来。

宁水集团的业务模式:据 2020 年中期报告,目前公司已能够通过智能硬件终端制造形成收入、利用大数据服务平台保持客户黏性的产品结构,能够满足客户个性化的需求,并提供专业化服务。公司持续推进自主创新、技术改造和新产品研发,报告期内始终致力于开展基于工业互联网技术的智能化生产与定制化服务的业务模式,推动城市智慧供水管理工作进一步朝着数字化、自动化、信息化与智能化的方向发展。

总结一句话:宁水集团的业务模式为生产及销售水表。

水表作为传统制造业,产品经历了普通机械表、节水机械表、智能表 1.0、智能表 2.0 四个阶段。机械表售价在 80 元左右,智能表 1.0 售价在 120 元左右,智能表 2.0 售价在 250 元左右。宁水集团近几年智能表收入占比持续增加,至 2020 年中已经过半。

2020 年中期 ROE 为 9.05%,GPM 为 36.5%,收入增长 18.3%,净利润增长 46.5%。

(四)跟谁竞争(竞争优势)

如果说业务模式的研究着眼于过去,那么竞争优势的分析则是面向未来。

如果说业务模式的研究是偏静态的,那么竞争优势的分析则是完全动态的。

缘于经历、眼界、知识结构、研究侧重点等的不同,不同的机构对同一家公司的结论不尽相同,甚至是南辕北辙。

对于普通投资人来说,这部分工作确实很难开展,尤其是在不熟悉的行业。幸运的是,上市公司会在招股说明书及年报中有所阐述,可以作为我们研究的出发点。

还是以宁水集团为例。

行业竞争格局：我国水表生产企业众多，目前拥有计量器具生产许可证的企业约 400 多家，但规模大多偏小，行业集中度较低且竞争充分。经过多年发展，水表制造行业已经形成了政府主管部门依法行政、行业协会自律管理、企业自主经营的市场化发展格局。

随着水表行业逐渐向着智能水表及应用系统方面调整与转型，对水表企业跨行业知识的积累、多学科交叉应用的产品研发能力、综合采购能力等方面均提出了更高要求，技术壁垒和服务壁垒迅速提升。智能水表较于传统标的制造，对安装调试、后续维护能力的要求也将更加严格。因此不具备这样综合能力的大部分中小水表企业有可能加速被市场淘汰，而具有长期计量技术积累、研发能力强劲、优质服务能力优势的企业有可能快速发展壮大，未来行业集中度有望进一步提高。

总结如下：

宁水集团的竞争对手主要有四类，前两类在明处，后两类在暗处。前两类构成我们研究宁水集团的重要辅助，后两类需要我们保持足够的警觉。不要忘了中国的那句古话："明枪好躲，暗箭难防。"

宁水集团认为行业集中度会提高，暗含的意思是有利于头部公司。这个结论，你姑且看看，不要急相信。顺带说一句，上市公司讲的过去的事尽管相信，讲的未来的事要打问号。

我们花点时间较为系统地分析一下。

水表是自来水公司为用户供水的重要计量工具，水表的正常工作只对销售方有重要影响，很少有居民会因为水表不走字但家里不断水而报修吧。因此水表一般由自来水公司提供。这就决定了水表行业的销售模式是 B2B。由于种种原因，我国自来水漏损率在 20% 左右。随着国家节水环保的要求提高，更主要的是居民自来水消费能力的提高，自来水公司有动力提高水表的智能化水平。大家可以就自家用水的实际情况测算一下，实际水消费金额增加 25%，智能 2.0 表 250 元，使用期 6 年，换表对于自来水公司划不划算？如果再加上自来水公司节省的抄表员等人工支出呢？

行业巨大的蛋糕摆在面前，有人摩拳擦掌，有人暗自心动。宁水集团就推出了数倍于现有产能的高达 405 万只的扩张计划，不过这个计划较预定的时间已经推迟了，个中原因，大家可参考投资者互动平台的投资者提问及公司的问答。

如果说宁水集团是摩拳擦掌，那么为数不少的自来水公司则在暗自心动。

自来水公司作为B2B的第二个B,掌握了金额可观的订单,面对巨大的毛利,如果自己生产"岂不肥水不流外人田"?问题在于能不能生产和要不要公开招标。

相较于机械水表,智能水表增加了智能模组,依靠窄带通信技术实现了水表计数定期自动上传至自来水公司的数据库。水表头部公司技术能力强,有明显的先发优势,但并未形成垄断优势。实际上获得智能模组的机会还是不少的,生产问题可以解决。至于公开招标,由于是企业行为,可以并非强制要求搪塞过去。

于是一些辖区用户多的自来水公司运用公私合资的方式组织2.0智能水表的生产。大家可以测算一下,按10万户换表,36%的毛利率,初始投资不过千万元,回报有多大。

行业面临蚕食,宁水集团能独善其身吗,我们不妨看看同行业上市公司的表现。做投资的有句口头禅叫"他山之石可以攻玉"。

就在宁水集团风光无限的时候,三川智慧(SZ300066)智能表收入增速下滑至个位数,智能表的毛利率则出现下滑(见其2020年中报),佐证了行业竞争在加剧(如表6-1所示)。

表6-1 三川智慧、宁水集团水表收入

		2019年上半年/万元	2020年上半年/万元	增长率/%
机械水表	三川智慧	9 800	10 400	5.8
	宁水集团	30 500	30 900	1.3
智能水表	三川智慧	17 700	18 200	2.5
	宁水集团	25 100	34 700	38

短期看政策红利在边际收缩,水表行业会不会"一朝春尽红颜老",让我们拭目以待。

(五)股价贵吗(估值评估)

估值评估的工作就是要解决股票啥时买入啥时卖出的问题。21世纪初股神巴菲特的价值投资理论被引入我国时,大家学会了一个词叫安全边际(safety margin)。安全边际就是公司的内在价值高于市场交易价格的部分,安全边际越大,投资获得的收益就会越大。

根据前面几个步骤的分析,我们可以运用经典的估值方法预估公司的价值。估值方法可以分为相对法和绝对法。相对估值法有市盈率法、市净率法和市销率法等,绝对估值法有DCF法和DDM法等。估值方法的基本用法及估值方法适应的对象如表6-2所示。

表 6-2　常见的估值方法介绍

方法	名称	基本用法	适应的公司对象
PE	市盈率法	$PE \times EPS$	成长型公司
PB	市净率法	$PB \times BVPS$	周期性强公司、价值型公司
PS	市销率法	$PS \times$ 收入	初创的极速成长型公司
DDM	股利折现法		价值型公司
DCF	现金流量折现法		所有公司

注：按照企业的生命周期，根据成长性快慢，上市公司可分为极速成长型公司、成长型公司和价值型公司

每种估值方法在具体运用时都会面临一些关键参数的选择。比如用市盈率法估值时选择什么 PE 倍数，有人用公司上市以来的历史平均倍数，也有人用行业平均倍数。比如用现金流量折现法估值时，折现率的选择上有明显的分歧，学院派主张以资本资产定价模型推导出的股权成本与债券成本的综合作为折现率，投资大师巴菲特用美国长期国债收益率作为折现率，有的投资人用目标收益率作为折现率。我们在实际操作中，需要在遵守基本规范的前提下，渐渐整理出自己的一些经验。

这里跟大家分享一些经验。在估值评估的运用尺度上，B2C 的公司估值适当松些；B2B 的公司估值要紧些；B2G 的公司估值要更严些。个中缘由在于客户的议价能力是从低到高，客户增长对公司竞争力的积累是从高到低。

估值评估需要一定的灵活性，不能墨守成规。刻舟求剑、循表夜涉、引婴投江都不可取。

估值参数的运用还需要适当考虑宏观经济环境。有人总结过："经济好的时候估值评估需要苛刻，经济差的时候估值评估可以宽松。"其背后的逻辑是经济好的时候，公司实现的盈利得到兑现，不如预期的差距会被放大，苛刻的估值参数可以成为股价下跌的防护垫；经济差的时候，往往资金宽松（拜主要经济体的央行所赐），下降的利率水平提高估值评估的容忍度，宽松的估值参数可以防止因股票选择困难而造成投资活动裹足不前。

绝对估值方法有 DCF 和 DDM。DCF 是基于企业未来自由现金流量的折现，DDM 是基于未来分红的折现。

需要指出的是，估值的使用基础都要基于对公司未来的预测。

从来没有做过公司预测的人不妨从对利润表的预测做起。先分别预测下个运营区间的收入项、成本项、费用项、税收项等。

收入项 = 销量 × 价格

成本项 = 收入项 × (1 - 毛利率)

对于大部分上市公司而言，成本加成法是常用的定价方式，这种定价方式的一

个重要结果就是毛利率相对稳定。

费用项参照以往的费用率。

税收项查找公司未来年度的所得税率。

我们以宁水集团为例,做个尝试,预测2020年利润①(如表6-3所示)。

表6-3 2020年利润表(预测) 单位:亿元

收入	13.4
成本	8.58
销售费用	1.7
管理费用	0.6
财务费用	0.1
营业利润	2.42
其他收益	0.25
所得税	0.37
净利润	2.3

注:预计机械表、智能1.0表及智能2.0表销量分别为750万、200万及200万台,单价分别是80元/台、120元/台、250元/台。

EPS = 净利润/总股数 = 2.3亿元/2.03亿 = 1.13元。

公司的自由现金流量预测:$EBITDA = 2.42 + 0.1 + 0.1 - 0.37 = 2.25$(亿元)。

预测公司的资本支出和营运资本变化分别为0.4亿元、0.8亿元,则 $FCFF = 2.25 - 0.4 - 0.8 = 1.05$(亿元)。

下面分别用相对估值法和绝对估值法对宁水集团进行估值。

相对估值方法采用市盈率法。估值参照同行业相关的平均市盈率(如表6-4所示)。

表6-4 可比公司估值

股票代码	股票名称	股价/元	EPS/元	PE
SZ300259	新天科技	5.66	0.3	19
SH603956	威派格	17.37	0.35	50
SZ300066	三川智慧	5.74	0.24	24
	PE中位数			24
	PE平均数			31

注:EPS为Wind预测2020年的平均数,股价为9月16日收盘。

---

① 以下所用数据只用来说明方法,不构成投资建议!

根据表中同行业的 PE 中位数及 PE 平均数,取估值参数为 $PE = 25$。

公司的估值 = $EPS \times PE = 1.13 \times 25 = 28.25$(元)

绝对估值方法中,我们用 DCF 法给宁水集团估值。

假设公司自由现金流量以后十年每年增长 15%,十年后的十年每年增长 5%。第二十年的权益为 60。

取折现率为 10%。

用 DCF 可以算出公司价值为 35 元(如表 6-5 所示)。

两种估值方法得出的结果有显著的差距。可以解释的理由很多,比如参数选择,比如预测的假设等。最重要的是相对估值法着眼于短期信息,看重的是近期;而绝对估值法着眼于长期信息,看重的是未来。

需要强调的是,这里用的估值实践是非常粗线条的,主要用途是简单地介绍这些方法,此后的章节会介绍非常精确的估值方法。

(六) 可以买吗(做个决策)

决策过程解决的问题是要不要买、啥时候买。

还是回到宁水集团的例子。我们以相对估值法的估值结果为基础。

2020 年 11 月 12 日宁水集团收盘价是 27.62 元。

安全边际 = $28.25 - 27.62 = 0.63$(元)。

对应的预期收益率 = $0.63/27.62 \times 100\% \approx 2.3\%$

对于 2.3% 的收益率,要不要立即买入取决于你的收益预期、风险厌恶程度、资产结构、负债状况等因素。机构与普通投资人在这方面的差距比较大。

如果你决定持有宁水集团的股票又希望提高收益率的话,那就需要等到较低的价格。此前我们曾讲过"没有合适的价格,再好的公司也不是好股票",这时你对于这只股票除了等待——等待内在价值的增加或是股价的下跌——外别无他法。有人说的"价值投资需要孤独的修行"就是指这种情形吧。

三、结语

当我们完成了对宁水集团的再识,回头再看初识的那份心情,似乎有些急切、有些冲动。不过这并不值得奇怪,因为再识的过程就是"吹尽狂沙始到金"。你不会为证明初识的公司不是一个好股票而感到遗憾,也不会为初识时没有急于下手而感到幸运。你将会更为自信地告别投资波动的煎熬,从投资的必然王国逐步走向自由王国。毫无疑问,走向自由王国的过程一定会是个循序渐进的过程,需要投资者掌握必要的技能,其中上市公司财务报表的阅读和分析是基础性知识,其他如行业分析框架以及基本的宏观经济知识等也是必修课程。具有了这些能力,投资者就能在投资实践的自由王国里遨游。

表 6-5 宁水 DCF 预测

单位：亿元

年份	2020	2021	2022	2026	2027	2028	2032	2033	2034	2035	2036	2039	2040
自由现金流量	1.05	1.207 5	1.388 625	2.428 714	2.793 021	3.211 97	4.683 239	4.917 401	5.163 271	5.421 434	5.692 5	6.589 787	6.919 277
折现值	1.05	1.097 727	1.147 624	1.370 946	1.433 261	1.498 41	1.492 224	1.424 396	1.359 651	1.297 848	1.238 9	1.077 483	1.028 506
折现值合计	27												
期末权益													
期末权益折现值	9												
负债	1												
股东价值	35												

第七章 财务基础知识导入

案例 7-1

小明小兰家的账簿

周末午后,年轻夫妇小明和小兰坐在电热油汀旁,盘算着刚刚过去一年的家庭收支。

"卡上总进账15万元,工资加奖金。"小明说着,小兰便记在本子上。

"家里的支出,你最清楚了,房贷、辅导课、日常开支等,噢,不要忘了,今年到九寨沟旅游了一趟。"小兰一笔一笔地都记在了本子上。

"今年股票小赚了一点,出来后借给小涛5万元。买车时,你做的理财没到期,跟蕙姐借了8万元。"

小兰稍加整理并添加上自己相关的款项,以表格列示如下(如表7-1所示)。

表7-1 小明小兰家庭账簿   单位:千元

	小明	小兰	小计
收入			
工资奖金	150	100	250
股票收益	10		10
银行理财收益		15	15
收入总额			275
支出			
房贷按揭	72		72
买车	120		120
物业费		5	5
日常吃穿开支		70	70
网课培训	5	5	10

(续表)

	小明	小兰	小计
健身卡	3	3	6
旅游	4		4
人情份子钱	3	3	6
加油保险及计分罚款	20		20
支出总额			313
盈余（收入－支出）			－38
年初现金			300
借给朋友	50		50
从亲戚借入		80	80
剩余现金			292

"今年入不敷出，拉了外债。"小兰将记账本递给小明。

"主要是买了车。"小明停顿了一下，"不过车是今年买的，明年还能用，而且能用不少年，这12万元都算到今年好像不大合理。"

小兰觉得小明说的有些道理，不过她不知道如何制作表格才合理。

一、权责发生制是公允的保证

小兰将购车12万元算作当年的支出肯定是不合理的，理由有二：一是汽车不是当期消耗品，可以开很多年；二是如果今年一次性支出，对家庭的收支状况乃至资产状况的表达是不准确的，有失公允。

小兰记账的原理是将每笔收入和支出按照实际发生的金额计入家庭账上，这种记账方法叫作收付实现制，收付实现制最大的好处是直观，最大的缺点是有失公允。

现代财务制度采用了权责发生制以保证财务报表的公允。

权责发生制是以权利和责任的发生来决定收入和费用归属期的一项原则。凡是在本期内已经收到或已经发生或应当负担的一切费用，不论其款项是否收到或付出，都作为本期的收入和费用处理。一句话概括就是："上帝的归上帝，恺撒的归恺撒。"

只有运用权责发生制才可以处理销售的信用期问题。在案例7-1中，小明和小兰都在固定的时间收到了足额的工资，如果小明某月只收到一部分工资，剩余部分延期发放，那么小兰的家庭账上收入部分是计入小明的足额工资还是只计入发放到手的部分呢？足额计入的话，小兰肯定会犯嘀咕：没拿到钱呀！部分计入吧，小明肯定会不自在：不就拖几个月吗，谁没有走窄的时候？

二、财务报表

主要的财务报表有三张，分别是资产负债表、损益表和现金流量表。损益表又叫作利润表。其中资产负债表和损益表依照权责发生制编制，现金流量表依照收付实现制编制。

小明小兰家也可以有三张表。

1. 损益表

小明小兰家的损益表如表 7-2 所示。

表 7-2　损益表　　　　　　　　　　　　单位：千元

		备注
收入	250	小明收入加小兰收入
成本	86	日常吃穿＋网课培训＋健身卡
销售费用		求职或跳槽的花费
管理费用	45	车辆折旧＋物业费＋车辆费用
财务费用	72	房贷按揭
投资收益	25	股票收益＋银行理财收益
税前利润	72	
所得税	0	
净利润	72	

收入是出售商品或服务后收到的经济利益流入。这里表现为小明小兰家庭的工资及奖金所得，对于企业来说就是销售额。

成本的概念对于制造型企业来说一目了然，就是用来购置原材料、招聘工人及相关制造费用等，支出的成本是为了制造商品以供出售。对于小明小兰家庭来说，日常吃穿支出保证他们身体和心理健康，是维系他们保住当前工作的基础。你想想看，哪个老板会喜欢一个病歪歪的员工？培训和健身应该是他们对各自人力资本的投资，通过培训可以提高自己的能力，能力的提高可以获得更高的职位及更高的薪水。

销售费用、管理费用及财务费用合在一起叫作三项费用。顾名思义,它们分别对应相关的经济活动。

小明和小兰工作稳定,今年没有销售费用支出。如果因为自身或外部的原因失去工作,需要重新求职,求职过程的花费就计入销售费用。

管理费用是指为组织和管理生产经营活动而发生的各种费用,其中比较特别的是折旧和研发投入。小明小兰家的这辆车,准备使用5年后卖出,估计到时候可卖2万元,平均一下车辆每年折旧2万元。物业费属于房屋使用产生的费用,是小明小兰作为家庭管理层支出的一部分,车辆使用费用也是一样的道理。

财务费用是指借款产生的利息支出与存款产生的利息收入的差额。小明小兰家房屋首付100万元、按揭200万元,除掉公积金还贷外,每月还银行6 000元。简单起见,计入财务费用。

$$税前利润 = 收入 - 成本 - 三项费用 + 投资收益$$

税前利润是缴纳所得税的税基,税率的确定参照国家有关政策法规之规定。目前我国家庭年度不必缴纳所得税。我国企业的所得税税率为25%;符合条件的小型微利企业,所得税率一般为20%;国家重点扶持的高新技术企业,所得税率一般为15%。

$$净利润 = 税前利润 - 所得税$$

净利润是经济组织最后的剩余。净利润剔除掉因合并报表所致的少数股东损益就是归属于母公司所有者的净利润。毋庸置疑,它应该属于全体股东。

利润是企业运营的结果,高利润是企业追求的目标,利润如此受到重视以至于损益表曾经被称为利润及利润分配表。对于家庭来说,将收入与支出的差称为盈余更为贴切。

2. 资产负债表

我们经常听到有人议论某某某很有钱,也会听到某某某真有钱。通常很有钱是指某某某拿得出大额数目的钱,是指其拥有的资金资源多。而真有钱是指某某某家底厚,家境殷实,是指其还掉外债后的财产多。

用会计术语讲,拥有或控制的能以货币计量的经济资源叫作资产。从资产的来源上看,借来的是负债,自有的是权益。

$$资产 = 负债 + 权益$$

资产负债表亦称财务状况表,是反映企业或个体在某个日期(通常为各会计期末)的财务状况(即资产、负债和权益的状况)的一种会计报表。

表 7-3　小明小兰的家庭资产负债表(20××年 12 月 31 日)　　　单位：千元

现金	292	短期借款	
应收账款	56	应付账款	80
房屋	3 000	长期借款	2 000
车辆	120	负债	2 080
累计折旧	20	自有资金	1 296
		累计盈余	72
资产	3 448	权益	1 368

资产负债表(如表 7-3 所示)的左边为资产,右边分两部分,右上为负债,右下为权益。

资产按流动性从强至弱分为流动资产和固定资产,流动资产包括现金及应收账款,企业还会有存货,固定资产列示其原值和累计折旧①,计算资产总额时要扣减这些累计折旧。计算企业总资产时还要扣减应收账款坏账准备和存货跌价准备。

负债按偿还的期限分为短期负债和长期负债,期限的分界是一年。负债按是否需要付息可以分为无息负债和付息负债。

权益包括自有资金(资本金)以及累计盈余。企业权益分为股本、资本公积和盈余公积。上市公司一般有较高的资本公积,大部分是对外溢价发行股票形成的。

小明小兰家资产负债表有关科目解读：

应收账款包含借给小涛的 5 万元和份子钱 6 000 元。在我国份子钱作为亲朋好友交往的馈赠大多是双向的,今天他有喜事你随礼了,来年你有喜事他也会随礼。这里以付出的原值入账,预计未来收回的跟原值相等,符合我国民间俗语"人情不计年,一钱还一钱"。

应付账款所计的是从蕙姐处借的 8 万元。

累计盈余是此前所有年度损益表的累加净利润,亏损年度以负数计入。

3. 现金流量表

现金流量表是在一定会计期间现金和现金等价物流入和流出的报表,反映这个时期其现金及现金等价物的变化情况。

现金的来源可以分成三类。一类为经营所得,如小明小兰的薪水,如企业出售产品,如企业提供服务。二类为投资所得,如小兰的银行理财产生了收益,如企业投资别的公司年终分红,如企业出售某些资产。三类与融资有关,如小明小兰向蕙

---

① 鉴于我国房屋的特殊性,本例只列了小明小兰家房屋的原值。

姐借钱,如向银行借钱,如发行债券,如募集资本,如偿还债务等。将这三类中的现金流入与现金流出的差额汇总就是这段时期的现金净增加额。

一个正常经营的企业,在创造利润的同时,还在创造现金收益。外部经营环境平稳时,正常企业经营活动的净现金流量应该与当期利润大致相当。经营活动现金流量长期高于利润的企业往往是具有竞争优势的企业,值得我们跟踪,其中大多数是不错的投资标的。

大部分企业的管理层应该通过对现金流入来源的分析评价企业现金流能力,进而可以预测企业未来会获取的现金流。如果管理层不具备这种能力,那么就一定是不合格的管理人员。

小兰就具备了评价家庭现金流的能力,尽管由于知识欠缺无法科学表达,但通过学习她一定会成为一名合格的家庭财务管理人员。

表 7-4 小明小兰家的现金流量表(20××年度)　　　　　单位:千元

一、经营活动产生的现金流量	
销售商品、提供劳务收到的现金	250
购买商品、接受劳务支付的现金	187
支付给职工以及为职工支付的现金	
支付的各项税费	
支付其他与经营活动有关的现金	
经营活动产生的现金流量净额	63
二、投资活动产生的现金流量	
收回投资收到的现金	300
取得投资收益收到的现金	25
购建固定资产支付的现金	120
投资支付的现金	300
投资活动产生的现金流量净额	-95
三、筹资活动产生的现金流量	
取得借款收到的现金	80
借出或偿还债务支付的现金	56
筹资活动产生的现金流量净额	24
五、现金及现金等价物净增加额	-8
加:期初现金及现金等价物余额	300
六、期末现金及现金等价物余额	292

4. 汇率变动对现金及现金等价物的影响（本书中不涉及，略）

小明小兰家的现金流量表（如表 7-4 所示）有关科目解读：

购买商品、接受劳务支付的现金包括日常吃穿开支 7 万元、网课培训 1 万元、健身卡 6 000 元、旅游 4 000 元、加油保险及计分罚款 2 万元、物业费 5 000 元和房贷按揭 7.2 万元，共计 18.7 万元。

收回投资收到的现金为银行理财到期，总计 30 万元。

投资支付的现金为银行理财，总计 30 万元。

投资收益为银行理财收益和股票收益，总计 2.5 万元。

借出或偿还债务支付的现金包括借给小涛的 5 万元和份子钱 6 000 元。

比较小明小兰家的现金流量表和家庭账，这两张表的第一项和最后一项是相同的。需要指出的是，第一项相同是巧合，最后二项相同是必须的。期末现金余额是个时点数，这个数字是确定的，因此无论用何种记账方法，它肯定是相同的。第一项则不一样了，这里有个工资是否按时发放的因素，以小明的工资为例，如果按时发放，那么收入和现金流入是一样的；如果因为特殊原因比如 2020 年的疫情，小明就职的公司决定员工的工资先发一半，另一半暂不发放待以后补发，那么现金流量表的第一项现金流入就是收入的一半，另一半计入资产负债表的应收账款科目中。

三、结语

小明小兰家是我国普普通通的家庭，由小明小兰的家庭账出发，我们编制了他们家的三张会计报表。如此安排的目的是给从来没有接触过会计报表的读者一个能感同身受的例子，理解记账的相互关系，发现报表的重要内容，培养分析报表的能力，以便为逐步导入对上市公司财务报表的解读打个基础。

第八章

看懂财务报表

财务报表是在日常会计核算资料的基础上，按照规定的格式、内容和方法定期编制的，是综合反映企业某一特定日期财务状况和某一特定时期经营成果、现金流量状况的书面文件。

财务报表包括资产负债表、利润表[①]、现金流量表和附表及附注。

我国上市公司必须按季度公布财务报表，分为一季度财务报告、中期财务报告、三季度财务报告和全年财务报告。财务报告和董事会报告及管理层分析等一起构成公司完整的当期报告，其中年终公布的报告被称为年报。年报必须经注册会计师审核并发表审计意见才能发布。审计意见分为标准的无保留意见、保留意见、否定意见和无法（拒绝）表示意见。只有审计意见为标准的无保留意见的上市公司才适合我们普通投资者；审计意见为其他类型的上市公司不建议研究，如果持有组合中出现了审计意见为其他类型的公司股票，不建议继续持有该公司的股票。审计意见一般在年报的财务报告部分的开头，不是无保留意见的审计意见通常会在年报的最前面予以警示。

上市公司的所有报告都可以在所上市的交易所的网站上找到，目前我国A股交易所有上海证券交易所、深圳证券交易所和北京证券交易所。

上市公司的每份报告都会以下面的文字开头。这些保证是投资人保护自己合法权益的有效武器，也是上市公司规范守法诚信经营的神圣使命。

公司董事会、监事会及董事、监事、高级管理人员保证年度报告内容的真实、准确、完整，不存在虚假记载、误导性陈述或重大遗漏，并承担个别和连带的法律责任。

公司负责人某某某、主管会计工作负责人某某某及会计机构负责人（会计主管人员）某某某声明：保证年度报告中财务报告的真实、准确、完整。

再次强调一下，这些保证会见诸上市公司的每一份报告，而不仅仅出现在年报

[①] 利润表又称利润及利润分配表或者损益表，为了方便读者，本书将不做区分。

中,那些没有审计的报告也是由上市公司的董事会及高级管理层等人员和机构出具了其真实、准确和完整的保证的。

表 8-1 至表 8-3 是在深圳交易所上市的山东赫达（SZ002810）公布的 2020 年三季度财务报表（表中数据因数值修约与取舍与实际稍有出入）。

表 8-1 资产负债表　　　　　　　　　　　　　　　　　　单位：百万元

流动资产		流动负债	
货币资金	120	短期借款	150
交易性金融资产	5	应付票据	27
应收票据	2	应付账款	109
应收账款	252	合同负债	21
应收款项融资	62	应付职工薪酬	34
预付款项	17	应交税款	25
其他应收款	1	其他应付款	31
存货	115	一年内到期的非流动负债	43
其他流动资产	2	流动负债合计	440
流动资产合计	576	非流动负债	
非流动资产		长期借款	64
长期股权投资	10	递延收益	33
其他非流动金融资产	9	非流动负债合计	97
固定资产	690	负债合计	536
在建工程	35	所有者权益	
无形资产	129	股本	190
商誉	0	资本公积	94
长期待摊费用	1	专项储备	4
递延所得税资产	6	盈余公积	73
其他非流动资产	85	未分配利润	644
非流动资产合计	965	所有者权益合计	1 005
资产合计	1 542	负债和所有者权益总计	1 542

表 8-2 损益表　　　　　　　　　　　　　　　　　　单位：百万元

	2020年前三季度	2019年前三季度
一、营业总收入	969	829
二、营业总成本	742	685
营业成本	595	556
税金及附加	9	7
销售费用	28	28
管理费用	60	56
研发费用	38	32
财务费用	10	7
其他收益	4	4
投资收益	6	8
信用差值损失	2	
资产减值损失	0	0
三、营业利润	238	156
营业外收入	3	
营业外支出	3	8
四、利润总额	237	148
所得税费用	36	22
五、净利润	202	126
归母综合收益总额	200	124
八、每股收益	1.07	0.67

表 8-3 现金流量表　　　　　　　　　　　　　　　　单位：百万元

一、经营活动产生的现金流量	
销售商品、提供劳务收到的现金	826
收到的税费返还	11
收到其他与经营活动有关的现金	29
经营活动现金流入小计	866
购买商品、接受劳务支付的现金	341
支付给职工以及为职工支付的现金	87

(续表)

支付的各项税费	74
支付其他与经营活动有关的现金	66
经营活动现金流出小计	568
经营活动产生的现金流量净额	297
二、投资活动产生的现金流量	
收到其他与投资活动有关的现金	140
取得投资收益收到的现金	2
处置固定资产、无形资产和其他长期资产收回的现金净额	0
投资支付的现金	79
购建固定资产、无形资产和其他长期资产支付的现金	181
投资活动现金流出小计	402
投资活动产生的现金流量净额	-259
三、筹资活动产生的现金流量	
吸收投资收到的现金	185
筹资活动现金流入小计	185
偿还债务支付的现金	170
分配股利、利润或偿付利息支付的现金	85
支付其他与筹资活动有关的现金	53
筹资活动现金流出小计	307
筹资活动产生的现金流量净额	-121
五、现金及现金等价物净增加额	-85
加：期初现金及现金等价物余额	172
六、期末现金及现金等价余额	87

　　上市公司报表每个科目列示的都是具体的数字，这些数字非常精确地反映了公司财务状况，是我们分析公司的基础。

　　通过公司的财务报表，我们可以分析公司的安全性、营运水平、盈利能力和成长能力。

一、安全性

　　公司的安全性关系到公司能否持续经营，是公司的头等大事，是公司具有投资价值的基础。

公司的安全性对股权投资者来说更为关键。按照我国企业破产法,公司股东对公司资产的清偿顺序排在职工、政府及债权人之后,是名副其实的"副班长"。只有等其他人拿完后,如果还有剩余,那么所有股东按持股比例分摊。如果上市公司出现明显的重大安全隐患,那么我们就必须回避该公司的股票。

狭义上讲,上市公司的安全性就是指公司的偿债能力。上市公司安全性最糟糕的情形是"财务失败",也就是上市公司无法偿还债务而导致的债务违约,严重的债务违约可以导致公司破产。债务违约的出现会引发公司股价大幅下挫,债务违约的传闻也会给股票表现蒙上阴影。

偿债能力跟两个因素有关:有多少债需要还和有多少钱可以用来还债。体现在财务报表上,一个是到期的债务,另一个是可供即时变现的资产。

(一)到期债务

资产负债表将债务分成流动负债和非流动负债,区分的依据是债务到期的时间:以一年为界。需要在一年内偿还的是流动负债,其他债务都是非流动负债。无论是公司的管理层还是投资人,我们关注公司的安全性就必须关注公司的流动债务。

按照债务到期时偿还是否必须兑付、是否有商量余地,流动债务大致可以分为刚性债务和非刚性债务,刚性债务必须到期兑付。表8-4显示了山东赫达截至2020年9月30日的流动负债性中的刚性债务。

表8-4 山东赫达流动负债(截止到2020年9月30日)　　　单位:百万元

流动负债		
短期借款	150	刚性债务
应付票据	27	刚性债务
应付账款	109	
合同负债	21	
应付职工薪酬	34	
应交税费	25	刚性债务
其他应付款	31	
一年内到期的非流动负债	43	刚性债务
流动负债合计	440	

刚性债务的债权人一般是政府和金融机构。欠政府的债没人敢不还,除非你不想干了。欠金融机构的钱你不能不还,因为金融机构对待债务人的态度出奇地

一致:"欠债还钱",稍有逾期,一纸诉讼将你告上法庭,公司还得乖乖还钱,高级管理人员还背上个"老赖"的恶名。"老赖"加身,等于宣告你跟现代商业社会再不会有半点关联。古话说"好借好还,再借不难",商业社会重视的是信誉,失去信誉的人是没有尊严的。正是从这个角度,法国文豪维克多·雨果说:"欠债是奴役的开始,债主比奴隶主更坏,因为奴隶主只占有你的身体,债主却占有并可以践踏你的尊严。"

相较于刚性债务,其他流动负债的债权人跟公司的关系都较为紧密。

应付账款的债权人是公司的供应商,作为产业链上的合作伙伴本来就是一根绳上的蚂蚱,一荣俱荣、一损俱损。你的困难他会跟你一起扛,你的荣誉他会跟你分享。回款早个几天迟个几天,对于长期合作的伙伴,就是一个电话的事。很少听说哪家正常经营的企业与供应商就账期对簿公堂的。

应付职工薪酬的债权人是公司的职工。职工贡献人力资本,按合同定期领取薪酬。企业雇佣职工,整合员工的人力资本、股东的资金资本生产具有竞争优势的商品或服务,通过市场出售以实现收入。收入的分配中,职工薪酬相对固定,风险较小;股东收益不稳定,风险较大。当企业经营好的时候,企业倾向于给职工涨薪水,原因为:一是可以提升职工的认同感,激发职工的工作积极性和主人翁意识;二是避免人才流失,职工流失后重新招聘的成本较高,新人入职后的团队磨合需要较长时间,无形中提高了组织的管理成本,同时也降低了组织的工作效率。企业经营困难时,有认同感的职工一般也会接受减薪或部分薪水的推迟发放,愿意与公司风雨同舟,共度时艰。对于职工来说,离职再找新的工作需要一定的时间,这段时间自然是没有薪水的,重新找工作也需要花费,这部分属于家庭损益表的销售费用。我们在上一章讲过。

回到上面的例子,山东赫达的流动负债为4.39亿元,其中刚性债务为2.45亿元。

(二)可供变现的资产

现金是企业的命脉。

理论上所有资产都可以变成现金。只不过有的资产变现容易,如定期存款、应收票据、应收账款等。有的资产变现困难,如机器设备等固定资产、成品半成品等存货、土地使用权及发明专利等无形资产。有的资产根本就无法变现,如收购时高于被收购资产账面价值的溢价部分形成的商誉,商誉看不见摸不着,对于外人几乎一文不值。

实际操作时,你不可能将固定资产拿去变现,否则就是饮鸩止渴;你也不可能将无形资产拿去变现,否则就是剜肉补疮;你也无法将商誉变现,因为这是望梅止渴。固定资产和无形资产是企业长期生存和发展的基础,是实现持续经营的必要条件,商誉是会计报告中技术处理的海市蜃楼。除非需要进行资产重组或者被法院宣布清算还债,没有见过哪家企业变卖这些资产的。

企业为应对到期债务,通常会以流动资产作为准备。表 8-5 是山东赫达的流动资产。

表 8-5　山东赫达流动资产　　　　　　　　　　单位：百万元

流动资产	
货币资金	120
交易性金融资产	5
应收票据	2
应收账款	252
应收款项融资	62
预付款项	17
其他应收款	1
存货	115
其他流动资产	2
流动资产合计	576

资产负债表中流动资产部分是按流动性从高到低排列的。

货币资金流动性最高;交易性金融资产排第二位,包括货币市场的金融产品以及资本市场上市的债券和流通 A 股等;应收票据作为一种金融工具,正常情况下就是一种支付手段;应收账款变现的确定性较高,作为对下游客户的债权,在账期内回款的可能性非常高,且产业链上的合作伙伴相互支持是商业伦理,毋庸赘述。

会计学上将上述货币资金、交易性金融资产、应收票据和应收账款等流动资产称为速动资产,取快速流动之意。表 8-5 中相关数据相加得出山东赫达的速动资产为 3.79 亿元。表中显示流动资产为 5.76 亿元。

应收款项融资是一种以应收账款为工具为企业筹措资金的方式,也是一种债权融资形式。主要有应收账款抵借和应收账款出售两种形式。采用抵借形式时银行或其他金融机构具有追索权,即如果应收账款收不回时,银行或其他金融机构有权向企业索要款项。此时应收账款的风险报酬并没有转移,相当于企业把这项应收账款作为质押,从银行或其他金融机构借款。作为质押品的应收账款融资已经丧失了流动性,不能用作还款的准备。

预付款项可以收回,不过要么收回的难度大、耗时长,要么收回的折损大。前一种情况缘于商品供应链上能收取下游预付款项的一定是有话语权的企业,谈判的地位本就不相称,你让他将吃到嘴里的肉吐出来,难度之大可想而知,只有借助

"扎实"的运气,这种属于应付账款的流动资产才能收回一部分。后一种情况大多属于工程预付款,这种预付款大多属于其他非流动资产,也有一部分计入流动资产。施工单位已经按合同购买材料、组织人员、协调施工,此时你想要回预付款项几无可能,对方除了个半拉子工程,已经"赤条条来去无牵挂",你逼急了,他让施工中的农民工到你单位一闹,惊动了政府,让你吃不了兜着走。

存货中有原材料、半成品和产成品。原材料和产成品都可以换些钱回来,半成品就算值个仨瓜俩枣,你还得掰开了还原成原材料,费时又费工,通常就不要指望了。

其他应收款和其他流动资产的共同之处是它们都是"其他"开头,按照我国传统,它们都姓"其他"。这个姓的科目可能藏龙卧虎也可能藏污纳垢。可能是四十大盗藏匿财宝的山洞,也可能是万劫不复的深渊。如果数目较大,千万要多留意;如果数目巨大,必须仔细查看,不漏秋毫。顺便提一下,三张报表中姓"其他"的科目还有不少,都得仔细对待,数目大的都必须"提高警惕"。

(三) 速动比率

如果说流动负债是欲刺破企业安全阀的矛,那么流动资产就是保护企业安全阀的盾。

如果说刚性负债是最尖锐的矛,那么速动资产就是最坚固的盾。

财务管理上将企业的流动资产与流动负债的比值叫作流动比率,速动资产与流动负债的比值叫作速动比率。

速动资产与刚性债务的比值就是刚性债务的覆盖倍数。

需要提醒大家的是,覆盖倍数小于1的公司蕴含着较大的风险。

传统经验认为,速动比率维持在1∶1较为正常,它表明企业的每1元流动负债就有1元包括现金在内的易于变现的流动资产来抵偿,短期偿债能力有可靠的保证。速动比率过低,企业的短期偿债风险较大;速动比率过高,企业在速动资产上占用资金过多,会增加企业投资的机会成本。但以上评判标准并不是绝对的。实际工作中,应考虑到企业的行业特点,具体行业要具体分析。此外同一家企业,在不同的时期可能由于负债的变化较大,引起速动比率的波动。

根据上面数据,计算得出山东赫达的速动比率为0.86。刚性债务的覆盖倍数为1.55倍。

卖方研究员一般会如此评价:根据上面分析,这家公司的速动比率中规中矩,覆盖倍数已经有余,公司的安全性有足够保证。

二、营运水平

有句俗话叫"生命在于运动",很多时候讲的是人的生命。其实这句话可以推广到其他主体,比如企业。

企业一般是指以营利为目的,运用各种生产要素(土地、劳动力、资本、技术和企业家才能等),向市场提供商品或服务,实行自主经营、自负盈亏、独立核算的法人或其他社会经济组织。

企业的营运水平主要体现在相关资产的周转率上,如总资产周转率、存货周转率和应收账款周转率等。用360除以周转率可以计算出相应的周转天数,如总资产周转天数、存货周转天数和应收账款周转天数。计算公式分别是:

$$总资产周转率=收入/平均总资产$$

$$存货周转率=销售成本/平均存货$$

$$应收账款周转率=收入/平均应收账款总额$$

重要提示:① 上面三个周转率指标都是区间指标;② 平均数值通常为期末值和期初值的算术平均数;③ 实践中不少投资者用期末数代替平均数,但必须保持前后一致。

通过计算得知,截至2020年第三季度末,山东赫达的总资产周转率为0.63,存货周转率为5.17,应收账款周转率为3.09。需要说明的是,这里直接使用表8-1至表8-5中相关数据作为平均数据,喜欢用平均数的需要查找期初的有关数据。此后章节涉及的周转率计算都是采用期末数,除非特别指明。

(一) 总资产周转率

总资产周转率是衡量企业资产管理效率的重要财务比率,在财务分析指标体系中具有重要地位。这一指标通常被定义为销售收入与资产总额之比。总资产周转率是考察企业资产运营效率的一项重要指标,体现了企业经营期间全部资产从投入到产出的流转速度,反映了企业全部资产的管理质量和利用效率。通过该指标的对比分析,可以反映企业本年度以及以前年度总资产的运营效率和变化,发现企业与同类企业在资产利用水平上的差距;通过总资产周转率的分析和比较,可以促进企业改善管理水平,挖掘潜力,积极创收,提高产品市场占有率,提高资产利用效率。一般情况下,该数值越高,表明企业总资产周转速度越快、销售能力越强、资产利用效率越高。

山东赫达2020年前三季度的总资产周转率是0.63,折合成全年为0.84,此前三年的总资产周转率分别是0.65、0.75和0.79,逐年走高。山东赫达的总资产周转率在全体上市公司位居中游偏上。我国上市公司平均总资产周转率从2002年到2018年的图形像条开口向下的抛物线,2018年为0.64——与2002年的数值相当,最高点在2008年,数值达到0.9。

(二) 存货周转率

存货周转率反映了企业销售效率和存货使用效率。在正常情况下,如果企业经营顺利,那么存货周转率就越高,说明企业存货周转得越快,企业的销售能力越强,营运资金占用在存货上的金额也会越少。

要分析存货周转率,首先要关注构成存货的产成品、自制半成品、原材料、在产品和低值易耗品之间的比例关系。各类存货的明细资料以及存货重大变动的解释在报表附注中应有披露。在正常的情况下,它们之间存在某种比例关系。如果产成品大量增加,其他项目减少,很可能是销售不畅,放慢了生产节奏。此时,总的存货金额可能并没有显著变动,甚至尚未引起存货周转率的显著变化。因此,在分析时既要重点关注变化大的项目,也不能完全忽视变化不大的项目,其内部可能隐藏着重要问题。

应注意存货周转率的波动规律,避免机械僵化、教条刻板。一般来说,销售增加会拉动应收账款、存货、应付账款增加,不会引起周转率的明显变化。但是,当企业接受一个大的订单时,先要增加采购,然后推动存货的增加,最后才引起收入和应收账款上升。因此,在该订单没有实现销售以前,先表现为存货等周转天数增加。这种周转天数增加,没有什么不好。与此相反,预见到销售会萎缩时,先行减少采购,会引起存货周转天数等下降。这种周转天数下降不是什么好事,并非是企业经营管理的改善。

在进行存货周转率的年度比较时,需注意会计准则变动带来的影响。2020年运输费用从销售费用科目调整至成本科目的波动将增加成本总金额,进而提高存货周转率。

山东赫达2020年前三季度的存货周转率是5.17,折合成全年为6.89,此前三年的存货周转率分别是4.04、4.84和4.89,逐年走高。

(三) 应收账款周转率

计算应收账款周转率时需注意应收账款总额是应收账款和应收款项融资的合计。应收账款周转率反映的是应收账款周转的速度。应收账款在流动资产中具有举足轻重的地位,及时收回应收账款,不仅增强了企业的短期偿债能力,也反映出企业管理应收账款方面的效率。应收账款周转天数反映的是用时间表示的应收账款周转速度,计算公式为:

$$应收账款周转天数 = 360 天 / 应收账款周转率$$

一般而言,应收账款周转率越高,平均应收账款金额越少或者账期越短,说明应收账款的收回越快,否则企业的营运资金会过多地滞留在应收账款上,影响正常的资金周转。影响该指标正确计算的一些因素是:季节性经营的企业使用这个指标时不能反映实际情况;大量使用分期付款结算方式;大量地使用现金结算的销售;年末大量销售或年末销售大幅度下降。这些因素都会对计算结果产生较大的影响。财务报表的外部使用人可以将计算出的指标与该企业前期指标、行业平均水平或其他类似企业的指标相比较，判断该指标的高低。但仅根据指标的高低分析不出上述各种原因。

资金的周转问题对于商业活动的重要性一直被企业家所重视。早在春秋战国时期，越国范蠡就提出"积著之理，务完物，无息币"的管理思想，其大意是，要发展商业、积累财富，必须注重产品的质量，还要加快资金周转，不要让资金滞留在手中。顺带说一句，范蠡助勾践灭吴后转辗多地经商，最后定居陶地，更名为陶朱公，成为巨富，后人将豪富者称为"陶朱公"。

山东赫达 2020 年前三季度的应收账款周转率为 3.09，折合成全年为 4.12。前三年都在 6 附近。2020 年明显下滑与 2019 年第四季度的应收账款融资有较大关系。

卖方研究员一般会如此评价：总资产周转率和存货周转率逐年走高说明山东赫达的营运水平不断提高，应收账款周转率表现有待进一步观察。

三、盈利能力

现金是企业的命脉，利润是企业的未来。

一个没有未来的公司是不能持有的，即使只有一天。

利润表记录了利润的形成过程。收入减去成本和费用及所得税构成利润。

如果说水是生命之源，那么收入就是利润之源。

1. 收入

企业通过销售商品或服务收到的资金构成销售金额，销售金额是销售价格与销售量的乘积。销售金额汇总起来就是销售总额，销售总额就是会计上所谓的收入。需要指出的是销售价格通常的理解是含税价，销售收入中价格乘数是不含税价，不过这种区别对我们下面的分析没有太大实质性影响。

客户购买企业的商品要么用作消费要么用作经营，总是为了满足某种动机，这在经济学上被称为满足效用。所有的客户对商品的价格比较敏感：你会听到奶茶涨价了，双十一打折，其实都是关于商品价格的信息。大多数人在商品价格上涨时会少买点，价格下跌时会多买点。经济学家将每一个价格与其对应的需求组合成价格为纵轴，需求量为横轴的坐标系 POQ 上的每一个点，将这些点连起来形成的曲线叫作需求曲线 D。需求曲线是向下倾斜的，如图 8-1 所示。

每种商品都对应着一根向下倾斜的需求曲线，通常每根需求曲线都是不同的。

每根需求曲线都会因时而动，即使同样的商品同样的客户，明年的需求曲线一定跟今年的不同。预测和绘制需求曲线是每个成功企业的必修课，准确预测需求曲线是企业成功的前提，中外企业，概莫能外。

有了需求曲线，收入预测便迎刃而解。

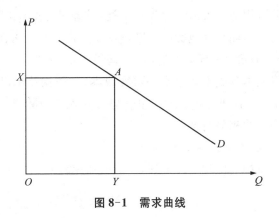

图 8-1　需求曲线

首先要为商品定价,给定了价格 X,在需求曲线上可以找到相应的需求量 Y。对于企业来说,商品的销售价格和销售量便确定了,分别为 X 和 Y,销售金额以及收入 S 就等于 X 乘 Y,即:$S = X \times Y$。

回到图 8-1,S 对应着矩形 $OXAY$ 的面积,随着 A 点的变动,矩形 $OXAY$ 的大小和形状就会变动,其面积也在变动。有一个自然而然的问题就是这个面积有没有最大值,这个问题对应的是企业的收入有没有最大值。收入最大化作为经营目标对于企业定价是重要的,至少从目前看。

图 8-1 中需求曲线是条直线,可以用 X 和 Y 的二元一次方程表示,$S = X \times Y$ 是 X 的一元二次方程,可以求出其最大值,S 达到最大值时的 X 肯定不是最大的,也就是说定价最高并不能带来最大的销售收入。有兴趣的读者可以演算一遍,权当复习一下初中数学。初中时期,一切美好都臻于完美,想想就令人开心。

理想很丰满,现实很骨感。

现实生活中,需求曲线不会是直线而是曲线。由曲线方程可以算出收入关于价格的函数 $S = f(X)$,这个函数的极值也可以求出来,不过需要用到微积分知识。

初创企业、以搅局者身份新进入行业的企业、如互联网那样赢者通吃的行业,通常将收入当作企业主要的经营目标。

我们在分析公司的收入时关注的重点是销售价格和销售量。

2. 成本

会计上的成本有狭义与广义之分。

狭义上,成本是企业形成产品过程中的资源投入,包括原材料、直接人工薪酬、制造费用、燃料及动力费。观察原材料成本主要跟踪采购单价、单耗两个关键因素,其中采购单价更为关键。直接人工薪酬是生产单元人工的薪酬支出,关注的重点为当地的薪酬水平和最低工资标准以及企业招工数量,分析时主要针对工人对加班的态度:一般的外出务工人员欢迎加班但拒绝很长时间的加班,每天以两到三小时为宜。制造费用通常可以细分为六大类：差旅费、业务招待费、设备购置及折旧费、测试费、物料消耗和其他费用。燃料及动力费主要指水、电、天然气及蒸汽等的消耗，这部分一般价格稳定，只要关注消耗量。

微观经济学将成本分成不变成本和可变成本，进而构建出以产量为自变量的成本函数 $C=g(Z)$。在研究企业的竞争优势时导入了边际成本。建议有兴趣的读者阅读微观经济学的相关内容。

为了方便，以下成本都是狭义上的。

收入减去成本及相关税赋构成毛利 GP。一般的，

$$GP = S - C = f(X) - g(Z)$$

毛利 GP 对企业非常重要——对高毛利的追求是企业的经营目标之一。在数学上可以求出 GP 的最大值。需要指出的是，满足最高毛利的生产量通常不等于满足最高收入的生产量。

将毛利最大化当作主要经营目标的企业通常处于行业竞争格局比较稳定的时期，客户结构和客户消费习惯已经不会有大的变化，销售渠道和市场工艺以及技术运用都已成熟。目前我国大部分制造业和传统服务业上市公司都在追求毛利最大化。

3. 四项费用

广义成本除了狭义成本外还包含四项费用。

销售费用是指企业销售商品和材料、提供劳务的过程中发生的各种费用，包括企业在销售商品过程中发生的保险费、包装费、展览费和广告费、商品维修费、预计产品质量保证损失、装卸费等，以及为销售本企业商品而专设的销售机构（含销售网点、售后服务网点等）的职工薪酬、业务费、折旧费等经营费用。

管理费用是指企业行政管理部门为组织和管理生产经营活动而发生的各种费用。包括的具体项目有：企业董事会和行政管理部门在企业经营管理中发生的，或者应当由企业统一负担的公司经费、工会经费、待业保险费、劳动保险费、董事会费、聘请中介机构费、咨询费、诉讼费、业务招待费、办公费、差旅费、邮电费、绿化费、管理人员工资及福利费等。公司经费包括总部管理人员工资、职工福利、差旅费、办公费、董事会会费、折旧费、修理费、物料消耗、低值易耗品摊销及其他公司经费。

研发费用是指企业研发活动的职工薪酬、直接投入、相关资产的折旧及长期待摊费用以及其他费用等。在传统的会计报表中，研发费用计入管理费用。如今我国上市公司已经将研发费用作为单独项目与其他三项费用并列显示。为了鼓励企业加大研究开发投入，政府允许部分研发投入的支出资本化，不能资本化的计入当

期的研发费用。

财务费用是指企业在生产经营过程中为筹集资金而发生的各项费用。包括利息收入、利息支出、汇兑净损失、金融机构手续费、筹集生产经营资金发生的其他费用,但不包括发行股票所支付的手续费等。其中利息支出是指企业短期借款利息、长期借款利息、应付票据利息、票据贴现利息、应付债券利息以及长期应付引进国外设备款利息等利息支出(除资本化的利息外)减去银行存款等的利息收入后的净额。

4. 利润

毛利减去四项费用后,与投资收益、公允价值变动损益和资产处置损益等加总后,再扣减信用减值损失和资产减值损失,形成营业利润。营业利润经营业外损益调整后扣除所得税得到净利润。

5. 净资产收益率ROE

投资大师巴菲特在一次接受记者采访中被问道:"如果只用一种指标去投资,您会选哪个?""净资产收益率。"巴菲特毫不犹豫地回答。"我所投资的公司,都是净资产收益率超过20%的公司。"他补充道。实际上早在1979年巴菲特致股东的信中,巴菲特就写道:"我们判断一家公司好坏的主要依据取决于其净资产收益率,即ROE。"他在跟投资者交流时多次强调:公司能创造并维持高水平的净资产收益率是可遇不可求的,尤其是公司规模不断扩大时,这样的公司不多。

从表达式上讲,净资产收益率是净利润与净资产的比值。由于净利润是企业在一段时间内创造的,而这段时间内企业的净资产是不停变动的,因此财务管理上用两种方式计算,一种是期末净资产,一种是期初净资产与期末净资产的平均数。前一种方式算出的净资产收益率叫作摊薄净资产收益率,后一种方式算出的净资产收益率叫作加权净资产收益率。不少研究人员选择摊薄净资产收益率作为净资产收益率,本书中也这样选择。

(1) ROE是评价经营绩效的一把尺

先看个例子:

你的三位朋友小张、小王和小李今年同时开了个店。小张花20万元开了奶茶店,小王花30万元开了拉面店,小李花50万元开了个药店。年底你们四人聚会时他们分别报了各自店的盈利:小张赚了3万元,小王赚了5万元,小李赚了8万元。按你们的规矩,他们三人中做得最好的人买单,你认为谁该买呢?

现在你很快就知道答案了,你先算出他们各自的净资产收益率:

奶茶店的ROE:$3/(20+3) \times 100\% \approx 13.04\%$

拉面店的ROE:$5/(30+5) \times 100\% \approx 14.29\%$

药店的ROE:$8/(50+8) \times 100\% \approx 13.79\%$

拉面店的 ROE 最高,该小王买单。

ROE 就是这么一目了然,ROE 还是那么一视同仁。ROE 不需要分什么行业,ROE 也不需要分什么地区。ROE 可以对应单个企业,还可以对应整个市场。ROE 既可以包括中国大陆企业,也可以包括大中华企业,甚至海外企业。ROE 不再是一个财务管理的指标,而是放之四海而皆准的标准,是衡量企业绩效的一把尺。有了这把尺,所有企业的经营结果都可以丈量,都可以比较。企业就不再良莠不齐,市场就不再杂乱无章。

(2)中美上市公司 ROE 对比

2019 年我国全部 A 股上市公司的 ROE 在 8% 附近。同期美国标普 500 的 ROE 在 14% 左右。

2010 年至 2016 年,中美两国的 ROE 走势都是冲高回落。不同之处在于我国逐级下滑,屡创新低,美国缓慢下调,未破前低(如图 8-2 至图 8-5 所示)。

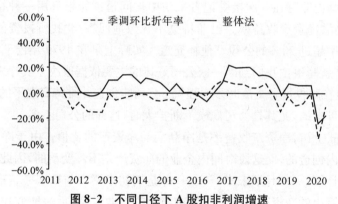

图 8-2　不同口径下 A 股扣非利润增速

资料来源:Wind,中泰证券研究所

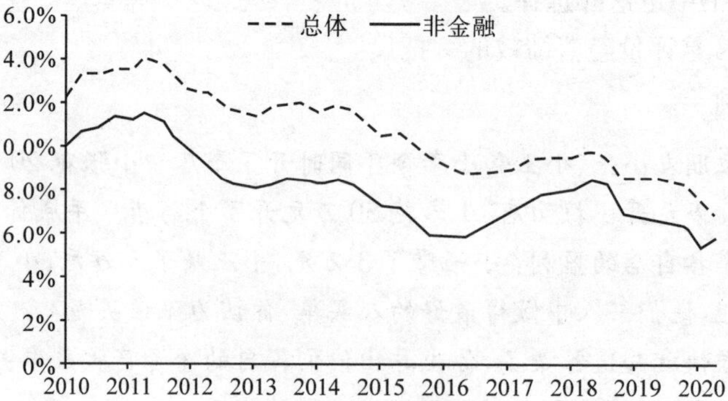

图 8-3　全部 A 股 ROE

资料来源:Wind,中泰证券研究所

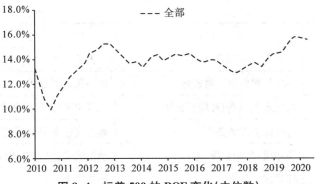

图 8-4 标普 500 的 ROE 变化(中位数)

资料来源：Wind,中泰证券研究所

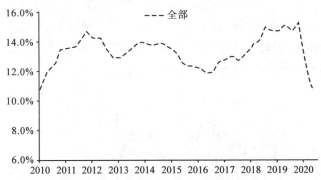

图 8-5 标普 500 的 ROE 变化(整体法)

资料来源：Wind,中泰证券研究所

(3) A 股新经济与老经济的 ROE 比较

2008 年美国发生了次贷危机,次年欧洲爆发了由希腊、意大利、西班牙和爱尔兰四国引发的欧洲债务危机。受到外部环境冲击,在这期间我国一方面加大政府投资,推出所谓的"四万亿"经济刺激计划;另一方面号召进一步扩大内需,加快经济结构转型。有研究机构将以投资驱动增长为模式、大量进行无效投资的经济增长方式归纳为"老经济模式",将以"老经济模式"运营的企业称为"老经济"企业,简称为"老经济";将以消费驱动增长的模式归纳为"新经济模式",将以"新经济模式"运营的企业称为"新经济"企业,简称为"新经济"(如表 8-6 所示)。

表 8-6 老经济、新经济对比

对比	老经济	新经济
经济模式	投资驱动型	消费驱动型
典型行业	原材料、能源、重化工业、金融等	消费、医药、科技等

(续表)

对比	老经济	新经济
主要所有者	国有主导,垄断保护多	私人部门主导,竞争相对充分
融资方式	主要依赖国有金融机构	市场化融资方式
杠杆水平	杠杆水平较高,且增长较快	杠杆水平较低,且基本保持稳定
政府参与程度	行政保护或者垄断	政府直接参与少,行业政策引导
创新	墨守成规,变化慢,创新少	动态响应,变化快,创新多
占经济的比例	逐步减小	逐步增大

在经济结构转型的背景下,中国过去几年呈现出明显的"老经济"式微和"新经济"壮大的"两面性"。一方面以投资为代表的"老经济"缺乏活力,每况愈下;另一方面以消费为代表的"新经济"逐渐壮大,创新不断。概括地说,这种"新老更替"就是以投资驱动增长为模式、大量进行无效投资的"老经济"日渐式微,而代表消费、以消费驱动增长为模式的"新经济"在迅速壮大。

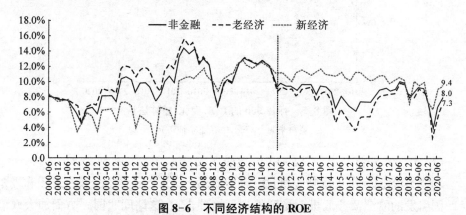

图 8-6　不同经济结构的 ROE

资料来源:万得资讯,中金公司研究所

图 8-6 显示我国不同经济结构的 ROE 差异显著。2008 年前"老经济"的 ROE 高于"新经济"。2011 年后"新经济"表现强于"老经济",其中 2011 年至 2017 年"新经济"的 ROE 稳定性高、波动较小。

"新经济"概念对我国股票市场的影响极其深远。

(4) ROE 的秘密

ROE 如此重要,吸引所有机构的研究目光。

多年前美国杜邦公司将 ROE 拆分成净利率、资产周转率和权益杠杆的乘积,这个公式被称为杜邦公式。通过杜邦公式,我们发现净利率、资产周转率和权益杠杆是 ROE 的驱动因子。

权益杠杆是总资产除以净资产的值，又称为权益倍数。

$$ROE = (净收益/收入) \times (收入/总资产) \times (总资产/净资产)$$
$$= (净利率) \times (资产周转率) \times (权益杠杆)$$

2019 年四季度非金融上市公司 ROE(TTM) 放缓至 7.9%，净利率为 4.8%，资产周转率为 0.64，权益杠杆为 2.56（如表 8-7 所示）。

表 8-7　2018 年第一季度至 2020 年第一季度非金融上市公司杜邦分析拆解表变化（累计值）

单位：%

	2018Q1	2018Q2	2018Q3	2018Q4	2019Q1	2019Q2	2019Q3	2019Q4	2020Q1
ROE（TTM）	9.6	9.9	9.9	8.4	8.3	8.1	8.0	7.9	6.7
总资产周转率（TTM）	65.2	65.4	65.5	65.4	64.9	64.4	64.0	64.1	61.1
销售净利率（TTM）	5.9	6.1	6.0	5.1	5.0	4.9	4.9	4.8	4.3
权益杠杆	246.9	253.2	254.2	254.2	254.9	258.6	257.3	255.8	255.1

注：此处 ROE 的测算采用 TTM(Trailing Twelve Months) 计算方法，若采用年化平均的方式，则测算结果和此处会有所差别。

资料来源：Wind，招商证券。

杜邦公式揭开了 ROE 的秘密，成为商业精英搏击市场的圭臬。在追逐高 ROE 的商业实践中，有的追逐高净利率，有的追逐高资产周转率，有的追逐高权益杠杆。在提高 ROE 的商业活动中，有的着力于净利率提高，有的着力于资产周转率提高，有的着力于权益杠杆提高。

理论上净利率、资产周转率和权益杠杆的同时提高会带来 ROE 的快速上升，实际上这些因素是相互制约的，你不可能"又吃粽子又蘸糖"，大多数时候是"按下葫芦起了瓢"。

比如你要提高净利率，无非是提价或削减成本及控制费用。前面我们分析过，理性经营的企业的定价是以收入最大化为目标的，提价肯定会引起销售收入的下降。在收入下降的情况下要维持或提高资产周转率的话只有多偿还负债或者加大分红及回购等以减少总资产。多偿还负债引起总资产的减少，一定会带来杠杆的下降；加大分红及回购的结果是除了减少公司的现金可能导致日常经营的不稳定——这是短期影响，此外公司的资产负债率明显提高会动摇公司的信用基础，提升公司的不确定性。

提价走不通,消减成本及控制费用呢?看一下后果:收入没变化,净利率上升了,削减成本和控制费用改善了盈利,对净资产提升有贡献,如果负债不变,总资产会增加,总资产周转率会下降,权益杠杆倍数也会下降。如果维持总资产不变,则权益杠杆下降得更快。

比如你要提高资产周转率,无非是增加收入或减少资产。前者通常引起净利率的下降,后者直接导致权益杠杆下降。

比如你要提高权益杠杆,通常会引起资产周转率的下降。

全面提升的大门一直关着,切实可行的办法是以小幅下降某一指标为代价换取某一指标大幅度提升。比如上面讲的削减成本及控制费用法。

对于那些允许成本(包括费用)升高的公司,巴菲特不会有耐心。他认为削减成本是经理人的基本责任,应该出于本能地做好每一件削减成本的事。他曾说过:"真正优秀的经理人不会在早晨醒来说:我今天要削减成本。就像他醒来后不会专门想着需要呼吸一样。"巴菲特不光关注他投资的公司在成本控制方面的表现,他自己在这方面也身体力行。他创建的伯克希尔·哈撒韦就是个独一无二的公司,没有法务部门,没有公共关系部门或投资者关系部门,没有为收购兼并做准备的策略规划部门,尽管这个公司经常对外收购,金额动辄超过十亿美元。伯克希尔·哈撒韦的成本是同等规模公司的零头。

如果说提高 ROE 是职业经理人的使命,那么所处行业决定的 ROE 驱动因子则是职业经理人的宿命。有些行业净利率高,有些行业资产周转率快,有些行业权益杠杆大。

(5)净利率高的行业

先列示全市场的总貌(如图 8-7、图 8-8 所示),以供下段内容之阅读比较。

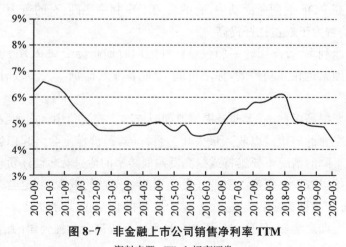

图 8-7　非金融上市公司销售净利率 TTM

资料来源:Wind,招商证券

图 8-8 非金融上市公司毛利率 TTM

资料来源：Wind，招商证券

白酒、制药、软件、芯片、游戏是净利率高的行业，相信大家都知道。

高速公路、银行、垃圾发电、电器机械制造是净利率高的行业，未必所有人都知道。

白酒、制药、软件、芯片、游戏这些行业的利润表结构很相似（如表 8-8 所示）：超高的毛利率，较高的销售费用率及适中的管理费用率。

表 8-8 2019 年利润表相关指标

	贵州茅台	恒瑞医药	金山办公	汇顶科技	吉比特
毛利率/%	91	87	86	60	91
销售费用率/%	4	37	20	8	10
管理费用率/%	7	10	10	2	9
研发费用率/%	0	17	38	17	15
财务费用率/%	0	−1	0	−1	
营业利润率/%	66	26	26	39	57
净利率/%	53	23	25	36	49

注：企业收到的相关补助未列示

高速公路干的活是设卡收费，除了国家规定的免费通行的日子，你只要从他的路通过就必须留下买路钱。你没装 ETC 前还能碰到两个收费员，你装了 ETC 后连个人都没见到钱就被扣了。在你的直观感受中，高速公路几乎没有成本。实际上高速公路的重要成本是养护支出，通常有四成的收入用作养护，有"高速公路三分建、七分养"之说。费用结构主要是摊销和折旧。优秀的公司净利率超过 40%。

近几年我国银行的净利率通常在 30%～40%。净利率较高的原因是确认收入的会计政策,我国银行以贷款利息作为收入,庞大的贷款数量乘贷款利率后的数字就小了很多。较小的收入基数直接导致利润表的指标高企。较高的利润率误导了很多不明真相的人,到处嚷嚷银行暴利。

垃圾发电大多属于 BOT。BOT 是英文 Build-Operate-Transfer 的缩写,通常直译为"建设—经营—转让"。BOT 实质上是基础设施投资、建设和经营的一种方式,以政府和私人机构之间达成协议为前提,由政府向私人机构颁布特许,允许其在一定时期内筹集资金建设某一基础设施并管理和经营该设施及其相应的产品与服务。BOT 建设期一次性投资巨大,运营期维护投入少,在会计上表现为高毛利率高净利率。

电器机械制造业较高的净利率是由其业务特点决定的。电器机械业制造周期长,装备投资大,成品以定制为主,标准化少。这些特点注定毛利率较高。定制产品的销售费用很低,结果就是净利率高。

(6) 资产周转率高的行业

再列示全市场的总貌(如图 8-9、图 8-10 所示),以供下段内容之阅读比较。

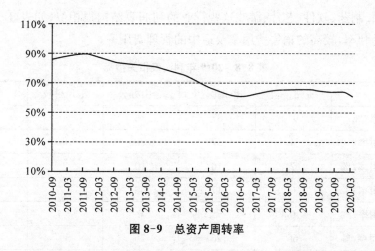

图 8-9 总资产周转率

相较于净利率高的白酒、制药、高科技等行业,有的行业毛利率就很低,更别提净利率了。饲料行业就是其中之一。

饲料在我国成为一个行业是改革开放后的事。20 世纪八九十年代央视《正大综艺》节目非常火爆,当得知赞助商是个外国的饲料企业时全国人民一片惊讶:做饲料的还能这么牛!?上了一定岁数的、在农村长大的人小时候都干过一种活——打猪草。那时候农村家家户户都养猪,自家稻子和麦子的外壳稻糠麦麸和孩子们打的猪草就是猪的饲料,养在圈里的猪能吃到酿酒的下脚料酒糟就算是开了洋荤,

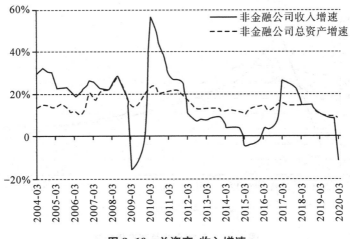

图 8-10　总资产、收入增速

资料来源：Wind，招商证券

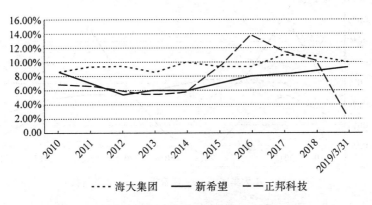

图 8-11　三家企业销售毛利率

可以感叹总算没有白来到世上一遭了。

　　饲料这个行业，注定是个利薄的行业。原因有两点：一是饲料容易做，买来玉米等碾碎加些配方料搅拌封装入袋即可；二是做饲料这一行门槛低，人人都可以进入饲料行业。

　　中国饲料行业尚较为分散，著名的有海大公司，其在全国饲料行业中位于前五位之列（如图 8-11 所示），2019 年销售饲料 1 229 万吨，约占全国饲料产量的 5.37%。2019 年全国实际在产、开工率基本正常的饲料生产企业（不含添加剂生产企业）有 5 016 家（见海大集团 2019 年年报）。

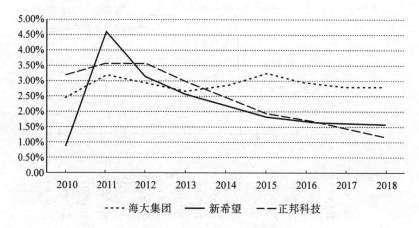

图 8-12　三家企业总资产周转率

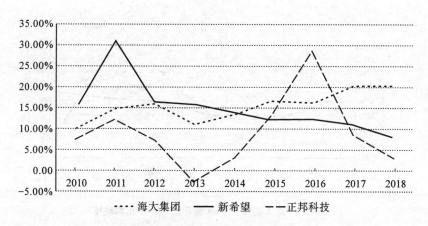

图 8-13　三家企业净资产收益率

薄利的行业出路只有一条,那就是多销。海大集团做到了。

高周转率源于海大集团"苗种→放养模式→环境控制→疫病防治→饲料→行情信息"的全流程服务模式、采购配方销售生产"四位一体"的联动模式。海大集团以现销为主,应收账款周转率领先大部分可比公司,较低的应收账款提高了资产的质量,助推了资产周转率的提高(如图 8-12 所示)。

高效的管理水平和出色的成本控制造就了海大集团高出同行的净利率、堪称适中的两倍杠杆,在超高的资产周转率的作用下,海大集团的 ROE 水平遥遥领先于同行(如图 8-13 所示)。

海大集团是行业中最早成功实现集中采购的企业,规模采购优势明显,且因对现货、期货、期权等采购工具组合应用经验丰富,应用方法也较为灵活,远期价值采购和风险头寸管理也有利于海大集团获得采购成本优势。海大集团通过信息化系统,内部运营工作逐步走向流程化、标准化和数据化。数据化的作用是通过对各分子公司大数据做对比,找出高效节能的运营方法;流程化、标准化的作用是使内部可复制性有很大提高。高效运营能力是有效组织各类产品专业化生产的重要支撑。(见海大集团 2019 年年报)

(7) 杠杆高

先列示全市场的总貌(如图 8-14 至图 8-16 所示),以供下段内容之阅读比较。

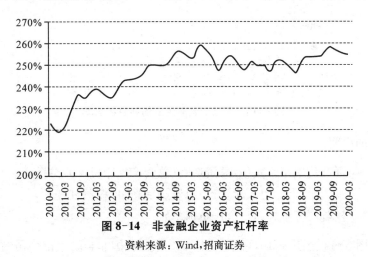

图 8-14 非金融企业资产杠杆率

资料来源:Wind,招商证券

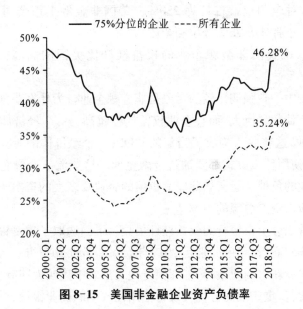

图 8-15 美国非金融企业资产负债率

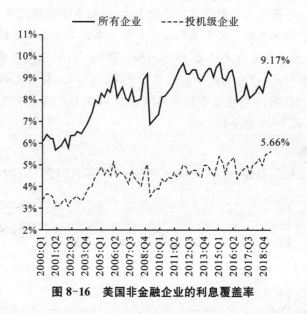

图 8-16 美国非金融企业的利息覆盖率

必要的说明:

$$资产负债率 = 负债/总资产 = (总资产 - 净资产)/总资产$$
$$= 1 - 净资产/总资产 = 1 - 1/权益杠杆$$
$$权益杠杆 = 1/(1 - 资产负债率)$$

根据图 8-14 至图 8-16,可以算出 2018 年底我国非金融上市公司的资产负债率为 60% 左右,对应的权益杠杆为 250%。美国非金融上市公司的权益杠杆为 186% 和 154%(分别对应 75% 分位和全体)。

大致上可以说我国非金融企业的权益杠杆比美国的高,具体数字大概是 250% 对 190%。

上面的比较中一直强调比较的对象是非金融企业。为什么要强调呢?答案是金融企业不但负债数量巨大,而且企业权益杠杆超高。一个经济体所有的收入都得经过金融企业,这些收入构成了当年的 GDP;一个经济体的所有主体都要将其盈余储存,不管使用什么方式都要通过金融企业。这些流入金融企业的现金流无一不是金融企业的负债。运营如此庞大负债的企业要多大的资本呢?在我国银行的资本投入一般占资产总额的 10% 左右。

我们来看看部分上市银行的权益杠杆倍数。下面选取了浦发银行、工商银行、宁波银行和重庆农商行,年度分别是 2019 年、2018 年和 2017 年。

浦发银行代表新兴商业银行,工商银行代表工农中建四大国有银行,宁波银行代表城市商业银行,重庆农商行代表农村信用社改制的商业银行。

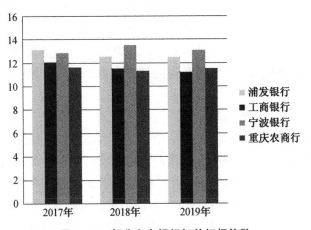

图8-17　部分上市银行权益杠杆倍数

图 8-17 显示,所有银行在三年时间内杠杆的最大值是 13.51,最小值是 11.18,平均值为 12.24,中位数为 12.5,波动较小。

上市银行在所有上市公司中其杠杆可谓独占鳌头。高的杠杆往往预示着高的风险。由于银行联系着千家万户,银行的一些不稳健经营可能导致巨大的社会波动,如果控制不力,可能引起连锁反应。火烧连营的后果是任何一个国家都无法承受的。

商业银行及其监管部门乃至社会和政府如何控制和管理风险的问题从来就是非常令人瞩目的严肃问题。我国于 2009 年加入巴塞尔委员会,全面参与银行监管国际标准的制定,推动我国银行业高效地经营和管理风险,为国际银行体系稳定做出相应的贡献。目前我国全面实施《巴塞尔协议Ⅲ》的相关内容。银行监督委员会对商业银行的资本充足率、流动性风险管理和内部评估过程的市场监管做出系统性业务规范。《巴塞尔协议Ⅲ》对商业银行的资产和资本进行了新的分类,主要内容有:①资本的分类;②风险权重的计算标准;③1992 年资本与资产的标准比例和过渡期的实施安排;④各国监管当局自由决定的范围。体现协议核心思想的是前两项。首先是资本的分类,也就是将银行的资本划分为核心资本和附属资本两类,对各类资本按照各自不同的特点进行明确的界定。其次是风险权重的计算标准,根据资产类别、性质以及债务主体的不同,将银行资产负债表的表内和表外项目划分为 0%、20%、50% 和 100% 四个风险档次。分类资本与风险权重调整后的负债总和之比构成资本充足率。截至 2019 年末,上市银行核心一级资本充足率、一级资本充足率和资本充足率分别达到 10.17%、11.06%、13.88%,处在较高水平。

纵观人类历史,管理银行从来就不是件容易的事。美国学者威尔·杜兰特在《历史的教训》中说:"劳心者治人,劳力者治于人,但治钱者治一切。"银行家站在经济金字塔的顶端,通过观察农业、工业以及贸易的趋势,引导资金的流动,使大众的钱发挥较高的运营效率。他们安排贷款获得收益和利润,进行风险大、收益也大的活动。人类历史上的金融巨头,从佛罗伦萨的美第齐家族、巴黎和伦敦的罗斯柴尔德家族到纽约的摩根家族,无一不是通过精细化的经营和对风险卓越的识别和管理能力而发家的。

(8) ROE 提升与管理层理性

职业经理人从签署 OFFER 的那一刻起就担负着相应的经营管理职责,在框定的管理范围内享有充分的职权,也肩负着绝对的责任。职业经理人的绝对责任观是现代企业实行权责利有机结合的重要命题。职业经理人在职权内是绝对自由的,这种绝对自由必然导致绝对责任,从而使绝对自由在发挥作用时受到绝对责任的制约。落实经理人的绝对责任是企业进行精细化管理的前提,是关键绩效指标(KPI)可以计量和对应到具体组织和个人的基础,是企业经营提高透明度的要求,是股东能够更为准确看清楚企业未来的望远镜。

提高 ROE 应该是企业最高管理层的使命。

对公司现有或可以拥有的资源进行配置,是管理层最重要的能力。富有经验的卓越的管理层会抓住市场机会安排组织好生产以实现收入,日常的流程化的精细管理可以保证公司得到较高的盈利。如何处理公司盈利,是留在企业内投资,还是分配给股东,这是个重要的问题。从某种意义上讲这个问题不光是个技术问题,也是个伦理问题。这关乎管理层是否理性。

选择留下盈利还是分配给股东首先需要看企业处于什么发展阶段,企业所在的行业处于商业周期的哪个区间。

根据企业生命理论,企业的发展阶段可以分为初创期、成长期、成熟期和衰退期。不同时期企业的销售收入、利润、现金流、资本支出都有根本的区别。一般的,企业初创期只有想法和热情,缺产品、缺收入、缺人才、缺完整生产能力,如果再缺资金,几乎没有存活的希望,此时股东的支持是管理层的救命稻草,一刻不能松手。度过初创期的企业迎来成长期。成长期的特点就是快:今天还在担心嘴上会不会长不出胡须,明天就用上剃须刀了。收入快速增长,利润快速增长,现金流快速增长。企业此时的烦恼是短缺,生产部门加班加点,缺设备、缺人手,订单如雪片飞来,销售部门应接不暇、难交货,研发部门一穷二白、啥都缺。此时不但要保留所有的利润,而且需要增加资金投入。然而企业此时的固定资产少,我国大多数银行通常又需要有抵押品才能放贷,通过银行借贷融入资金有限。发行股票首次公开募股(IPO)是理想的融资工具。21 世纪初在我国 IPO 犹如千军万马过独木桥,大多数企业想都不敢想,我国资本市场发行制度施行注册制改革以后企业 IPO 相对容易多了,不少企业至少可以想一想了:不想肯定上不了市,想一想又何妨,万一实现了呢？企业发展到了成熟期，最大的特点是稳定。市场地位、销售收入、现金流、客户关系、产品研发都已定型，每年的现金远远超过发展和营运之所需，这个阶段就是美国管理学大师波特所讲的现金牛业务。进入衰退期，市场份额、收入状况、利润水平都会下滑，不过相当多的企业仍然能产生较多的现金。

　　几乎所有的行业都会周期性波动。非周期性行业比如日用消费品、医药等不是没有周期性波动，而是波动的剧烈程度较小而已，波动剧烈程度较高的如钢铁、石化、有色金属等资本品以及汽车、空调等消费品则是典型的周期性行业。周期波动可以分为繁荣、衰退、萧条和复苏等四个阶段。周期波动的规律可以通过价格和成交量进行表达。价量齐升、价跌量升、价跌量缩、价升量缩分别对应上述的四个阶段。从利润和现金流看，前两个阶段行业内企业还是较高的，主要因素是企业销量稳定在较高的水平，衰退期企业的毛利率有所下滑，但费用不会增长，如果原材料成本同步下降的话，企业的利润和现金流可维持在一定的高度。价格下跌、产品也很难卖掉的萧条期无疑是难挨的，有人说这是俄罗斯轮盘赌，看谁挺得住，等待有人倒下，那些综合能力最差的无法挺到最后，淘汰出局，应了西方的一句谚语："漫过脖子的潮水一定会漫过头顶。"复苏初期如北方的春节，告别风雪交加，春寒依旧料峭，苟延残喘的企业还得缩头夹颈地使用每一分收入，好消息却慢慢地接踵而至：产品不愁卖了，有人竟然提价了，有人准备扩产了，一切都是原来美好的样子。不错，繁荣来了，繁荣的日子来了。旧的循环结束了，新的循环开始了。如此周而复始，循环往复。

　　企业经营总是这样，苦日子熬过去了，好日子就会到来。过苦日子时企业的股东、管理层及员工风雨同舟，栉风沐雨，就像漂荡在大海里的孤舟坚定地驶向前方的港湾。好日子来临时，现金向风一样吹进公司的账户，每年的利润总比年初最大胆的预测还高，年底派发完员工奖金、管理层绩效、来年的投资也预留充分，还有不少剩余。如何处理这些现金呢？

　　对待这些现金，不同的人有不同的观点。股东和管理层的分歧大多由此产生。如果企业保留这些资金，能产生很高的资产回报，比如超过今年的 ROE 且远超资金的机会成本，那么管理层用这笔钱再投资是恰当的。不过如果管理层投资预算已经有了准备，那这笔钱只能是管理层投资决策的次优选择。话又说回来了，只要投资回报确实丰厚，留在企业自然是最优选择，谁会嫌钱多呢！

　　问题是如果管理层运营这笔钱的预期回报不具备吸引力呢？比如用来购买商业银行的集合理财产品以获取比定期存款稍高的收益率（事实上，我国不少上市公司购买理财产品，动机不一而足，需一一甄别）。从增加企业的利润角度来说，这些超出正常运营的资金也会带来一定的收益，会为明年的利润表上的最下面一栏添光加彩。证券分析师在进行年报点评时，在写到净利润增长多少个百分点、每股收益多了几分钱时就有这笔钱的功劳。这样的增长在某些平庸的证券分析师眼里是闪光点,尤其是在市场陷入对上市公司增长的追逐以至到了疯狂崇拜的时期,说不定公司市值的膨胀对股东更划算。请打住!首先没有一个市场会一直处于亢奋期,请记住"短期看市场是个投票器,长期看一定是个称重器",非理性繁荣过后是一地鸡毛,繁华过后成一梦。如果股东默认管理层这种低效的增长,后果将是非常严重的,尽管不在当时显露出来,但该来的总该会来,而且通常在你最不希望它来的时候来了,这符合所谓的墨菲定律。

这笔钱既然不能带来预期回报,应该如何处置呢?我们听听经济学怎么说。经济学家告诉我们所有参与经济活动的人都是理性经济人,所有的经济行为都应该是理性的。

理性经济人假定是经济学家在做经济分析时关于人类经济行为的一个基本假定,意思是作为经济决策的主体都充满理性,即所追求的目标都是使自己的利益最大化。具体说就是消费者追求效用最大化,厂商追求利润最大化,要素所有者追求收入最大化,政府追求目标决策最优化。

管理层将这笔钱留在企业是管理层的理性,股东是否认可管理层的理性要看股东的理性与管理层的是否一致。股东的理性是什么呢?经济学家帮股东找到这笔钱的符合他们理性的处理方法:分红或者回购公司股票。

分红的实质是让股东拥有这笔钱的经营权,股东可以自由地处理这笔钱,可以消费、投资实体、投资资本市场等,如果仅仅从投资收益看,股东也有很多机会获得更高的收益。经济学告诉我们有选择才是有价值的,别无选择等同于没有自由,选择是自由的重要特征,自由选择可以实现最优决策,达到利润最大化。弗里德曼的专著《自由选择》探讨了经济、自由以及二者之间的关系,指出保护投资者的最有效方法是全面的自由选择。

分红对企业来说是有利的,因此也是理性的。分红减少了企业的净资产及总资产,在同样的收入和利润状况下,企业可以保持与上年相同的 ROE 水平,否则的话留在企业的钱只能带来较低的收益:尽管总利润水平增长了,但 ROE 水平却下滑了。

分红对管理层来说有有利的一面也有不利的一面。有利的一面是给职业经理人的声誉加分,以后换工作时,猎头会在你的履历上加上充分尊重股东和取得价值,并重点介绍。不利的一面是日常经营管理必须兢兢业业,日子过得紧巴巴的,遇到困难如临深渊、如履薄冰。如果手中多了这笔钱,就多了重要资源。有人说,企业尤其是上市公司融资渠道众多,先分红再融资岂不两全其美?实际上债券融资要还本付息,股权融资审批环节多、项目周期长,没有个一年半载,你见不到真金白银,到了那时候说不定黄花菜都凉了。再说先大量分红再融资听着就不着调,岂不是多此一举？归纳而言，长期有利，短期不便。如果让管理层自由选择，估计大多数人不会选择分红。他们更为关注当下，看重短期，漠视长期，这暗合了西方经济学泰斗凯恩斯的那句名言："长期我们都将死去。"

相对于分红，回购股票的效果是间接、无形的，无法预见对象，因而不会立竿见影。

回购后企业的货币资金减少，同时股本缩小，会计上的资本公积也可能变动。企业的总资产及净资产同步减少。

上市公司的股票总是不停变动的，回购的平均价格如果高于面值，需要减少公司的资本公积；如果平均价格低于面值，将增加公司的资本公积，增厚公司的每股净资产（BVPS）。理论上，不管哪种情况，都会有利于公司股价的上升。第一种情况，由于公司的总股本减少，相同的利润每股收益（EPS）会增加，市场的市盈率估值倍数不变时，股价将上涨（$P = EPS \times PE$）。第二种情况，在一样的估值PB倍数下，股价也将上升（$P = BVPS \times PB$）。

回购的钱不会回到每个股东的口袋里。得到钱的人不再是公司股东，典型的拿钱走人。没得到钱的股东的股价上升，财富增值。对于股东来说，回购是有利的，因而是理性的。

公司回购股票通常是向资本市场传达积极信号，表明公司尊重股东利益。回购股票通常是利用公司的盈余，是上市公司的偶尔所为。不过在举债容易而且举债成本非常低廉的美国证券市场，有一些原本债务水平非常低的上市公司利用举债回购公司的股票，推升了公司的股价。

回购对有市值管理要求的公司管理层的影响无疑是正面的，对没有市值管理要求的公司管理层的影响是中性的。

公司积极分红和回购股票表明管理层能站在股东和企业的角度，理性地经营和决策。从某种意义上说是"上下同欲"，提升了公司的治理水平。

四、成长能力

从企业的发展路径看，企业成长的路径大致有四种类型：先做大再做强、先做强再做大、边做大边做强和只专注于做强。这里的大通常是规模大，强是盈利能力强。

（一）做大

规模大的企业通常有销售规模大、资产规模大、录用员工多、分支机构多、客户范围广等特征，其中销售规模是经营结果，资产规模是资源占用。

大家耳熟能详的"世界五百强"，是美国《财富》杂志每年评选的全球500家大公司排行榜。其入选最主要的标准就是企业的销售收入。这些入围企业更准确的称谓应该是"世界五百大"。

销售收入是企业商品和服务对外销售的货币体现,为了生产这些商品和服务,企业需要动用拥有的资源、调动各种关系、保证现场管理、跟进销售服务等协调组织工作。一般的,企业收入规模越大,所拥有的资源就会越大。从这个意义上讲,"世界五百强"通常也是资产规模大的国际大企业。

与做大的指标相对多元比起来,做强的指标是单一的。强的企业是指企业的竞争能力强。财务指标的表现就是净资产收益率高。

改革开放以来,特别是大力推动市场经济制度建设后,我国各行各业取得飞速发展。做大做强逐渐作为企业发展的战略标准,一时成为全社会的共识。电影《无名之辈》就在抢劫手机店的两个劫匪身上演绎了一下:片中劫匪喊出了做大做强的目标。

企业在成长过程中无时无刻不面临激烈的市场竞争,在商海里颠簸的企业就像暴风雨中的船舶,没有不嫌自己吨位小而羡慕航空母舰的,黑暗中前行的企业也像隧道中摸索的行路人,没有不在找寻前方的光亮的。海中的航空母舰就是"大",隧道尽头的光就是"强"。

做大了,规模大了,可以动用的资源多了,抗风险能力强了,这些好处不言自明。泡沫经济破灭前日本金融企业和实体企业通过购并交叉持股等组成超大规模的商贸株式会社、美国次贷危机爆发前经营杠杆快速放大的美国投资银行都是做大的典型代表。这些大企业面临市场竞争时总是成竹在胸、自信满满,犹如三国赤壁之战时期曹军上了铁连环的大船队安稳如平地,军士泰然自若,将领气定神闲。只是东南风起周瑜的一把火烧得樯橹灰飞烟灭,烧红了赤壁,任后人凭吊千古。"东南风起"后日本那些巨无霸株式会社和美国投资银行们靠政府出面救助避免了破产,除了雷曼兄弟公司"灰飞烟灭"外,其他企业无不长年凄风苦雨、节衣缩食以求苟活。那些靠政府救助的大公司背上了"大而不倒"的标签。然而具有讽刺意味的是,若干年后人们从那些危机中吸取的教训有一条就是"大就不倒"。

我国商业银行业是做大的典型代表。图 8-18 中每一条竖线代表 2011 年至 2019 年每个月度的银行总资产,曲线记录了行资产的同比增幅。商业银行总资产一直在增加,增加的幅度从未小于过 7%,增幅的平均数值超过 12%。截止到 2019 年底,从数量上看,我国银行总资产是我国 GDP 总量的 3 倍左右,同期美国银行业的总资产不及美国 GDP 总量。

我国银行业在 2011 年曾经达到经营业绩的高点,此后竟然每年的净资产收益率都较上年度出现下滑,中途未见喘定,犹如下落的飞刀(如图 8-19 所示)。补充说明一下,ROA 是资产收益率,其计算公式是净利润除以总资产。我国商业银行的 ROA 与 ROE 走势异曲同工。

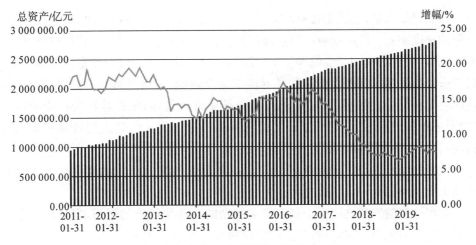

图 8-18 银行业金融机构总资产情况图

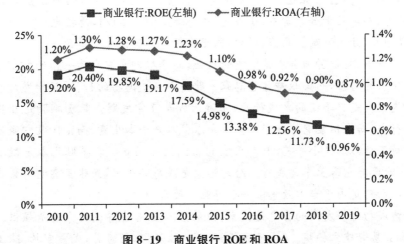

图 8-19 商业银行 ROE 和 ROA

资料来源：Wind，长城证券研究所

做大是每个企业的本能，没有高低贵贱之分。做大以后的方向却能体现企业不同的使命与愿景。有些金融企业在"大而不倒"先例的"鼓励"下业务过度冒险、抑制金融创新、漠视风险管理，只顾做大不管做强。大风大浪来时，等待政府救援。这种发展方式主观上忽视股东利益，客观上提高了这个社会的风险状况。利用道德风险获益的公司及其管理层应该被钉在道德的耻辱柱上。

（二）做强

2009 年欧洲债务危机爆发后，金融系统动荡，金融机构厌恶风险，流动性收缩，企业经营的外部环境异常严峻，众多企业处于生存险境。

然而祸福所依,是祸是福有时需要从不同的时间维度来看,有时却需要从不同对象的角度来看。欧洲企业的"危"却成就我国一些企业的"机"。当时有战略眼光的、有国际视野的我国企业收购了不少欧洲公司。这些欧洲公司分布在许多行业,以制造业为最多。这些企业往往是专注于某个领域、某项产品的小公司、慢公司,这些公司在行业内都很低调,却具有极强的无可替代性,因此被称为行业的世界"隐形冠军"。"隐形冠军"所奉行的理念就是经过一代又一代人的技术积累和坚持,将自己专注的产品不断提升品质,臻至完美。

欧洲的"隐形冠军"是专业化经营的成功典范,专业化经营的实践在人类商业活动历史上一直是一条主线之一。

我国早慧的工商文明史记录了许多成功的专业化经营的例子,当然那是在自由没有被权力圈禁、竞争没有被政府阻断的汉武帝掌权之前。

● 司马迁在《货殖列传》记载道:田农,掘业,而秦扬以盖一州。掘冢,奸事也,而田叔以起。博戏,恶业也,而桓发用富。行贾,丈夫贱行也,而雍乐成以饶。贩脂,辱处也,而雍伯千金。卖浆,小业也,而张氏千万。洒削,薄技也,而郅氏鼎食。胃脯,简微耳,浊氏连骑。马医,浅方,张里击钟。此皆诚壹之所致。

翻译一下,就是种田务农是笨重的行业,而秦扬却靠它成为一州的首富。盗墓本来是犯法的勾当,而田叔却靠它起家。赌博本来是恶劣的行径,而桓发却靠它致富。行走叫卖是男子汉的卑贱行业,而雍乐成却靠它发财。贩卖胭脂是让男人难为情的行当,而雍伯靠它挣到了千金。卖水浆本是小本生意,而张氏靠它赚了一千万。锵剪子磨刀本是小手艺,而郅氏靠它富到列鼎而食。卖羊肚儿本是微不足道的事,而浊氏靠它富至车马成行。给马治病是浅薄的小术,而张里靠它富到击钟佐食。这些人都是由于专心致志做一个行业而致富的。

赌博成功者桓发靠的肯定是技术,他的后人桓玄赌博成功靠的是强权。东晋末年,桓玄篡晋建立桓楚。《资治通鉴》记载:性贪鄙,好奇异,尤爱宝物,珠玉不离于手。人士有法书好画及佳园宅者,悉欲归己,犹难逼夺之,皆蒱博而取。遣臣佐四出,掘果移竹,不远数千里,百姓佳果美竹无复遗余。大意为:桓玄生性贪婪,好奇异,尤其喜爱宝物,珠玉不离手。看到别人有书法绘画和优美的园林住宅的,他都想归于自己,有些难得到的,都被他以赌博这种形式夺走了。

与守着柜台的坐商不同,行贾需要沿街叫卖,"卖什么要吆喝什么"。雍乐成之后很长时间内未见成功者,直到互联网时代的男网红带货口红出现。胭脂口红都是女人的挚爱,古往今来吆喝是一样的,网上直播与走街串巷都在吆喝,工作环境却迥然不同。当年男人贩卖胭脂取得成功估计遭受不少白眼,如今网红带货一呼百应、万众敬仰,早已告别难为情,足见时代的进步。

张氏靠卖水发家是一段商业传奇,多少年后"农夫山泉"靠卖水一度成为中国

第八章 看懂财务报表

首富,估计张氏想都没想过。

"锱剪子啦,磨菜刀"是很多人儿时常听到的声音。现如今剪子很少有人锱了,菜刀还有人磨,磨一把刀要10元起步,也就三五分钟,时薪超高。

羊肚儿、牛百叶属于动物下水,历朝历代难登大雅之堂。火锅包打天下时,牛百叶身价倍增,爆肚红遍帝都时,羊肚儿独领风骚。

从马的医生到宠物的护理体现了时代的进步,不变的是服务费从来不曾低过。已经有几家宠物护理的公司登陆A股市场,它们的共性是专一,只服务宠物。

做强的途径只有一条,那就是专业。

司马迁还旗帜鲜明地强调了个人追求财富的正当性。"富者,人之情性,所不学而俱欲者也。"上面成功的事迹成为后代不断学习的榜样,不乏学有所成者。

● 20世纪80年代肇始于家庭联产承包责任制的经济改革诞生了农村致富群体,号称"万元户"。21世纪20年代,随着农村土地承包经营权流转制度全面落实,运用现代物联网技术机械化耕种模式将承包土地的面积大幅扩大,农业投资大有作为。

做强也好,做大也罢,一路走过来,财务报表留下的记录足够我们梳理公司的成长足迹,寻找到公司的文化和基因。对这方面的研究,财务指标分析是至关重要的工具。

(三) 财务指标上的表现

公司成长性分析的目的在于观察企业在一定时期内的经营能力发展状况。财务管理中采用成长性比率这个衡量公司发展速度的重要指标,其也是比率分析法中经常使用的重要比率,这些指标主要有:

1. 总资产增长率,即期末总资产减去期初总资产之差再除以期初总资产的比值。公司所拥有的资产是公司赖以生存与发展的基础,处于扩张时期的公司的基本表现就是其规模的扩大。这种扩大一般来自两方面的原因:一是所有者权益的增加,二是公司负债规模的扩大。对于前者,如果是由于公司发行股票而导致所有者权益大幅增加,投资者需关注募集资金的使用情况,如果募集资金还处于货币形态或作为委托理财等使用,这样的总资产增长率反映出的成长性将大打折扣;对于后者,公司往往在资金紧缺时向银行贷款或发行债券,资金闲置的情况会比较少,但它受到资本结构的限制,当公司资产负债率较高时,负债规模的扩大空间有限。

2. 固定资产增长率,即期末固定资产总额减去期初固定资产总额之差再除以期初固定资产总额的比值。对于生产性企业而言,固定资产的增长反映了公司产能的扩张,特别是供给存在缺口的行业,像电力、钢铁行业,产能的扩张直接意味着公司未来业绩的增长。在分析固定资产增长时,需分析增长部分固定资产的构成,对于增长的固定资产大部分还处于在建工程状态的情况,需关注其预计竣工时间。待其竣工,必将对竣工当期利润产生重大影响,因为竣工时在建工程须转入固定资产,增加的固定资产需要计提固定资产折旧,这部分折旧计入当期的费用,费用增加自然就会减少利润。此外有些在建工程将相关贷款的利息计入在建工程账目,会计上称为利息资本化。在建工程竣工后,如果贷款没有还清,这部分贷款的利息须计入财务费用,会减少利润;如果增长的固定资产在本年度较早月份已竣工,产能扩张对企业的贡献几乎是完整年度,希望公司下个年度的收入和利润在此基础上再有大幅增长就不太现实了。

3. 主营业务收入增长率,即本期的主营业务收入减去上期的主营业务收入之差再除以上期主营业务收入的比值。通常具有成长性的公司多数都是主营业务突出、经营比较单一的公司。主营业务收入增长率高,表明公司产品的市场需求大,公司市场竞争力强,业务扩张能力强。如果一家公司能连续几年保持很高的主营业务收入增长率,基本上可以认为这家公司具备不错的成长性。

4. 主营利润增长率,即本期主营业务利润减去上期主营利润之差再除以上期主营业务利润的比值。一般来说,主营利润稳定增长且占利润总额的比例呈增长趋势的公司正处在成长期。大多数公司的利润增幅会与收入增幅保持在相当的水平。优秀公司的利润增幅总会高于收入增幅,超过的幅度有些年份会多一些,有些年份会少一些,投资者不要严格苛求。需要注意的是,有一些公司某个年度利润总额有较大幅度的增加,但主营业务利润却未相应增加,甚至大幅下降,这样的公司质量不高,如果你已经投资这样的公司,你需要提高警惕。这里蕴藏着巨大的风险,大多数情况是通过临时获得的补贴、投资收益和投资公允价值的增加给总利润输血,也可能存在公司经营管理费用临时下降的情况。

5. 净利润增长率,即本年净利润减去上年净利润之差再除以上期净利润的比值。净利润是公司经营业绩的最终结果。净利润的连续增长是公司成长性的基本特征,如其增幅较大,表明公司经营业绩突出、市场竞争能力强;反之,净利润增幅小甚至出现负增长也就谈不上具有成长性。

大家看财务报告时会发现有三个与净利润相关的项目和指标:净利润、归属于母公司股东的净利润和归属于上市公司股东的扣除非经常性损益的净利润。前两个在合并利润表中,最后一个在报告开始部分的主要会计数据和财务指标中。净利润包含了归属于母公司股东的净利润,差额部分属于少数股东,出现这样的状况是合并报告的制度决定的。归属于母公司股东的净利润才是上市公司股东能够分享的。将归属于上市公司股东的扣除非经常性损益的净利润放在报告突出的位置是一种较为审慎的独特财务报告制度。这些非经常性损益主要包括政府补贴和公司理财收益及其他资产处置损益等,字面上都不是经常的经济活动,实质上大多是经常性的——政府补贴实际上并不会时有时无,而是每年都会有。上市公司做银行理财合情合理,几乎贯穿公司经营存续期,其收益归在非经常收益中似乎有不合理之处。倒是资产处置是不折不扣的非经常经济活动,需要大家睁大眼睛。

(四) 利润增长的因和果

投资者期待上市公司的利润增长就像家长笃定地等待孩子的成绩报告单上的考试成绩提高一样。不同的是家长一般无法准确地分析考试成绩提高的背后原因,而利润增长的归因分析却浅显易懂——只要你花些功夫阅读完公司的相关报告。找出原因,我们通常就能知道公司沿着现在的轨迹能走向多远的未来。有果找出因,由因预测果,通常会十拿九稳。

1. 高质量的利润增长应该剔除 ROE 驱动部分

我们设想一个最简洁的场景:上市公司 SSGS 上市后一直保持相同的 ROE,每年的分红比例为 a。利润增长率 $= ROE \times (1-a)$。

分红比例通常小于 1,ROE 也是个正的数,因此利润增长率大于 0,即利润正增长。增长的幅度跟 ROE 成正比。

在分红比例不变的情况下,ROE 高的上市公司利润增长的幅度比 ROE 低的公司快。简单地讲,ROE 高的公司增长快,ROE 是公司增长的驱动因素。

ROE 不变的情况下,分红比例越低,利润增长率就越高。对于管理层来说,分红越少,利润增长越有保证,可以分担一定的业绩增长压力,从一定程度解释通常职业经理人为管理层的公司在分红比例上的裹足不前和不积极、不推动的原因。

对公司股东来说,由 ROE 驱动的增长是公司的分内之事,不值得为这部分增长而欢欣鼓舞,也不会为这部分增长而欢呼雀跃。将利润留下还是分掉只要看 ROE 与股东的机会成本相比较,ROE 高则应该留下,否则分掉。

2. 利润增长的准备

经济学有个增长模型,讲的是需求增长拉动供给增长的过程。这个大致分为四个阶段。第一个阶段,由于需求的增加,通常是人口增加或是生活质量的提高引起的人均需求增加,由于供给相对刚性,企业可以通过加班等方法扩大产量,市场表现为价格平稳、产销量扩大。第二阶段,需求继续增加,企业受场地、设备、人员及管理的约束无法扩大产量,市场表现为价格上涨、产销量不变。第三个阶段,需求平稳增加,企业扩大产能,产量大幅增加,供过于求,市场表现为价格下跌、产销量增加。第四阶段,需求平稳增加,企业控制产量,供求基本平衡,市场表现为价格平稳、产销量增加。

价格的涨跌是行业周期波动最好的注脚,产能的扩张是企业增长最主要的推动。

产销量的持续增长是收入增长的基础,企业需要结合适当的管理方可保证利润的增长。

企业的产能扩张通常是公司上市的原因,也是公司上市的结果。我国资本市场大部分 IPO 都伴随着募集资金。这些募集资金通常为公司的产能扩张而准备,也是利润增长的准备。

上市后可以通过增发、配股、可转债发行等方式募集到资金,也可以通过向银行贷款筹资用以扩大产能,这亦是利润增长的准备。

3. 募集资金投资项目

上市公司在招股说明书中需就募集资金投资项目的合理性以及保证募集资金投资项目的成功所做的相关储备情况作出详细说明。请看下面例子。

中简科技首次公开发行股票并在创业板上市招股说明书

(三)本次募集资金投资项目与发行人现有业务的关系,发行人从事募集资金投资项目在人员、技术、市场等方面的储备情况

1. 本次募集资金投资项目与公司现有业务的关系

公司自成立以来一直致力于高性能碳纤维产品的研发、生产和销售,经过多年的技术积累,公司生产的 ZT7 系列(高于 T700 级)高性能碳纤维率先实现国产航空航天重点型号的全面批量稳定应用。本次募集资金投资项目主要依托公司在碳纤维领域多年的技术沉淀和工程化专业设备的经验积累,在现有高性能碳纤维生产线的基础上,对公司原丝纺丝线进行扩建,同时在公司现有土地上新建一条千吨级规模的氧化碳化生产线,新增 T700 级碳纤维生产能力 1 000 吨/年。本次募集资金投资项目与公司现有业务及核心技术紧密相关。

2. 公司从事募集资金投资项目在人员、技术、市场等方面的储备情况

(1)人员储备 截至报告期末,公司现有员工 236 人,其中技术研发人员 28 人,占员工比例为 11.86%。公司实际控制人杨永岗、温月芳均为国内碳纤维行业领军人物,杨永岗为科技部"863"主题专家组成员,2013 年 12 月,入选中组部第二批"万人计划"(国家科技创新领军人才);公司研发人员均具有多年技术研发和工程化经验,技术团队包含多名经实验室研发、中试放大和工程化生产一线锻炼成长起来的博、硕士和工程技术人员,公司已形成了一支人员长期稳定、研发理念先进且具备工程化实施能力的研发团队,先后获得科技部"航空高性能碳纤维创新团队"和"江苏省双创团队"称号,为未来研发更高级别碳纤维打下深厚的技术和工程产业化基础。

(2)技术储备 截至本招股说明书签署日,公司拥有 10 项发明专利、21 项实

用新型专利,正在向国家知识产权局提交10项专利申请。持续的技术创新和专业化设备的改进提升,是推动公司持续发展的原动力,也是公司生存和发展壮大的根本。公司被认定为"高新技术企业",生产的ZT 7系列(高于T 700级)高性能碳纤维已通过产品验收,取得了科技部颁发的国家重点新产品证书。公司目前建有江苏省高强中模碳纤维工程中心,正在承担多项国家和江苏省碳纤维项目的研发工作,这些将为公司后续发展提供强大的技术保障。公司目前主要承担的碳纤维研发项目详见本招股说明书"第六节六(三)发行人正在从事的研发项目及进展情况"。

(3)市场储备 公司生产的ZT 7系列碳纤维已在航空航天八大型号全面应用,为在其他型号的推广应用奠定了良好基础。目前公司现有产能首先满足八大型号对ZT 7系列碳纤维的急迫需求,同时,公司已提供小量样品供航空航天其他型号及兵器、核工业等生产部门试用和评价。在民用领域,公司产品已通过民用直升机和风电叶片等高端民品的应用评价,其用量预计将超过1 000吨/年。同时,公司还与中航复合材料有限责任公司共同开发国产T 700级碳纤维在轨道交通领域的推广应用和示范项目。这些潜在军民高端碳纤维产品市场的开拓,为公司储备了丰富的市场资源。

综上所述,公司目前已形成了集研发、生产、销售服务于一体的业务体系,已经具备了实施募集资金投资项目的各项条件,预计募集资金到位后,募集资金投资项目的实施不存在重大障碍。

五、结语

2020年这个特殊的年份诞生了一个热词——内卷。这个首先在网络上局部流行的词迅速在大众的社会、经济和文化方面被普遍地应用。内卷化的本质是生存与发展问题,在互联网语境下,内卷的含义被解构成个人发展无望,很多人可亲身感受到现实中的生存艰辛。在社会经济领域中内卷化的背景是一种"停滞"的发展状态:不能从外部扩张的渠道获取资源,没有产生整体的增量,只能在存量分配上做文章,整个社会对存量资源的争夺加剧。相较于经济高速发展的时期,处于内卷期的企业想获得发展无疑是困难的,企业取得的发展是弥足珍贵的,能持续发展的注定是寥若晨星。幸运的是上市公司的融资方式及融资渠道的多元性为持续发展奠定了坚实的基础。当然实现持续增长还需要公司经营层和股东层通力合作。希望我国资本市场的建设越来越高效而公平,让投资者享受到更多的制度红利。同时我们要时刻警惕某些动机不良的大股东鲸吞上市公司发展成果,侵占中小股东权益,非法占有上市公司资金,造成普通投资者的投资损失。

第九章
防范大股东的资金占用

为突出防范大股东的资金占用这个问题的严肃性和重要性,我们单独安排一个章节探讨。

控股股东及其关联方的行为规范是上市公司治理结构中非常重要的内容。相较于上市公司其他内部治理的规范准则,控股股东及其关联方作为外部关系,与公司的治理和经营上有千丝万缕的联系而在利益获得和资源占用上又有根本的差异,由此引发了关联交易问题和资金占用问题。我国资本市场建设从一开始就注重控股股东及其关联方的行为规范的建立和监管,着重强调关联交易管理和控股股东的资金占用问题,通过建立"三独立,五分开"等制度和对关联交易的信息披露制度,上市公司在关联交易管理方面取得明显的进步。但是控股股东及关联方的资金占用问题由于控股股东与上市公司的关系密切、不少控股股东还直接参与上市公司的经营、控股股东与上市公司的地位悬殊等原因,一直没有得到完全根治,不时爆出控股股东侵占上市公司资金的大案要案,直接影响上市公司的运营,有的案件给投资者带来巨大的投资损失,造成恶劣的社会后果。

目前我国上市公司资金占用问题尚难根治,不幸中招的投资者损失惨重。发生问题公司的大股东等处心积虑的罪恶行径通常披着合法的外衣,打着增加公司价值的幌子,往往不惜造假,迎合市场的热点喜好,将上市公司打扮成"人见人爱的白富美",欺骗所有的投资人。坚持价值投资的投资者要睁大双眼,谨防落入罪犯设计的圈套。

资金占用形成的根本原因是上市公司的内部治理不健全、内部控制不完善,对控股股东的控制权缺乏有效监督,甚至存在控股股东凌驾于内部控制之上的情况。此外,部分董事、监事、高级管理人员道德风险突出,独立性不足,未恪尽职守,纵容控股股东占用资金。具体表现为上市公司对货币资金(尤其是网上银行)的管控失效,公司公章等由控股股东掌控,大额资金支付、重大投资和对外担保等事项未按照规定程序审批和管控,关联交易审批程序不当,公司内部控制流于形式等。

控股股东资金占用形式多样,通过总结归纳现有监管案例情况,主要分为以下两种模式:余额模式和发生额模式。

一、余额模式

余额模式是指上市公司虚构财务报表中货币资金余额以隐瞒控股股东及其关联方的资金占用,或不披露货币资金受限情况以隐瞒违规担保,进而直接影响投资者在内的财务报表使用者对货币资金项目真实性和流动性的判断。主要包括:

1. 使用虚假单据和凭证(如虚假的银行对账单、银行回单、记账凭证等)直接虚增相关账户的货币资金。如《辅仁药业集团制药股份有限公司关于调整 2018 年年度权益分派有关事项暨继续停牌的公告》(2019 年 7 月 19 日)。

2. 开立定期存款、保证金等银行账户,并通过虚假单据和凭证,虚构货币资金在公司正常账户与这些定期存款、保证金等账户中的转移,以掩盖资金挪用。如《东莞勤上光电股份有限公司关于收到中国证监会广东监管局〈行政处罚决定书〉的公告》(2015 年 3 月 17 日)。

3. 控股股东通过与金融机构签订集团资金管理协议、资金池安排等,将上市公司货币资金归集并挪用,但上市公司货币资金项目显示为被占用前的"应计余额"。如《康得新复合材料集团股份有限公司关于收到中国证监会行政处罚事先告知书的公告》(2019 年 7 月 5 日)。

4. 未履行规定的审批程序,以定期存款等货币资金或理财产品等金融资产为控股股东的融资行为(如借款、开立银行承兑汇票等)提供质押担保,且未披露货币资金或相关金融资产的受限情况。如《海南海药股份有限公司关于公司及相关人员收到海南证监局行政监管措施决定书的公告》(2020 年 11 月 10 日)。

此外,上市公司为控股股东的融资行为提供信用担保,但未按规定履行审批程序且隐瞒披露,也直接影响财务报表使用者对公司偿债能力和营运能力的判断。

二、发生额模式

发生额模式是指控股股东及其关联方利用上市公司直接或间接(如通过关联方、第三方、员工设立的公司等)的资金拆借、无商业实质的购销业务或票据交换、对外投资、支付工程款等形式占用其资金。资金占用具体体现在上市公司财务报表的往来款项、应收应付票据、长期股权投资、在建工程、长短期借款等项目中,货币资金项目通常不存在直接虚假。主要包括:

1. 直接或间接拆借资金给控股股东。如《关于对山东华泰纸业股份有限公司、控股股东华泰集团有限公司及有关责任人予以通报批评的决定》(上海证券交易所,2020 年 3 月 27 日)。

2. 利用无商业实质的购销业务,直接或间接向控股股东支付采购资金或者开具汇票供其贴现、背书等。如《关于对海南海药股份有限公司相关当事人的监管函》（公司部监管函〔2018〕第111号）(2018年11月13日)。

3. 应收账款回款时被控股股东代收占用,或通过应收账款保理将资金提供给控股股东或上市公司的客户,以占用应收账款的形式为控股股东提供资金支持。如《山东天业恒基股份有限公司关于上海证券交易所半年报问询函的回复》(2018年8月29日)。

4. 利用汇票交易或虚构汇票背书转入转出等,掩盖控股股东的资金占用。如《中南红文化集团股份有限公司关于深圳证券交易所对公司2018年年报问询函〔2019〕第152号的回复公告》(2019年6月20日)。

5. 代控股股东垫付、承担各类支出或偿还债务。如《关于对浙江大东南股份有限公司及浙江大东南集团有限公司的监管函》（中小板监管函〔2017〕第64号)。

6. 投资信托产品、私募投资基金、资产管理计划等金融产品,但实际投资款被控股股东占用。如《上海丰华(集团)股份有限公司关于公司未能按期收到信托本金事项问询函的回复公告》(2019年3月27日)。

7. 通过向控股股东实际控制的主体进行投资以转移资金,如投资于多层的有限合伙企业,进行权益性投资的同时提供大额的债权性投资,支付较长期限的投资预付款、意向金、保证金但未履行后续投资手续等。如《舍得酒业股份有限公司关于相关人员被公安机关立案调查的进展公告》(2020年12月29日)。

8. 违规通过存在关联关系的财务公司、小额贷款公司、商业保理公司等金融或类金融机构,直接或间接向控股股东提供资金。如《深圳市索菱实业股份有限公司关于公司及相关当事人收到〈行政处罚决定书〉及〈市场禁入决定书〉的公告》(2020年12月11日)。

9. 通过支付工程款、虚构在建工程等项目建设的方式向控股股东提供资金。如《延安必康制药股份有限公司关于收到中国证券监督管理委员会陕西监管局〈行政处罚决定书〉的公告》(2020年10月16日)。

10. 控股股东以上市公司的名义对外借款。如《冠福控股股份有限公司关于公司及相关当事人受到深圳证券交易所公开谴责处分的公告》(2019年6月25日)。

11. 动用上市公司资金为控股股东还债。如《安通控股股份有限公司关于上海证券交易所对公司2018年年度报告事后审核问询函回复的公告》(2019年5月18日)。

12. 利用其特殊身份,控股股东将上市公司有关资产变现后形成资金占用等。如《哈尔滨秋林集团股份有限公司关于对上海证券交易所2018年年度报告事后审核问询函回复的公告》(2019年10月9日)。

三、结语

我国经济的持续发展孕育着较多投资机会,同时也伴随着较大的市场风险。上市公司控股股东及关联方难免需要融资,不少公司以上市公司的股权作为抵押品,面对变化多端的融资环境,它们必须具备较强的风险管理能力。实践中,有些上市公司控股股东融资需求管理失当,二级市场股价波动加剧了股权质押的风险,此时个别控股股东占用上市公司资金的动机就自然而然地形成了。如果上市公司治理水平不高,加之社会整体信用水平还有待提升,上市公司的个别客户、供应商、金融机构等为谋求私利,就有可能配合上市公司控股股东占用上市公司资金。尽管我国监管层对上市公司的资金占用问题特别重视,一发现苗头,现场监管就迅速跟进,在杜绝大股东占用上市公司资金方面的监管工作取得的成绩是有目共睹的,然而距离根治尚有很长的路要走。目前大股东占用上市公司资金的方式趋于多样化、复杂化,隐蔽性更高,发现难度增大。我们希望普通投资者通过上面的内容,对资金占用问题有个系统性了解,力争在投资实践中避免中招。我们必须坚持学习,保持警惕,时刻提防资金占用问题以新形式出现在我们投资的上市公司投资组合里。我们只有常抓不懈才能避免落入被恶意掏空的表面光鲜、粉饰过度的上市公司的投资陷阱,才能管理好投资风险,走在价值投资的金光大道上。

此前几章我们以上市公司作为研究对象,分析公司的经营结果及资源的健康状况,着眼于某些具体的事件和行为,这属于微观研究范畴。与微观研究相对的是宏观研究,其主要对象为公司的外部经营环境,内容包括宏观知识和行业分析。接下来我们谈谈宏观知识和行业。

第十章 基本的宏观知识

经常观看《新闻联播》的朋友大多听过 GDP 这个词,偶尔还会听到 PMI、CPI 等,这些都是跟宏观经济有关的词汇。这些词汇中跟老百姓紧密关联的要数 CPI,它反映了通货膨胀水平。电视里顺带会提到 PPI,至于 M2 和人民币升值之类的词也会不时钻进你的耳朵。

目前没有研究成果能证明研究清楚宏观经济可以挣到股票市场的钱。但想挣股票市场的钱,你就一定要掌握基本的宏观知识,适当了解宏观经济数据的含义,理解宏观经济政策对经济运行的影响。

与微观经济关注的对象是企业、消费者、市场交易和价格等个体现象不同,宏观经济研究的对象是整体经济现象,包括经济增长、通货膨胀、就业和货币政策等。支撑这些研究的指标有国内生产总值(GDP)、消费者价格指数(CPI)和城镇登记失业率、采购经理人指数(PMI)、生产价格指数(PPI)、进出口数据、广义货币(M2)、汇率等。

一、GDP

1. 基本概念

国内生产总值是一段区间内在国内生产的所有最终物品和服务的市场价值的总和,英文缩写为 GDP。GDP 被公认为是衡量国家经济实力的最佳指标。

理解 GDP 的要点有以下几个:① 区间:一段时间,通常为一年,也可以是一个季度;② 国内市场:地域限制,按地域不同可以计算诸如广东省、江苏省、广州市、南京市的 GDP,等等;③ 最终:完成品才算,半成品不算;④ 物品和服务:面包、牛奶、汽车和高铁等是物品,理发、健身网课、买理财产品和乘飞机等是服务;⑤ 市场价值:可以进入市场交易、按某个基准日的价格计算物品和服务的价值。

有点绕?下面举几个例子帮助大家理解一下,看看哪些活动须计入 GDP,哪些不能。

(1) 小兰生日快到了,小明花了 100 元在网上订了一束花,让快递小哥到时间送至小兰的办公室。

(2) 小兰生日当天,放弃加班,花了较长时间做了顿丰盛的晚餐,少挣 200 元。

(3) 小兰公司花 5 亿元拍下了市政府公开挂牌的土地,准备开发房地产。

(4) 小明在小兰生日当晚给小兰发了个 520 元的红包。

(5) 小明、小兰花 5 万元买了辆二手车。

除了第一个,其他都不能计入 GDP,起码不能全额计入。例子(2)不是市场行为;例子(3)中土地不是生产出来的——尽管土地是重要的生产要素;例子(4)中红包是一种资产转移,是资产负债表科目;例子(5)中二手车不属于生产的物品。(3)(4)(5)项附带的经济活动,如拍卖佣金、发红包的流量费用以及二手车的有关税费等可以计入 GDP。

2. GDP 相关指标

(1) 总量

2019 年,我国 GDP 现价总量为 986 515 亿元人民币,按不变价格计算,比上年增长 6.0%。美国的 GDP 总量约为 21.02 万亿美元。按当时的汇率算,我国 GDP 与美国 GDP 的比值为 0.685。我国作为全球第二大经济体,GDP 占全球总量的 16.6%。

(2) 增长速度

动态地观察我国 GDP 需要看其发展变化程度。改革开放以来,我国 GDP 经历了三次增长加速的阶段(如图 10-1 所示)。2019 年增长速度为 6%,是近十几年最低的。

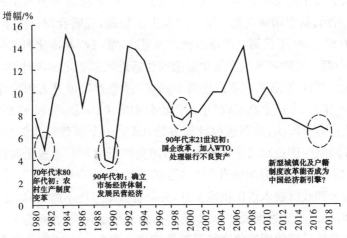

图 10-1　中国实际 GDP 同比

资料来源:万得资讯,中金公司研究部

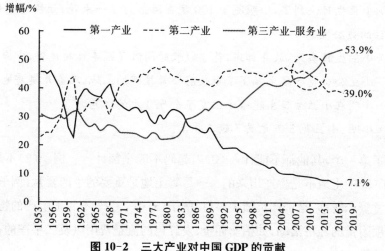

图 10-2 三大产业对中国 GDP 的贡献

资料来源：万得资讯，中金公司研究部

尽管受疫情冲击，中国"增速下行""结构转型、新老分化"的趋势仍在持续（如图 10-1、图 10-2 所示）。

(3) 三种核算方法

在实际核算中，从 GDP 的表现形态出发有三种计算方法，即生产法、收入法和支出法，三种方法分别从不同的方面反映国内生产总值及其构成。按三种方法计算的 GDP 反映的是同一经济总体在同一时期的生产活动成果，因此，从理论上讲，三种计算方法所得到的结果应该是一致的。

生产法是从生产的角度衡量常住单位在核算期内新创造价值的一种方法，结构上分为农业为主的第一产业、工业为主的第二产业和服务业为主的第三产业。如图 10-2 所示，新中国成立初期第一产业占比最高，说明我国是个不折不扣的农业国家。20 世纪 70 年代第二产业占比升至最高，第三产业占比居末位直到 20 世纪 80 年代中期。这阶段我国在解决温饱问题后进入工业化加速时期，是典型的经济起飞初期。2010 年第三产业占比升至最高，标志着我国进入现代化发展时期。截止到 2019 年，三大产业在 GDP 中的占比分别为 7.1%、39% 和 53.9%。

收入法也称分配法，按照这种计算方法，GDP 由全国各行业汇总的劳动者报酬、生产税净额（生产税减去生产补贴）、固定资产折旧和营业盈余四部分组成（图 10-3）。不难看出，参与分配的有个人为主的劳动者、企业和政府。改革开放以后，我国企业盈余和政府收入占比快速上升，劳动者报酬占比不断下降，尽管近年来占比有所增加，但比起发达国家的 50% 至 60% 的水平还有较大距离。

支出法是从最终使用的角度衡量核算期内生产的所有货物和服务的去向，可以被理解为总需求的结构分析。计算公式为：

$$GDP = \frac{居民}{消费} + \frac{政府}{消费} + \frac{固定资本}{形成总额} + \frac{存货}{增加} + \frac{货物和服务}{的净出口}$$

消费、投资和出口就是人们常说的"三驾马车"。需要提醒大家的是，这里的投资是资本形成，不可与固定资产投资混为一谈。2019 年消费支出对我国 GDP 增长的贡献率为 57.8%。

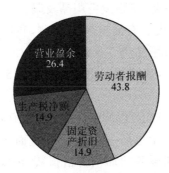

图 10-3　2020 年江西收入法核算的 GDP 各要素构成(%)

(4) 相关指标及数据

我国定期公布一些国民经济运行情况，其中与 GDP 核算相关的有工业增加值、固定资产投资、社会消费品零售总额、进出口数据等。

工业增加值(IP)是 GDP 统计工业部分的基础数据，据估计目前我国 IP 的增长率能够反映 GDP 变化率的四成左右。

固定资产投资与资本形成不是一回事，变化率也经常相差较大。这是因为固定资产投资包括土地购买以及两者样本不完全相同。此外，前者是绝对金额，后者是经调整的金额。

社会消费品零售总额只有商品部分，不包括服务。社会消费与政府购买之和形成支出法中的消费。2019 年我国国民人均服务性消费支出占比为 45.9%，比上年提高了 1.7 个百分点。

进出口数据经基准调整后的差就是净出口。

二、CPI

GDP 反映经济体内产品和服务的数量，CPI 反映经济体内产品和服务的价格水平。

消费者价格指数，英文缩写 CPI，是普通消费者所购买的商品和服务的总费用的衡量标准。消费者价格指数是最能充分、全面反映通货膨胀率的价格指数。世界各国基本上均用消费者价格指数(我国称居民消费价格指数)，也即 CPI 来反映通货膨胀的程度。一般的,CPI超过3%可以认为是通货膨胀。通货膨胀来临时,国家货币当局会启动价格型货币工具,如加息。从单一因素来讲,加息意味着投资的机会成本抬高,同时又会抑制上市公司的当期利润,引起股票价格的下跌。

我国统计局采用了八大类商品和服务组成CPI的样本,涵盖了消费者的衣、食、住、行、娱乐、医疗等较为全面的日常开支,包括:食品类、烟酒及用品类、服装类、医疗保健和个人用品类、家庭设备用品及服务类、交通和通信类、娱乐教育文化用品及服务类和居住类。有研究文章推测,我国目前CPI的样本权重为:食品类权重31.8%,烟酒及用品类3.5%,服装类8.5%,交通和通信类10%,医疗保健和个人用品类9.6%,家庭设备用品及服务类5.6%,娱乐教育文化用品及服务类13.7%,居住类17.3%。

CPI的样本和权重每逢基期可以调整。基期怎么确定呢?逢0和逢5的年份作为价格统计的基期,这与国际上也是一致的。因此上面预测的权重是2020前的。

CPI作为一篮子商品和服务的加权价格指数,记录和反映了通货膨胀。CPI为正值,表示物价上涨了,同样的钱买到的东西少了,民间俗称钱毛了。CPI为负值,则相反。

这么多年来,特别是2008年北京夏季奥运会后,民众对通货膨胀的感受比较强烈,CPI的表现却比较平稳,超过3%的月份很少——除了2019年下半年。这跟CPI的形成机制有一些关系。CPI报告的同比数值是相对于上年同期的,而民众感受针对的是一段时间,如果说CPI是单利的话,民众感受的则是复利,这是其一;其二,基期到来的样本及权重调整客观上会降低一些上涨较多物品和服务的权重,这可能系统性地减小了CPI的数值;其三,民众通常对涨价多的商品和服务记忆深刻,而对降价的如通信服务等选择性忽视,对于这方面可通过行为金融学的心理账户理论加以解释。

民众关于钱毛了的感受还与CPI篮子样本的选择有关。CPI反映民众衣食住行的基本生活需求。关于住,篮子里是房租而不是房价,房租只是居住类中较小的一部分,其权重比较有限。这与我国民众家庭支出结构有较大的差异。住房价格不断上涨与民众对于资金购买力下降的感受是一致的。顺便说一句,在一些发达国家比如美国,目前租金在CPI篮子中的权重占比超过30%。

CPI样本中食品类权重最高,这体现了"民以食为天"的传统观念。有研究称,猪肉作为食品类商品,其占食品类的权重为7%～10%。将猪肉作为单独的类别放入CPI的篮子,其权重在2.2%～3%(如图10-4所示)。CPI篮子里的商品和服务中,猪肉价格的波动最大,便宜时7元/斤,最贵时超过40元/斤。如果波动发生在相邻年份,仅是猪肉价格对CPI的影响就要超过10%。因此有人戏谑地称我国的CPI是"猪指数"。

第十章 基本的宏观知识

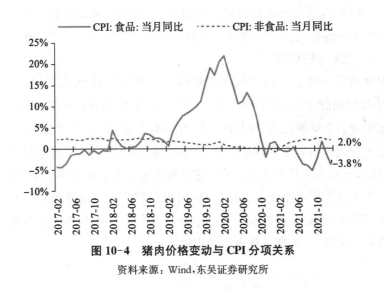

图 10-4 猪肉价格变动与 CPI 分项关系

资料来源：Wind，东吴证券研究所

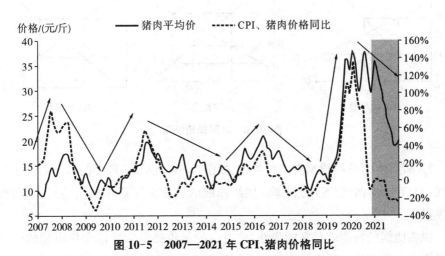

图 10-5 2007—2021 年 CPI、猪肉价格同比

资料来源：万得资讯，中金公司研究部

猪肉价格的大幅上涨会扯动普通百姓早已绷紧的神经，给当前的民生工作带来严峻的挑战。猪肉价格的大幅下滑会挫伤生猪养殖户的积极性，给未来的民生工作带来潜在的挑战。

猪肉价格很高时，电视上会出现领导人慰问城镇困难居民，关心他们的生活疾苦，送去全国人民的温暖的新闻；猪肉价格很低时，电视上也会出现领导人慰问养猪专业户，关心他们的生存困难，送去全国人民的温暖的新闻。全国上下经常为猪价所困扰。我们能上天能下海，我们为什么驯服不了一头猪？

113

图 10-5 显示,猪价波动有明显的周期,每个周期内波动的幅度有所不同。猪价的周期性波动特征与其他周期性行业有所不同。经济学家找到了猪价周期性变动的规律,那就是"蛛网理论"。

蛛网理论是一种引入时间因素考察价格和产量均衡状态变动过程的理论,1930 年由美国的舒尔茨、意大利的里西和荷兰的丁伯根各自提出。1934 年,经英国的卡尔多定名为蛛网理论,这是因为均衡变动过程反映在二维坐标图上,其形如蛛网。这一理论的内容是考察某些商品,特别是农产品的价格波动对下个周期产量的影响时,所发生的均衡变动情况。它的假定前提是:在完全竞争条件下,单个厂商及个人都认为无法改变商品的价格,只能影响产量。这种商品需要较长的时间才能生产出来,而在生产过程中(在该生产周期内)生产规模无法改变。本期市价由本期需求量决定,本期产量由上期市价决定。

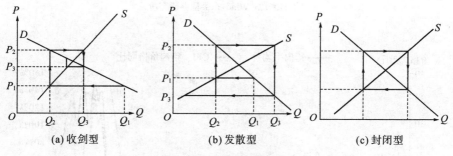

图 10-6 蛛网理论模型

经济活动中,蛛网模型有三种类型(如图 10-6 所示)。图形的形态取决于需求曲线(D)和供给曲线(S)的斜率。供给曲线的斜率大于需求曲线的斜率,图形就会发散。

供需曲线的斜率就是它的弹性,它对应的是价格发生单位变化引起的供应量或是需求量的变化。我国民众每年大约消费 6 000 万吨猪肉,每年增长低个位数。平均到每个人,大概一天 2 两。猪价涨多了,大家会少吃点猪肉,多吃点鸡肉、鱼肉等,这在经济学中被叫作替代效应。不过总量上替代有限,我国每年消费的猪肉受价格影响有限,猪肉需求曲线的弹性小。猪肉的供给曲线则不同,特别是在过去以散养为主的时期,往往是今年猪价涨得多,明年就多养一头。生猪跟猪肉不同,猪肉按斤卖,生猪按头养。本来基数就小,加一头后增长比例可不小。由点及面,生猪的供应增加得快,就是说生猪的供给曲线弹性大。有人会说现在散养少了,大规模养殖的多了,情况已经不同。然而大规模养殖决定是否扩产的机制并没有改变,需要扩产时增加的是一个养殖场而不仅是几头猪。

猪肉的蛛网模型注定是发散型的,"猪指数"的困惑将一直存在,除非我们大家一起听从中泰证券研究所李迅雷先生的号召,"少吃猪肉多睡觉",将猪肉从我们的餐盘中减少减少再减少。

三、PPI

生产价格指数(PPI)是反映全部工业产品出厂价格总水平的变动趋势和程度的相对数,包括工业企业售给本企业以外所有单位的各种产品和直接售给居民用于生活消费的产品。样本包括上游原材料及资本品组成的生产资料和以消费品为主的生活资料,生活资料在PPI中权重较低(如图10-7所示)。

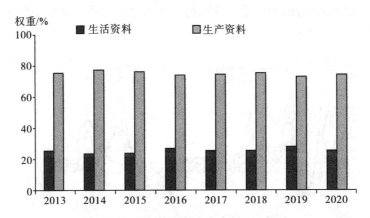

图 10-7 生活资料与生产资料 PPI 权重

资料来源:万得资讯,中金公司研究部

从历史数据看,全部工业品 PPI 主要由生产资料价格走势驱动(如图10-8所示)。

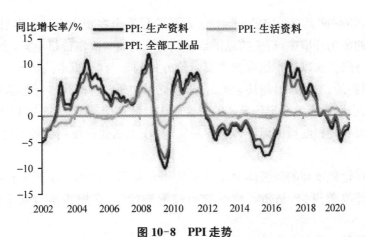

图 10-8 PPI 走势

资料来源:万得资讯,中金公司研究部

PPI是工业企业的产品销售价格,PPI为正值表明企业出厂价比上年度高,企业的销售收入和利润通常也会增长;相反,如果PPI为负值,工业企业的利润通常受到压制。

我们在以前强调过,价格是观察行业景气程度的最好指标,PPI作为工业企业的汇总价格,是观察整体工业企业利润走向非常重要的工具。经济活动中通常不会出现所有的行业价格走势一致的情况,有行业上涨的同时也会有行业下跌;有的行业涨得快,有的行业涨得慢;有的行业涨得多,有的行业涨得少。经济学家研究发现,有一些行业在整体工业企业的价格走势预测中具备一定的领先性。从历史数据看,原油、有色金属、黑色金属等大宗商品的价格走势与生产资料PPI大致相同且具有一定的领先性,原因是上游原材料和冶炼加工业波动较下游生产资料更大、且有传导过程(如图10-9所示)。

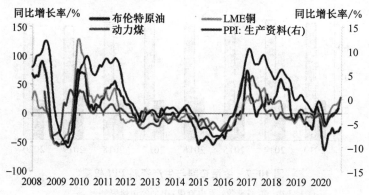

图10-9 大宗商品价格及生产资料PPI的同比增长率
资料来源:万得资讯,中金公司研究部

PPI样本之间具有一定的传导性。这种传导能力在卖方市场更容易实现。在竞争激烈的市场环境中,行业的总供给与总需求的缺口决定价格走向,企业的成本变化影响有限。在以成本加成为主要定价方式的行业里,成本的传导是自然而然的,也是顺畅的。一般的,越接近上游,采用成本加成定价模式的行业越多;越接近下游,采用市场供需关系定价模式的行业越多。从这个意义上讲,PPI向CPI传导的能力在市场化程度低的经济体里容易实现,在市场化程度高的经济体里比较难以实现。

在市场化程度高的经济体中,PPI对货币政策影响较小。在PPI上升期,上游行业的业绩改善得快,估值不会受货币政策的抑制,在股价上行期上涨幅度会较大。

传统教科书用PPI和CPI分别代表经济体的成本和收入,将PPI与CPI的差值叫作剪刀差,认为剪刀差为正值则利润受损,反之则利润受益。我国的经济活动并不支持这个结论。有一个时间段出现了恰恰相反的情况:PPI 减 CPI 之差已从 2015 年 12 月的 -7.5 个百分点大幅上升至 2017 年 1 月的 4.4 个百分点,利润似乎应该受损,但实际情况却恰恰相反。

实证分析表明,PPI 以及(PPI - CPI)均与工业企业的利润增速和利润率呈显著的正相关关系。中国的经济周期的边际变化主要来自投资和出口需求的变化。PPI 并非仅仅反映生产成本的变化——PPI 上升通常表明景气上升、投资需求和外需走强。事实上,下游产成品价格在 PPI 总权重中占近三分之二。历史经验表明,由于需求走强往往能够加强工业企业的定价能力,PPI 与投资增速和工业产量变化呈显著正相关。

诚然,当经济处于周期性拐点时,上游和中游行业的盈利对需求变化最为敏感,行业的盈利增速变幻莫测、难以把控。不过在远离拐点的时候,当 PPI 保持高位时,即在投资和出口需求引擎均较为强劲的宏观环境下,下游行业的盈利增速也会加快。值得注意的是,工业企业的收入增速和利润率的变动方向往往趋同,这主要是由于产出的上升会推高企业的产能利用率(即经营杠杆上升)。同时,在较为强劲的需求环境下,企业的运营效率较高,表现为各种周转率比历史平均水平有显著的上升。

PPI 是衡量中国可贸易部门价格的一个较好指标,对普通投资者把握证券投资也有较高的参考价值。

四、PMI

宏观经济指标中,PMI 是领先指标。因为领先,所以更值得大家关注。

PMI 指数的英文全称为 Purchasing Managers' Index,中文意思是采购经理人指数。它是通过对企业的采购经理的月度调查汇总出来的指数,能够反映经济的变化趋势。

PMI 是一套月度发布的、综合性的经济监测指标体系,在我国分为制造业 PMI、服务业 PMI。

PMI 指数 50% 为荣枯分水线。综合指数高于 50%,表示整个制造业或服务业在扩张,数值越高,扩张得越强烈。低于 50% 是制造业或服务业在收缩的信号,数值越低,收缩得越厉害。

在数据处理上,采用国际通行做法,即单个指数采用扩散指数方法,综合指数采用加权综合指数方法。

PMI 指数是经济监测的先行指标。由于采取快速、简便的调查方法,每月发布一次,在时间上大大早于其他官方数据。在 PMI 基础之上发布的商务报告,是所有宏观经济序列数据中滞后期最短的报告之一。根据美国专家的分析，PMI指数与GDP具有高度相关性，且其转折点往往领先于GDP几个月。在过去40多年里，美国制造业PMI的峰值可领先商业高潮6个月以上，领先商业低潮也有数月。制造业PMI与工业增加值IP的相关性非常高，在公布时间上PMI要提前1个月，从这个角度看，PMI是经济活动的领先指标。

1. 制造业PMI

单个指数的计算涉及生产量、产品订货、出口订货、现有订货、产成品库存、采购量、进口、购进价格、主要原材料库存、生产经营人员、供应商配送时间等11个问题，在此基础上构建5个扩散指数，即产品订货（简称订单）、生产量（简称生产）、生产经营人员（简称雇员）、供应商配送时间（简称配送）、主要原材料库存（简称存货）。

制造业PMI是一个综合指数，由上述5个扩散指数加权而成（如图10-10所示），其中供应商配送时间是逆指标。各指数的权重分别是：订单30%，生产25%，雇员20%，配送15%，存货10%。计算公式如下：

$$PMI = 订单 \times 30\% + 生产 \times 25\% + 雇员 \times 20\% + (1 - 配送) \times 15\% + 存货 \times 10\%$$

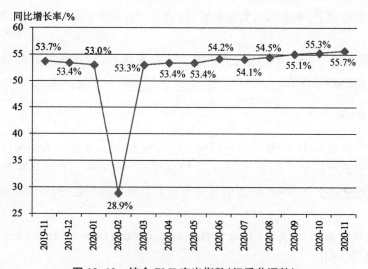

图10-10 综合PMI产出指数（经季节调整）

注：50%表示与上月比较无变化。

2. 服务业PMI

指标体系包括商业活动、新订单、新出口订单、在手订单、存货、投入品价格、销售价格、从业人员、供应商配送时间、业务活动预期等10个分类指数。分类指数计算公式如下：

分类指数＝"增加"选项的百分比＋"持平"选项的百分比×0.5

和制造业一样，非制造业供应商配送时间指数是逆指数。

非制造业不使用综合 PMI，通常用商务活动指数代指非制造业 PMI（如图 10-11 所示）。

图 10-11　服务业 PMI

3. 官方制造业 PMI 和财新 PMI

官方制造业 PMI 由国家统计局编制。

财新 PMI 由市场调查机构 IHS Markit 编制、财新传媒冠名。2015 年 8 月之前由汇丰冠名，因此以前被称为汇丰 PMI。

官方制造业 PMI 的样本企业以大、中型的央企和国企为主，小型企业的比例较低。而财新 PMI 以中小企业居多，而且都是民企。从图 10-12 中可以看出两种 PMI 有明显的差异，特别是制造业 PMI。

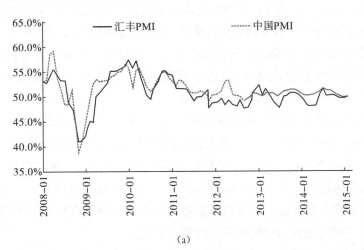

(a)

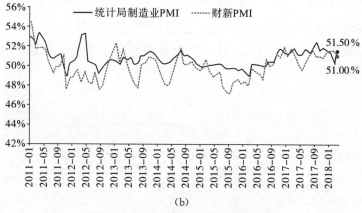

(b)

图 10-12 官方制造业 PMI 与财新 PMI

五、广义货币 M2

货币是经济生活中非常重要的概念。货币贯穿宏观经济研究的每一个环节，以至于宏观经济学又被称为货币理论。顺便提一下，微观经济学又被称为价格理论，缘于价格在微观经济活动中的突出地位。

当货币采取有内在价值的商品形式时，它被称为商品货币。我国历史上用过很多商品货币，其中铜钱、银锭使用最为广泛，五铢钱和散碎银子使用年代久远。

没有内在价值的由政府法令规定的货币叫作法定货币，如人民币、美元、欧元等。现在人们所说的货币通常就是法定货币。

还有一种没有内在价值的货币是比特币。比特币已经逐渐融入某些经济生活。我们暂不将其纳入货币的范畴，就像孔子说的"六合之外，存而不论"。

货币在经济中有三种职能：交换媒介、计价单位和价值储存手段。

货币的流通中最重要的角色是商业银行。我国实行存款准备金制度，经过商业银行流通的货币量会成倍放大，这个过程叫作货币创造，这个倍数叫作货币乘数。理论上货币倍数是存款准备金的倒数。

商业银行的货币创造形成了货币供应量，按照货币存在的形式可分为狭义货币供应量和广义货币供应量等。货币存在的形式又叫货币的层次，分为：现金（又叫通货）、活期存款、现金理财、定期存款、储蓄存款、证券公司客户保证金、金融债券、大额定期存款等。其中现金加活期存款构成狭义货币供应量 M1，M1 加上定期存款、储蓄存款和证券公司客户保证金构成广义货币供应量 M2（如图 10-13）。M2 包括了一切可能成为现实购买力的货币形式。

货币供应量与通货膨胀和经济增长的关系是宏观经济的核心问题，也是社会

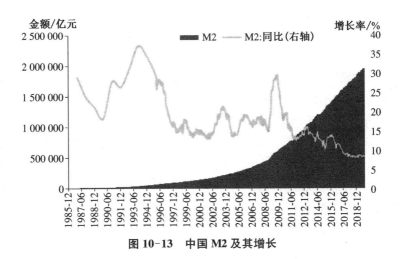

图 10-13 中国 M2 及其增长

方方面面关注的重点。

1. 货币供应量与通货膨胀

自从人类使用货币——无论是商品货币还是法定货币——通货膨胀就不时会出现。影响最为深远的恶性通货膨胀发生在王莽新朝时期以及国民党政府溃败前。

研究表明,通货膨胀跟货币供应量的过快增长有关系。但不同发展阶段,两者的关系有所不同。早在 19 世纪西方一些经济学家就提出了货币数量论,20 世纪中叶特别是美国陷入滞涨期后西方经济学家提出了一些新的理论,以货币主义的观点最为突出。

货币数量论的核心为数量方程式:

$$M \times V = P \times Y$$

其中,M 为货币数量,即货币投放量,是个累计数值;V 为货币流动速度,指货币在不同经济活动参与者手中流动的速度,也就是每年有多少次要用于支付新生产的物品和服务;P 为社会总价格水平;Y 为新生产的物品和服务,也就是GDP。

货币流动速度受居民的货币收入水平和支出结构变化、经济产业结构及生产专业化状况、金融市场发达状况、财务及结算制度等的影响,还会受到消费者对经济形势的预期和对信用货币的信任程度等心理因素的影响。这些因素大多是长期的,短期的变化较小。实证表明短期货币流动速度基本稳定。

货币数量论解释通货膨胀发生的机理:

(1) 货币流动速度基本稳定;

(2) 货币投放量增加时,必然引起方程右边的同比例增加。Y 是 GDP,是数量表现。$P \times Y$ 就是 GDP 的价值表现，经济学上称为名义 GDP，不冠以名义的 GDP 就是真实 GDP。

(3) GDP 是经济体物品和服务产量，主要由要素供给和技术使用决定，其中要素包括劳动、物质资本、人力资本和自然资源。一个经济体的要素供给是可以比较准确地预测的，预测出的 GDP 被称为潜在 GDP，与潜在 GDP 相适应的货币供应量的部分调整已经在预期之中。

(4) 剔除正常的只会因潜在 GDP 调整后的货币供应量增加导致的名义 GDP 的变化，将同比例地抬高价格水平，引起通胀的升高。货币投放不影响产出，只会影响价格，经济学称这种现象为货币中性。

货币数量论完美地解释了通货膨胀的成因，且找到了导致通货膨胀的元凶——货币投放量过多。通货膨胀归根结底是一种货币现象。货币数量论是古典经济学中影响深远的理论之一。

古典经济学看上去是完美的经济学（至少在当时）。生产出的物品和服务在看不见的手的指引下走进了千家万户，供给和需求完美地匹配，此时市场处于瓦尔拉斯均衡，生产要素没有丝毫的浪费，消费者的效用逐一得到实现。经济活动达到了帕累托最优，难以改进，即使一丝一毫也不行。

2. 货币供应量与经济增长

1900 年，热力学之父、开尔文男爵威廉·汤姆森在演讲中慷慨激昂地说了这么一句话："物理学的大厦已经基本建立，除了两朵乌云，未来的物理学家只需要做些修修补补的工作就行了。"当时的经济学大厦似乎也基本建立，甚至都不需要修修补补了。

汤姆森口中"物理学美丽而晴朗的天空上的两朵乌云"后来最终导致了整栋大厦的崩塌。几乎在物理学的两朵乌云逐步笼罩物理学天空的同时，经济学的天空中也飘来两朵乌云：一朵是储蓄，一朵是大萧条。

随着经济的发展，有相当部分人的收入不需要全部用于消费，多出的这部分收入成为储蓄。储蓄对瓦尔拉斯的均衡理论的影响是全方位的。一方面储蓄造成了需求降低，另一方面储蓄通过银行等金融机构以贷款的方式发放给企业，企业用贷到的款投资增加了供给，供过于求达成的市场均衡注定是不"完美"的。不幸的是，由于同样的理由，新的均衡很快又被打破，不停循环。

如果说储蓄是天边的乌云，那么大萧条就是头顶天空的黑云。乌云过后接着也许是阳光灿烂，黑云当空过后一定会大雨滂沱。席卷全球的大萧条就是这场大雨。

大萧条是指 1929 年至 1933 年之间全球性的经济大衰退。大萧条是第二次世界大战前最为严重的世界性经济衰退。大萧条的开始时间依国家的不同而不同，

第十章　基本的宏观知识

但绝大多数开始于1930年,持续到30年代末,甚至是40年代末。大萧条是20世纪持续时间最长、影响最广、强度最大的经济衰退。

大萧条从美国开始,以1929年10月24日的股市下跌开始,到10月29日发展成1929年华尔街股灾,并席卷了全世界。大萧条给发达国家和发展中国家都带来了毁灭性打击。人均收入、税收、盈利、价格全面下挫,国际贸易锐减50%,美国失业率飙升到25%,有的国家失业率甚至达到了33%。

全世界各大主要城市全部遭到重创,特别是依赖重工业的地区。许多国家的建筑工程在实际上无法进行。农产品价格下降约60%,重击农业。由于没有可替代的工种,第一产业中的经济作物、采矿、伐木等部门受到的打击最为沉重。有的经济体在30年代中期开始恢复。大多数国家直到二战结束后才喘过气来。

走出大萧条靠的是罗斯福新政,主要策略是增加政府对经济直接或间接干预的方式,这大大缓解了大萧条所带来的经济危机与社会矛盾。加大政府财政支出,大力兴建公共工程,改善总需求;整顿银行与金融系,下令银行休业整顿,逐步恢复银行的信用,并放弃金本位制,使美元贬值以刺激出口,进一步改善总需求。

大萧条后凯恩斯理论占据了经济学的"C位"。凯恩斯理论与古典主义的根本不同在于政府的作用以及货币是否中性。

货币是否中性?不完全是。一斤从16两变成10两从长期来看并没有关系,但在短期内肯定会引起混乱和各种错误。同样,多数经济学家现在相信,在短期内,货币变动对产出是有影响的。在不同古典经济学时代,储蓄的存在彻底改变了经济和金融环境,储蓄必须经过中介机构才能进入企业,作为金融中介机构的商业银行出于风险管控和收益追求的考量选择相应的企业作为贷款客户,注定有些真正需要资金的企业贷不到款(这个问题现在依然存在,我国不少中小企业存在"贷款难、贷款贵"的现象)。这些无法贷到款的企业的生产能力肯定受到抑制,反过来说,如果这些企业及时贷到款,它们的生产能力就会增加。货币的增加导致产出增长,货币非中性。

然而古典经济学中的货币中性对长期经济而言无疑是正确的。

货币是否中性,应了弗里德曼的那句名言:"货币开始可能是蜜,但长期一定是水。"

凯恩斯主义是政府介入经济活动的通行证,货币非中性让各国央行的KPI中加上了"促进经济增长"。经济活动中在市场看不见的手与政府看得见的手之外又多了一只手——扒手。这是只为所有普通老百姓所痛恨的手,它偷走了你的钱,用一种隐形的办法:通货膨胀税。

如图10-14所示,单位GDP的货币供应量M2从30年前不足1上升到2以上,基本可以认为货币的购买力明显下降。

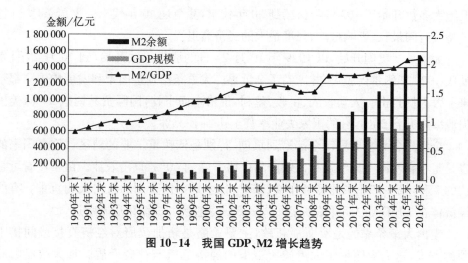

图 10-14 我国 GDP、M2 增长趋势

六、两会政府报告

全世界没有一个政府对经济增长的使命感超过中国政府。在经济增长的令旗指挥下,各地政府仿佛是一个个鼓足干劲的企业,动用全部资源全速推动当地经济的发展。有钱的花钱,没钱的卖地;有债的还旧借新,没债的跑步借债;地区的 GDP 锦标赛竞争激烈,场上场下无所不用其极。中央各部委门前车水马龙,管钱的、管项目的、管上市的炙手可热,管人的、管政策的、管资源的烜赫一时。中央政府的财政政策总是积极的财政政策,央行的货币政策总是审慎的货币政策。

通常,我国两会都会确定当年经济社会发展主要预期目标。下面所列为 2021 年的预期目标:

(1) 国内生产总值增长在 6% 以上;

(2) 城镇新增就业 1 100 万,城镇调查失业率在 5.5% 左右;

(3) CPI 涨幅在 3% 左右;

(4) 进出口量稳质升,国际收支基本平衡;

(5) 居民收入增长;

(6) 生态环境质量进一步改善,单位 GDP 能耗下降在 3% 左右;

(7) 粮食产量保持在 1.3 万亿斤以上。

【重点和解读】

(1) GDP 增长率无疑是重要的,在地方政府 KPI 考核目标中权重最大——尽管不会明说。大多能实现,要素投入还有空间,技术进步也有空间。实在不行就砸钱,尽管单要素投入边际产出递减(如图 10-15 所示),这样的产出不划算、不经济,但 GDP 会增长,只不过钱花多了。

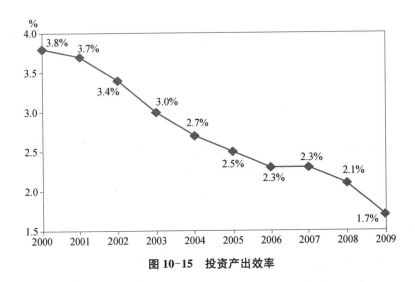

图 10-15　投资产出效率

(2) CPI 增幅。2021 年 CPI 管理的压力在上半年,主要原因在于食品价格上涨,其中以猪肉价格高企的翘尾因素为"急所"①。整体而言,由于我国仍然处在工业化阶段,大多数商品已经别了短缺时期,不少商品供过于求,缺乏系统性价格上涨的基础。

(3) 进出口提质。2020 年我国的全球进口份额达到历史最高点(如图 10-16 所示)。我国政府对出口似乎缺乏自信,直到现在还保留了出口退税政策,担心出口下滑了、总需求不稳定了、经济增长停滞了、就业成问题了、民工返乡了,等等。其实我国出口竞争力已经具有系统性优势,而且还在加强,主要原因是我国拥有全世界最完整的产业链以及国际制造业的研发能力开始向我国转移等。未来较长一段时间内,我国出口的竞争优势难以被撼动,即使面临复杂的国际贸易环境。

(4) 2020 年中国提出 2030 年"碳达峰"和 2060 年"碳中和"的目标,这是我国政府对世界人民的庄严承诺,是党中央具有极其重大意义的战略决策。2021 年成为中国加快实现碳排放达峰的元年。中国将以新发展理念为引领,在推动高质量发展中促进经济社会发展全面绿色转型,通过四个十年专项行动计划、八个五年规划落实并实现碳中和目标,为全球应对气候变化做出更大的绿色贡献。

---

① 围棋术语,指棋局中对于攻守双方都至关重要的那些点。

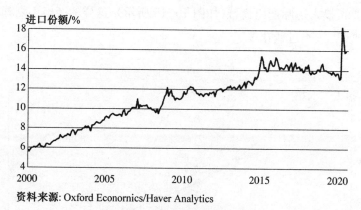

图 10-16 中国全球进口份额

资料来源：Oxford Econornics/Haver Analytics

七、结语

了解点宏观经济无疑是有益的,准确理解我国宏观经济更有意义。掌握宏观经济有关知识既可以帮助我们认清行业状况,为行业分析奠定相对清晰的外部环境,也可以帮助我们把握上市公司的竞争优势,提高上市公司经营业绩的预测精度。更为重要的是,宏观经济发展状况决定货币政策走向,我国货币政策对资本市场的影响较大,体现在上市公司估值基础的变化上。

第十一章 如何研究行业

如果研究公司而不研究行业就会只见树木不见森林；先研究行业再研究公司就可以窥一斑而知全豹。行业是所有公司按产品或服务划分出的一个个集合，每一个集合都由若干的公司组成，这些公司生产同样的产品或提供同样的服务，这些公司规模有大有小，地域天南海北，成立的时间有长有短，它们的客户有可能交叉，它们的供应商有可能重叠，作为一个个独立存在的个体一起构成了行业的高矮胖瘦，塑造了行业的音容笑貌，打造了行业与众不同的特征。于是行业的成长轨迹、行业的景气变动、行业的兴衰存亡便鲜活起来。作为群体的集合，其庞大的样本量为发现行业的运行规律提供了基础，几乎所有的行业景气度都会呈现出周期性波动规律，这对指导企业生产经营管理起到了前瞻性作用。投资者通过提炼行业的演变规律，结合行业的生态环境，可以合理预判行业的未来发展，发现相关公司的投资机会。

一、行业现状

认识行业的现状是研究行业的基本出发点。弄清行业处在生命周期的哪个阶段以及行业处于景气周期的哪个区间无疑是认识行业现状最重要的两项工作。

(一) 认清所处的发展阶段

1. 行业生命周期

行业的生命周期指行业从出现到完全退出社会经济活动所经历的发展阶段。借鉴人类的生命周期划分：儿童期、少年期、成熟期和衰老期，行业的生命发展周期主要包括四个发展阶段：幼稚期、成长期、成熟期和衰退期。其中成熟期可划分为成熟前期和成熟后期。在成熟前期，几乎所有行业都具有类似 S 形的生长曲线，而在成熟后期则大致分为两种类型：第一种类型是行业长期处于成熟期，甚至不向衰退期过渡；第二种类型是行业较快地进入衰退期，从而成为迅速衰退的行业。

识别行业生命周期所处阶段的主要指标有：行业集中度、市场增长率、需求增长率、竞争者数量、进入壁垒及退出壁垒、技术革新等。处于不同生命周期阶段的行业特征不同。

（1）幼稚期

这一时期的市场增长率较高,需求增长较快,企业主要致力于开发新用户以快速占领市场。新技术在使用上有很大的不一致性;供应链初步建立,缺乏稳定性;价值链晦暗不明,难以预期。企业对行业特点、行业竞争状况、用户特点等方面的信息掌握不多。行业集中度高但不稳定,企业退出成本不高,行业进入壁垒较低。

（2）成长期

这一时期的市场增长率很高,需求高速增长,技术路径基本定型,竞争者数量增多,行业特点、行业竞争状况及用户特点已比较明朗。供应链基本建立,集中度稳步提高,行业进入壁垒提高,对外部资本吸引力最大。

（3）成熟期

这一时期的市场增长率不高,需求增长率不高,技术上已经成熟,供应链完全成熟,价值链清晰稳定。行业特点、行业竞争状况及用户特点一目了然,新产品和产品的新用途开发困难。集中度较高,竞争格局形成且稳定,行业对外部资本吸引力下降,进入壁垒很高。

（4）衰退期

这一时期的市场经常出现负增长,需求不时出现下降的情况,行业内企业渐次退出,除了收购兼并不会有新加入者。有四种类型的衰退,分别是:① 资源型衰退,即由于生产所依赖的资源的枯竭所导致的衰退,比如长江捕捞业。② 效率型衰退,即由于效率低下的比较劣势而引起的行业衰退,比如20世纪90年代的DVD制造业。③ 收入低弹性衰退,即因需求的收入弹性较低而衰退的行业,比如盗版录像片。④ 聚集过度性衰退,即由于经济过度聚集的弊端而引起的行业衰退,比如纺织业。

通过上面的特征,可以判断大部分行业的生命周期处于哪一阶段。但运用时要结合宏观经济周期性变化,剥离行业周期波动对行业运行结果的影响。需要提醒的是,行业集中度作为观察行业生命周期的重要指标,其作用是不可低估的,但其演变有时呈现由集中到分散,有时呈现由分散到集中,尤其在技术革新的窗口期。

2. 渗透率

经济学上讲的渗透率是指市场上当前实现的需求和潜在的需求的比率。在行业的生命周期内,渗透率通常呈现出比较明显的波动特征。幼稚期内行业潜在的需求不高,由于产能和产品稳定性等因素的影响,行业能满足需求的产量有限,从指标的公式可以得出,作为分子的销售量和作为分母的潜在需求都较小而且难以确定,这时的渗透率会表现出较大幅度的变动,相邻年度的数值差距很大。行业进入成长期,市场需求的预期比较稳定,而且预测的准确性较高,行业渗透率会逐年爬升,这个时期是行业最省心的时刻,行业内的企业都只争朝夕、大干快上,增加产能和提高产量是企业的中心任务。渗透率达到100%是行业走过成长期进入成熟期的标志,企业的烦恼从供应跟不上变成东西卖不掉,行业从供给不足变成供给过剩,产品从供不应求变成供过于求。企业的资源配置从生产领域转向销售领域,每年年终考评的优秀员工大多数出自销售部门和研发部门:推销解决了眼前的压力,新品解决了以后的压力。成熟期内行业渗透率会一直维持在很高的水平。衰退期内渗透率有时会下降,那是因为有些产能退出,或者较长时间段产能不再增加。需求如果阶段性地缓慢增长,不排除渗透率在短期较快地下滑,这个时期行业的主要看点是产能的收缩和出清,政府如果推出相关的产能管理政策会加快产能出清的步伐。2014年我国着手供给侧改革,颁布的《部分产能严重过剩行业产能置换实施办法》加快了钢铁、电解铝、水泥、平板玻璃行业的产能出清。2021年光伏行业继续保持的高景气度拉动了平板玻璃行业的需求,平板玻璃行业出现了供不应求的局面,行业渗透率快速下降。

3. 技术应用

行业的技术应用对行业发展轨迹的影响是巨大的,一个行业的技术应用一般会经过一致到分歧再到一致的过程。行业初创时期,某种技术的采用往往是居功至伟的,无数行业的痛点是如何用相对可以接受的成本路径生产出客户需要的产品。伴随着市场的繁荣和竞争的要求,企业特别是新进入的企业会将焦点放在降低成本上,会有众多企业采用新技术路线,如果这种技术确实可以带来企业成本的下降的话。靠新技术成功上位的企业是潜在进入者的榜样,潜在进入者在资本的推动下会带来新的技术。这时候行业内技术应用多姿多彩,优势企业各领风骚。不同的技术一定在相似的产品上显露出差异性,客户会对这种差异性进行投票,那些被客户用脚投票的技术逐渐被淘汰,留下的技术应用将成为行业的标准,伴随行业走过成长期、走过成熟期、走进衰退期——如果没有特别重大的技术革新颠覆和改造这个行业的话。

我们通过观察行业的技术应用,可以判断行业所处的发展阶段,当然这种判断是粗线条的,是较长时间段的、较大区间的。

需要强调一下,行业的发展与技术应用的嬗变没有必然的联系,有时候技术应用的变更给行业发展带来较大的冲击,但稳定的技术并不一定保证行业稳定的发展。有些行业在商业应用后技术逐步迭代升级,从没有被新的技术所颠覆。稳定的技术应用未必带来行业稳定的发展,相反行业可能出现上天入地的巨幅波动,就像冰火两重天,比如互联网行业泡沫在2000年前的兴起及在2001年的破灭。

4. 产品创新

产品是行业的名片,产品创新是行业发展的推进剂。伴随着创新产品的迭代,行业的市场规模越来越大,社会影响越来越广,在国民经济中的地位越来越重要。

创新被个人和组织视为一种新颖的观念、实践或事物。创新扩散是指一种基本社会构建过程,在这个过程中,主观感受到的关于创新的信息被传播,创新的意义便逐渐显现。创新扩散理论按对新生事物接受度将人群分为五类:创新者、早期使用者、早期大众、晚期大众、落伍者。他们的占比分别为:2.5%、13.5%、34%、34%和16%。他们在试用新产品的态度上有明显的差别。每一产品领域都有先驱和早期采用者,在他们之后,越来越多的消费者开始采用该创新产品,随着落伍者成为产品的客户,销售达到高峰。

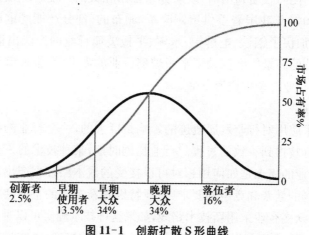

图 11-1　创新扩散 S 形曲线

创新扩散的传播过程可以用一条"S"形曲线来描述。在扩散的早期,采用者很少,进展速度也很慢;当采用者人数扩大到居民的 10%~25% 时,进展突然加快,曲线迅速上升并保持这一趋势,即所谓的"起飞期";在接近饱和点时,进展又会减缓(如图 11-1 所示)。

创新扩散总是借助一定的社会网络进行的,在创新向社会推广和扩散的过程中,信息技术能够有效地提供相关的知识和信息;但在说服人们接受和使用创新方面,人际交流则显得更为直接、有效。

通过产品创新扩散的人际交流,投资者可以观察产品的市场接受程度及市场接受阶段,进而判断行业的现状。处于成长期的行业在大多数时候有多种创新产品处于扩散过程,有的处于早期,有的处于起飞期,有的接近饱和点,此起彼伏,各自展现各自的精彩和辉煌。它们相互竞争,共同成长,推动行业发展。

(二)认识行业的周期特征

理论上所有的经济活动都是周期性波动的,根本原因在于人类的基本活动是不连续的,是周期性的,日常的衣食住行中没有一项不是如此。一日三餐如果分成早餐、午餐和晚餐的话,是以天为周期,如果不细分的话就是以小时为周期。衣服添置和废弃的周期较长,通常以季度为周期,不同人群的周期稍有不同,总体而言,年龄越大,周期越长。房屋的使用期限最长,周期也就最长。出行工具的周期一般以几年计。

所有个体物质和文化等经济生活构成了宏观经济,个体经济活动的周期性特性通过聚集、共振塑造了宏观经济的周期。宏观经济的周期表现为繁荣、衰退、萧条和复苏等几个阶段,这几个阶段依次地没有缺漏地交替出现,循环往复。这种周期循环的经济走势占据着人类历史的绝大多数时间,直到20世纪第二次世界大战后主要经济体开始奉行凯恩斯主义的宏观经济管理体系,政府通过增加"有效需求"改变了经济运行的历史轨迹。21世纪以来,一直坚持以控制通货膨胀为唯一目标的独立于政府的以美联储为代表的中央银行借拯救美国次贷危机及欧洲债务危机等之名而推出的量化宽松政策(QE)进一步模糊了西方宏观经济的周期性特征。

政府改变了宏观经济的周期,却改变不了人们的一日三餐。政府颁布影响行业的产业政策,却改变不了行业的周期特征。不受产业政策影响的行业不用赘述,自然沿着行业自身的规律周期循环,受到产业政策影响的行业通常是雨露均沾,改变的只是波动幅度和区间长度,改变不了周期的更替。从这个意义上讲,行业可以替代宏观经济成为观察经济波动的视角。

1. 景气周期

行业波动以行业中企业同时扩张和收缩为特征,持续时间不等。周期的定义建立在行业的市场规模增长率变化的基础上,指的是增长率上升和下降的交替过程。每一个周期都可以分为上升和下降两个阶段。上升阶段增长率持续升高,最高点称为顶峰,顶峰的前一段时期为繁荣期。然而顶峰也是行业由盛转衰的转折点,伴随增长率的下滑,行业首先进入下降阶段的衰退期。增长率下滑严重时行业出现负增长,进入萧条期,衰退的最低点称为谷底。谷底是行业由衰转盛的一个转折点,随着增长率由负转正,行业进入复苏期,进入上升阶段。行业从一个顶峰到另一个顶峰,或者从一个谷底到另一个谷底,就是一次完整的周期。完整的周期可以分为繁荣期、衰退期、萧条期和复苏期等四个阶段,每个时期的行业的市场活动和市场价值明显不同,整体表现出的景气程度大相径庭。

2. 景气度

行业景气度,又称为行业景气指数。行业景气度是通过定量方法整合汇总,反映一定经济范围内不同行业、不同大型企业的社会经济现象或者发展趋势的一种指标。

行业景气度以100为临界值,范围在0～200之间。景气度高于100表明行业处于景气扩张期,表示经济状态趋于上升或改善,此时行业景气度好;景气度低于100表明行业处于景气收缩期,表示经济状态趋于下降或恶化,此时行业景气度差。

在景气扩张期,市场销售增长加速、供需两旺、整体效益较高;在景气收缩期,市场销售增长滞缓、供求收缩、整体效益较差。

国务院发展研究中心(DRC)行业景气监测平台发布的行业景气监测报告是我们跟踪观察行业景气的重要途径。该行业景气监测体系涵盖了48个行业,嵌套多个模型和独立数据算法,是国内目前覆盖行业领域最广、最先实现按月度发布、率先实现行业间联动和网络化分析的景气体系。其发布的行业景气监测总报告是对整个行业景气状况的分析判断。报告围绕行业整体运行情况、行业景气传导与轮动特点、当期行业热点问题、重点行业运行、行业景气指数概览五方面展开。行业景气监测总报告每月定期发布。

3. 库存周期

对于强周期性行业,由于其供给具有连续生产的刚性,而需求具有季节性、间歇性、滞后性、惯性等波动性的特点,由供需缺口形成的库存(通常用工业企业产成品存货同比增速衡量)会随着需求的波动而呈现出短缺或过剩的高低波动循环的特征。一个完整的循环就称为库存周期。库存周期包括主动性补库存、被动性补库存、主动性去库存和被动性去库存等四个阶段。在这四个阶段里,行业的库存状况表现为短缺、过剩、过剩和短缺。在库存周期的四个阶段中,有两个时间段是供需关系对于商品价格最有利的阶段:一是主动补库存的早期,即企业刚刚开始扩产,但需求旺盛;二是被动去库存的阶段,即需求开始改善,而企业供给尚未增加。这两个阶段既是企业业绩改善最快之时,也是投资者预期较高之际,股票表现往往亮眼。

回顾我国经济在2020年之前的多轮库存周期,一轮完整的库存周期通常在40个月左右,从周期高点到周期低点的时间通常为12至20个月。不过自2011年以来,我国库存周期的波动幅度整体呈收缩态势,库存周期的高点呈逐年下降的走势,这表明随着经济结构转型的持续推进以及供给侧改革的持续深化,供需缺口逐渐收敛,因此库存周期体现出被"熨平"的现象。

二、竞争结构

如果说行业的状况是全貌,行业的结构就是内部企业的构成。行业内按企业的市场地位排序形成了领先的企业和落后的企业、头部企业和尾部企业、明星企业和一般企业等。领先的想百尺竿头更进一步,落后的想抓住机遇成功逆袭;头部的想成为龙头,尾部的希望成腰部;明星们不敢懈怠、担心掉粉,时时小心、如履薄冰,一般的必须努力,生怕被淘汰,处处谨慎、如临深渊。无时不在竞争中,无处不在竞争中,竞争是永恒的主题,竞争是不停的旋律,竞争是加速器,竞争是永动机。正是企业间从不妥协的竞争谱写了行业辉煌发展的篇章,构筑了人类商业文明的康庄大道。

(一) 结构与集中度

衡量行业竞争结果的指标有企业产能规模、企业资产总额、企业员工人数、企业销售收入、企业销售数量、企业利润水平和企业纳税总额等。在这些指标中销售收入占比无疑是最为重要的,销售收入占比分布形成行业的收入结构。

销售收入占比从大到小排成一个有关行业地位的数列,这个数列前 n 项之和构成行业集中度 CR_n 指数。

1. 集中度

行业集中度是指该行业的相关市场内前 n 家最大的企业所占市场份额的总和。例如,CR_4 是指排名前四的 4 家企业市场份额之和,同样,5 家企业集中度(CR_5)、8 家企业集中度(CR_8)均可以计算出来。CR_n 指数是以产业中最大的 n 家企业所占市场份额的累计数占整个产业市场的比例来表示的。设某产业的销售总额为 X,第 i 家企业的销售额为 X_i,则第 i 家企业的市场份额为:

$$S_i = X_i / X。$$

又设 CR_n 为该产业中最大的 n 家企业所占市场份额之和,则有:

$$CR_n = \sum_{i=1}^{n} S_i (i = 1, 2, \cdots, n)。$$

我国计算行业集中度时,多见 CR_3、CR_5、CR_{10},可能是数字习惯吧。国际上多见 CR_4 和 CR_8。

根据美国经济学家贝恩和日本通产省对行业集中度的划分标准,将产业市场结构粗分为寡占型($CR_8 \geqslant 40\%$)和竞争型($CR_8 < 40\%$)两类。其中,寡占型又细分为极高寡占型($CR_8 \geqslant 70\%$)和低集中寡占型($40\% \leqslant CR_8 < 70\%$);竞争型又细分为低集中竞争型($20\% \leqslant CR_8 < 40\%$)和分散竞争型($0 < CR_8 < 20\%$)。

集中度的缺点是它没有指出这个行业相关市场中正在运营和竞争的企业的总数。例如,同样高达 75% 的 CR_4 在两个行业中的份额却可能是不相同的,因为一个行业可能仅有几家企业而另一个行业则可能有许多企业。

2. 影响集中度的因素

影响行业集中度的因素主要有技术水平、政策环境和行业竞争等。

一般情况下,技术要求不高的行业,集中度往往较高。相对于其他因素,技术对行业的影响充满了不确定性,全要素生产率理论中技术对产出的影响在数学公式上是残差。技术水平稳定的行业中规模效应决定了长期竞争结果,规模越大的企业竞争优势越大,竞争优势越大行业占比就越大,因此行业集中度随着领先企业的做大做强变得越来越高。改革开放后我国经济的快速发展吸引着全球资本的投资,随着开放政策的吸引力增大特别是我国进入WTO后,跨国公司参与开发中国市场,加剧了产业内的竞争,这对行业集中度的影响是巨大的,对有些行业甚至是举足轻重的。一般的,外资进入初期,行业集中度可能有所下滑,但随着外资行业地位的提高,一些外资后来居上的行业的集中度会快速提高。在产业政策环境方面,地方政府采取的行政手段——比如补贴、免除所得税的地方留存部分——对一些产业给予的扶持,中央政府针对某些行业设置的发展鼓励或约束政策,对行业集中度具有一定的影响。示例如下:

国务院关于明确中央与地方所得税收入分享比例的通知

国发〔2003〕26号

各省、自治区、直辖市人民政府,国务院各部委、各直属机构:

　　所得税收入分享改革实施以来,中央与地方政府之间的分配关系得到了进一步规范,中央增加了对地方的一般性转移支付,地区间财力差距扩大的趋势有所减缓,改革初步达到了预期目标。为促进区域经济协调发展和深化改革,国务院决定,从2004年起,中央与地方所得税收入分享比例继续按中央分享60%、地方分享40%执行。

　　各地区、各部门要进一步完善财政分配体制,为促进经济社会全面、协调和可持续发展创造良好的环境。

国 务 院
二〇〇三年十一月十三日

3. 提高集中度的路径

领先企业加大投资、扩大产能、增加市场份额会提高行业的集中度。在正分数P/Q的分子和分母上同时加上一个相同的正数,则分数的值变大,这是个数学知识。这个知识在第三章中也出现过,在那里它增大了资产负债率。领先企业本来就在CR_n计算的企业样本中,它的产能扩大意味着给CR_n的分子和分母同时加上一个相同的正数。

市场激烈的竞争会淘汰许多落后的企业,可以使行业集中度有一定程度的提高。这也是个数学知识。落后企业都不在CR_n计算的企业样本中,它们的退出意味着行业总产能的减少,也就是CR_n计算的分母减小,而以领先企业为分子的数值不变,一个正分数在分子不变而分母减小时数值将变大。

企业之间的并购也可以促使行业集中度的提高。这还是个数学知识。这种情况有些复杂,需要分几种情形。情形一:并购是领先企业为收购公司对行业内小型目标公司的收购兼并,并购后行业总产能不变,领先企业的产能扩大,CR_n计算的分母不变,而以领先企业为分子的数值变大,一个正分数在分子变大而分母不变时数值将变大。情形二:并购是领先企业为收购公司以行业内另外一个领先企业为目标公司所进行的收购兼并,并购后行业总产能不变,CR_n是否变化取决于n的取值。n越小,CR_n变大的可能性就越大,因为并购后样本企业产能扩大的可能性变大;n较大时,领先企业的总产能不变,CR_n不变。情形三:小型企业之间的收购。如果收购公司进不了领先企业行列,CR_n不变;如果收购公司进入领先企业行列,CR_n变大,这是因为被收购公司替代的原来的领先公司的产能必定小于收购公司,CR_n计算的分母不变、分子变大,所以CR_n变大。

4. 集中度对行业利润的影响

一般来说,在集中度高的行业中,由于存在规模经济、进入壁垒和领先企业具有更高效率和更低的成本,行业的利润率会相对较高,这也被称为"集中度-利润率"假说。高集中度行业或集中度提升的行业中企业效益会比低集中度行业或集中度没有提升的行业更好。

2005年以来,我国工业行业集中度呈分化之势。31个工业行业中,化纤、汽车、运输设备、电气、仪器仪表、有色金属采选、非金属矿、化学原料、农副食品、服装服饰、家具等11个行业的集中度提高;煤炭开采、黑色金属冶炼、橡胶塑料、废资利用、纺织、食品、茶酒饮料、造纸等8个行业的集中度先降后升;黑色金属矿采选、金属制品、通用设备、专用设备、皮革制品、木材加工、印刷复制、文教工美、医药等9个行业的集中度有所下降;燃料加工、有色金属冶炼、计算机电子设备等3个行业的集中度较为稳定。

集中度提高使21个工业行业利润率上升。2005—2017年期间,集中度提高使有色金属采选、有色金属冶炼、煤炭开采、黑色金属冶炼、燃料加工、化纤、非金属矿等7个上游原材料行业利润率上升。值得注意的是,上述7个上游原材料行业的集中度、行业利润增速与上市公司平均ROE在2015年之后均明显上升,这主要是受2015年开始的供给侧结构性改革的影响。集中度提高使化学原料、通用设备、专用设备、计算机电子设备、运输设备、金属制品、汽车等7个中游资本品行业利润率上升。其中,2016年以来,以通用设备制造业、专业设备制造业以及计算机、通信与其他电子设备制造业为代表的高端装备制造业的行业利润增速明显回升;汽车制造业的集中度、行业利润增速与上市公司平均ROE则一直处于较高水平。集中度提高使造纸、皮革制品、印刷复制、文教工美、农副食品、医药、木材加工等7个下游消费品行业利润率上升。但是黑色金属采选、食品、废资利用、茶酒饮料、纺织、电气、仪器仪表、服装、家具、橡胶塑料等10个行业的"集中度-利润率"走

势不一致。(参考中信建投《行业集中度提高会带来利润率上升吗》)

一般而言,行业的集中程度越低,竞争越激烈,利润率越低。

(二)竞争格局

行业处于不同生命周期阶段,竞争的态势和竞争的激烈程度以及竞争的战略目标都是不一样的。

1. 几个阶段的竞争态势

行业处于成长期的基本特征表现为:商业模式基本确定,社会的接受度慢慢提高,领先企业的现金流开始改善,但技术不够成熟,缺乏完善的供应链,没有制定行业标准,产品的客户体验随意性大,对资本的需求很大。

成长期的竞争重点不在于日常的经营及产品的销售,而在于如何抢占行业制高点,在做大和做强的选择上优选做大,在做大的基础上争取做强。最好是发展出全面优势者,次之成为某种能力的绝对领先者,再次定位于行业跟随者,以做强为首先要义,成为利润较好者。处于成长期的行业蕴含很多股票市场投资机会,有机构投资者专门投资这类企业,取得不错的投资业绩,其策略是"新赛道中选黑马",这里的"新赛道"就是指处于成长期的行业。

领先企业要积极参与和塑造行业规则,推动和参与制定行业标准,引领行业发展。

优势企业着手在专有技术、分销渠道、关键部件的供应商、生产工艺等某个环节深耕,培养自身突出的能力或独特的合作关系。

跟随企业必须时刻提高自身的管理水平,紧跟行业龙头,平衡处理外部关系,实现盈利的逐步增长。

在这个阶段所有企业都必须集中资源,有条件的可以积极吸纳社会资本。

行业进入成熟期时增长变得缓慢,竞争成为行业最主要的关键词,企业有意或无意地尝试差异化经营。在盈利压力下企业必须加强内部管理,领先企业积极参与国际市场,企业间收购兼并不时出现。

成熟期的竞争战略是在保持行业地位的前提下争取位置前移。领先企业必须对外实行国际化经营战略,对内实行创新战略,开辟蓝海;优势企业必须实行产品差异化和成本领先战略;跟随企业坚持实行利润领先战略,不要轻易排斥其他企业发起的收购请求。

行业进入衰退期总体销售量不断下降,关键词为停滞和萎缩。行业在国民经济中的地位日渐下降,企业间价格战从未停息,从业者无不担心未来。

衰退期的竞争格局充满着变化,企业的不时退出和日益萎缩的需求从供需两方面影响着市场的均衡。商品的市场价格像落地的皮球,大部分时间在下坠,碰到地面后快速反弹,然后又下坠,再反弹,不同的是皮球反弹的高点一次比一次低。

而龙头公司股价可能在商品价格反弹过程中时有不错的表现,迎来一段时间的小阳春。有机构投资者喜爱投资这类企业,曾取得过不错的投资业绩,其策略是"旧赛道中选龙头"。这里的"旧赛道"是指成长期已过的行业。

领先企业没有选择,只能扛,只能熬,通过精细化的管理保证股东的分红。优势企业需要改变竞争战略,全局上主动回避竞争,不主动发起价格战,与领先企业采取竞合策略。其他企业比较现实的战略是卖掉自己,早卖早安身,早卖还能卖出个好价钱,等大家都在卖的时候,就卖不出个一文二文了。

2. 五力竞争模型

竞争不可避免,竞争无处不在。理论界关于企业如何竞争的研究一直是热门课题,各种学术观点充斥在经营管理者的会议讨论中,各种研究论文刊印在世界各地的杂志书籍上,各种理论模型流行于商业或非商业的教学里。这些观点、论文和模型以波特的五力竞争模型为最有名。

实际上所有企业都可以运用五力竞争模型分析自身所处的竞争态势,实践中大多数企业可以借鉴五力竞争模型制定竞争策略,其中最适合的是处于行业成熟期的优势企业。利用五力竞争模型,企业可以施行成本领先战略、差异化战略和专业化战略等竞争战略。

3. 竞争格局

行业处在快速增长的成长期,市场大多数时候供不应求,所有企业都能获得市场份额。企业的风险不是来自竞争,而是来自颠覆,颠覆通常缘于新技术的应用。行业颠覆是领先企业的灭顶之灾,先前投入的资源、赢得的市场地位、供应链合作关系、搭建的销售渠道一夜之间付之东流。摆在面前的只有两条路,要么跟昨日的辉煌说再见,做"侵略者"的小弟,忍辱负重、卧薪尝胆,学勾践企图东山再起,要么放下尊严,集中资源与"侵略者"以命相搏、一决雌雄,学项羽不惜自刎乌江。

在产能过剩的市场环境中,产品同质化倾向明显,行业竞争加剧,企业需要比拼运营管理能力,成本低的企业获得订单的可能性更大,效率低又没有创新产品的企业首先失去竞争力。这种局面如果较长时间没有改观,企业被市场淘汰的概率较大。

行业进入成熟期后市场相对平稳,竞争格局也就相对稳定,这种局面会维持相当时间。竞争格局通常有几种情形:

① 一家独大。如我国互联网搜索引擎行业的百度。

② 双寡头或多寡头。双寡头如我国空调行业的格力和美的,多寡头如通信服务的中国移动、中国电信和中国联通。

③ 轮流坐庄,"皇帝轮流做,明天到我家"。游戏行业一般是各领风骚数年,三

年不开张,开张吃三年。

④ 百花齐放。糕点业、鲜奶业等保质期短暂的行业,整合的难度大,收购的风险高、收益低,外部资本往往知难而退。行业一直保持百花齐放的低集中度模式。

三、规模空间

行业的规模空间是所有参与者最为关心的议题,是投资者关注行业的第一个切入点,是机构投资者为行业头部公司估值的重要参考,对投资实践有着举足轻重的作用。

规模空间的估计除了注重数量的空间,更要关注金额的规模,行业的成长在满足数量上的需求后通常随着结构的演变进入金额规模的扩张。随着我国劳动总人口数量在2012年见顶后逐年减少,可以观察到消费品大类中的方便面、啤酒、白酒等陆续达到总销量的最高值并逐级下降,但2015年白酒行业的销售总金额告别底部重新上升。

行业的空间需要从供给和需求两方面研究。供给和需求就像硬币的正反面,共同决定了行业的价值。有人说需求决定了行业的规模空间,供给则是为了满足需求的生产,殊不知古典经济学家萨伊讲过"供给决定需求",即使在今天我们仍然可以在某些行业某些时候观察到。

(一) 供给

1. 制度供给

经济学研究中强调制度供给的时间不长,制度经济学成为显学伴随着我国经济的腾飞(其中的关联不在这里讨论),不可否认的是我国经济发展的背后政府的作用是不可忽略的。政府作为制度供给的唯一主体,参与并引导了我国经济发展的方方面面。

制度供给是指制度供给者在给定的主观偏好、利益结构、理性水平、制度环境、技术条件等的约束下,通过特定的程序和渠道进行正式规则创新和设立的过程。

今天的全球竞争,很大程度上是制度环境的竞争。发达国家着重输出的已不只是技术、产品,而是法律、法规、政策、标准等行为规则。我国作为发展中国家在传统资源约束趋紧、粗放式发展难以为继的情况下,只有在释放制度红利上先人一拍,发展才能快人一步。谁的制度供给水平高,谁就更能吸引和集聚更高端的要素,谁就能掌握主动权和话语权。遗憾的是,目前不管发达国家还是发展中国家都存在制度供给不足的情况。

制度供给不足,是指制度的供给不能满足社会对新制度的需求从而导致制度真空的存在或低效制度不能被替代。在要素和产品相对价格等发生变动的情况下,制度变迁的需求曲线会右移,即产生对新制度服务的需求。但由于该制度实际供给的形成往往要经过一段时间,即美国经济学家诺思所说的制度供给"时滞",从而造成制度的暂时供给不足。制度的短期供给不足一般会随着制度的实际供给即制度的变迁而得到克服。至于制度短期供给不足到底会持续多长时间,这取决于制度变迁"时滞"的长短。

我国中央政府的产业政策是重要的制度供给。产业政策是国家制定的,是引导国家产业发展方向、引导推动产业结构升级、协调国家产业结构、使国民经济健康可持续发展的政策。产业政策主要通过制定国民经济计划(包括指令性计划和指导性计划)、产业结构调整计划、产业扶持计划、财政投融资、货币手段、项目审批等来实现。我国的产业政策的制定部门为国家发改委。

制度供给的变迁会改变企业的生产函数,从而影响行业的总供给。供给的变化除了直接影响行业的价格水平和行业的规模外,对行业结构的变化有时会起到至关重要的作用,甚至会颠覆行业的座次,造就业内中小企业的飞跃式发展,上演逆袭奇迹。

2. 生产要素

生产要素是指进行物质生产所必需的一切要素及其环境条件。生产要素决定生产量,所有企业的生产量构成供给的基础。生产要素包括劳动、土地、资本和企业家才能四大类。经济学里广泛使用柯布-道格拉斯生产函数,用作预测国家和地区的工业系统或大企业的生产和分析发展生产的途径。

一般情况下,生产函数是以要素为自变量、产出为因变量的函数:每个时期各种投入要素的使用量,与利用这些投入所能生产某种商品的最大数量之间的关系。生产函数表明了厂商所受到的技术约束。

$$Q = f(L, K, N, E)$$

式中,Q、L、K、N、E 分别代表产量、投入的劳动、资本、土地、企业家才能。其中 N 是固定的,E 难以估算,所以一般简化为,

$$Q = f(L、K)$$

柯布-道格拉斯生产函数表达式比较明确但比较复杂,有兴趣的读者请参阅相关介绍。

3. 产能

企业的生产函数决定了生产能力,行业内所有企业的生产能力之和构成行业的产能。

评价生产能力时需要注意出品的质量状况,通常以良品率作为产能计算的依据。良品率是工业企业竞争力的重要指标,高良品率是精密制造企业参与市场竞争、获得市场份额的不二法则,尤其是半导体产业。

大多数时候，企业的产能准备是留有余地的，这是由投资的前瞻性决定的。为了统计实际生产能力有多少在运转发挥生产作用，经济学引进了产能利用率这个概念。

产能利用率的公式为：

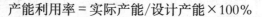
产能利用率＝实际产能/设计产能×100%

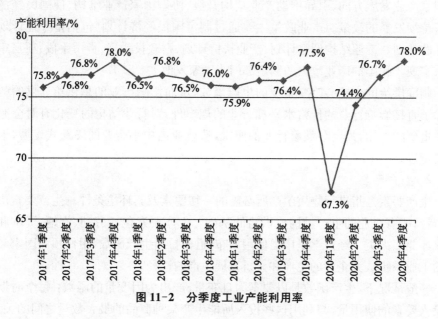

图11-2 分季度工业产能利用率

图11-2显示我国工业产能利用率的平均值在75%以上，这在全球属于比较高的水准。2020年前2个季度由于新冠疫情的冲击，产能利用率明显下滑。产能利用率过低会造成人员、生产设备的闲置及成本的浪费。产能利用率亦可评估产能扩充的需求程度，若产能利用率过高，可能表示产能有扩充的必要性，需拟定扩充计划，以免受限于固定产能而影响交期。

上市公司的大规模产能扩张计划通常都要募集资金。作为公开的融资方式，信息披露时会详尽介绍项目的目标产能、资金投入、盈利预测及内部收益率。有关信息在交易所网站上可以查找到。

企业按计划设计的产能有时候会因为某些条件的影响导致实际的生产能力无法达到计划的数值，故产能有设计产能和实际产能之分。对于上市公司而言，不能达产的设计产能不光意味着投资回报肯定低于预期，更为重要的是，如果将募集资金项目的完成当成一次考试的话，公司管理层的这次考试成绩是不合格的。我们观察评价管理层的经营管理能力时，需要坚持"听其言观其行"才能了解他们的真实面目。

(二) 需求

1. 客户

产品的需求是由客户决定的。客户购买的产品，要么是用来满足效用的消费品，要么是用作生产的原材料或是生产设备等生产资料。这些生产资料被客户投入生产活动中，其产成品再销售给它们的客户，它们的客户要么消费掉要么用来生产。产品从一个行业流动到另一个行业，就像水流从上游流向下游，参与生产和加工的这些行业通过各自的产品联系在一起，就像用链条连在一起的产业链。依据行业在产业链中的位置，可以将行业划分为上游采掘业、中游资本品制造业和下游消费品制造业。产业链中位置不同的行业有不同的客户，也就有不同的需求。我们以汽车业为例，加以说明。

汽车业的产业链大致可以分为：采掘业的铁矿石采掘和焦煤采掘，资本品的冷轧薄板等生产，消费品的汽车制造。在这个链中，铁矿石采掘业和焦煤采掘业的客户是钢铁业，生产冷轧薄板的钢铁业的客户是汽车厂，生产汽车的汽车业的客户是普通消费者。需要指出的是，行业通常会在多个产业链中，而不是仅仅在某个产业链中。比如焦煤采掘业还会出现在铜、铅、锌、钛、锑、汞等有色金属的冶炼的产业链中，冷轧薄板还会出现在电器产品、机车车辆、航空、精密仪表、食品罐头等产业链中。

产业链中上游和中游的客户都是企业客户，这种由企业生产、由企业购买的模式叫作 B2B，下游的客户多是个人的模式，为 B2C。B2B 和 B2C 模式的客户结构的差异决定了它们的需求分析要用不同的方法。

2. 需求的天花板

简单地讲，B2B 的需求是由客户所在行业的产能决定的，这些产能是需求的上限。B2C 的需求是由社会消费者整体决定的。

在测算 B2B 行业的需求时，下游产能总数和产能利用率是最终需求，经销商库存水平对实际需求的影响也不可小觑。可以结合产能利用率的历史走势和宏观经济态势并结合信贷宽松程度预测下个时间段的产能利用率：宏观经济景气度高，信贷比较宽松时，产能利用率就会高；宏观经济景气度差时，产能利用率就会低。

经销商库存水平是需求的蓄水池：下游需求旺盛时，经销商库存周转快，库存水平通常比较低；下游需求萎靡时，经销商库存周转慢，库存水平通常比较高。经销商的库存总水平受信贷环境的影响较大，民间借贷利率是最有效的观察指标：借贷利率提高时，库存意愿就降低；借贷利率下降时，库存意愿就提高。事实上我国各行各业的经销商都受这个规则影响。经销商的生意是对生产商产品进行融资租赁，除去营运费用，成本是民间借贷利率，收入为对下游客户的应收账款与对生产商的应付账款的期限差的价值。大多数经销商对产品的价格比较敏感,在产品价格变化不大的情况下,经销商的库存总水平基本平稳。产品价格大幅上涨时,经销商出清库存的意愿降低,产品在经销商手中囤积的时间变长,导致较多的下游需求得不到满足,推升了产品价格的上涨,形成一种投机炒作的循环,加剧了供需矛盾,不利于价值链上下游良好关系的建立。产品价格下跌时,经销商手中的库存成为烫手的山芋,下游需求萎靡时,有些经销商会选择降价出货,这又会导致产品价格的进一步下跌。经销商参与炒作导致产品价格的大幅波动是供需双方都不愿意看到的事,为此不少企业特别是行业的领先企业会为相关产品设定终端价,引导市场的合理预期。这些措施可以在领先企业的官网上查阅到。

B2C 的需求可以参照经济学教材的相关内容。

需求是在一定的时期,在一既定的价格水平下,消费者愿意并且能够购买的商品数量。需求曲线显示了在价格升降而其他因素不变的情况下,消费者所愿意买的货物数量。在某一价格下,消费者愿意购买的某一货物的总数量称为需求量。在不同价格下,需求量会不同。绝大多数商品的需求量与价格的关系满足需求规律:当影响商品需求量的其他因素不变时,商品的需求量随着商品价格的上升而减少,随着商品价格的下降而增加。

影响需求量的因素除了商品的价格外还包括替代品的价格、消费者的收入水平、消费者偏好、消费者对未来商品的价格预期等。长期看,全社会的基本面如人口总数和结构、社会保险覆盖水平、经济增长率和通货膨胀预期等对需求都有影响。

(1) 商品本身价格。一般而言,商品的价格与需求量呈反方向变动,即价格越高,需求越少,反之亦然。

(2) 替代品的价格。当一种商品本身价格不变,而其他相关商品价格发生变化时,这种商品的需求量也会发生变化。猪肉价格大涨时,鸡肉的销量会明显增加,就是这个道理。

(3) 消费者的收入水平。当消费者的收入提高时,会增加商品的需求量,反之亦然。单位收入变化引起的需求量变化的幅度叫作商品的收入弹性,通常必需消费品如粮食的收入弹性小,可选消费品如家电、汽车等收入弹性大。

(4) 消费者偏好。当消费者对某种商品的偏好程度增强时,该商品的需求量就会增加,相反偏好程度减弱,需求量就会减少。这种偏好受社会风气、明星大 V 的影响大。2020 年后的直播带货火爆与引导消费者偏好有较大关系。

(5) 消费者对未来商品的价格预期。当消费者预期某种商品的价格即将上升时,就会增加对该商品的现期需求量,因为理性的人会在价格上升以前购买产品。反之,就会减少对该商品的预期需求量。2019 年后我国高档白酒的市场表现就是个例子。

（6）全社会的基本面。除了社会保险覆盖水平、经济增长率和通货膨胀预期外，人口规模和结构是社会基本盘中的基本盘，有人口总数、老年化水平、劳动人口数量和新生儿数量等。我国经济增长与人口息息相关，其中刘易斯拐点和人口红利都曾发挥了重要作用。

刘易斯拐点，即劳动力供给由过剩向短缺的转折点，是指在工业化进程中，随着农村富余劳动力向非农业部门的逐步转移，农村富余劳动力逐渐减少，最终达到瓶颈状态。刘易斯拐点之前经济资本报酬较高，经济体对资本吸引力大，辅以稳定的政治环境和通畅的资金国际流动保证，通过招商引资等形式进入国内市场的国际资本投入可以解决国内资本短缺的难题，资本投入吸纳的劳动力同步增加，而劳动力价格不变，资本报酬维持在较高的水平，这种高的资本报酬率进一步吸引国际资本的流入，为经济持续发展提供动力。2019年，中国社会科学院副院长蔡昉表示，中国已经进入了刘易斯拐点。

人口红利指的是在一个时期内生育率迅速下降，少儿与老年抚养负担均相对较轻，总人口中劳动适龄人口比重上升。国际上使用人口总抚养比（14岁及以下少儿人口与65岁及以上老年人口之和除以15岁至64岁劳动人口的比值，有学者认为我国的劳动适龄区间跨度较国际通行的要小一些）小于50%为人口红利时期，进入人口红利时期为人口红利机会窗口打开，退出人口红利时期为人口红利机会窗口关闭。而人口抚养比超过60%时为"人口负债"时期。人口红利促进经济增长的路径在于人口红利时期的居民总收入较高而总消费较低，两者之差即剩余通过储蓄经商业银行转变为企业的资本投入到再生产活动，推动经济增长。数据统计分析，人口红利和未到刘易斯拐点是我国改革开放30年经济高速增长的重要因素。需要指出，人口增长与人口红利之间并没有必然的联系，某些时候往往相反。落后经济体获得人口红利的机会并不是理所应当的，这些国家人口的规律通常是越穷越生、越生越穷，在社会的总人口数量快速增长的同时，人口抚养比一直维持在较高水平。我国获得人口红利全拜计划生育政策所赐，肇始于20世纪80年代初期的计划生育政策迅速改变了我国的人口抚养比，为改革开放后经济腾飞奠定了重要的人口基础。随着我国人口老龄化程度的不断加深和劳动人口峰值的过去，我国已经度过人口红利最有利的时期。蔡昉表示我国人口红利作为低垂的果实已经不再会有了，未来我国经济增长的人口要素决定了增速会逐步放缓。

3. 需求的创造

需求的创造可以通过对价值链的互联网改造、经营管理导入互联网思维和采取适当的供给刺激措施等方法实现。

(1) 互联网改造

互联网对行业的改造是全价值链的,涉及供应商、生产商、经销商和终端客户。改造的目的是降低价值链的交易费用,增强价值链的竞争力,使总供应曲线向外移动,使市场均衡点在需求曲线上下移,提高市场总的交易量,推动行业的发展,提高社会的福祉。

传统商业模式下,在市场看不见的手的作用下,商品在需求定律的作用下从生产商转移到客户的手中,整个过程中生产商与客户之间的交流互动较少,客户的信息成本较高。这种信息成本表现在客户为获得满足效用商品的寻找及对同类商品的比较上。我们以外出就餐为例:传统模式下消费者首先要找到这次希望消费的风味的餐厅,他需要花时间;其次,他需要比较可选的餐厅(如果有选择的话),他无法保证能做到选择合理,这种偏差也是某种成本。这两种成本都可以归纳在信息成本中,如果信息成本过大的话会影响消费者的消费欲望,至少会在以后的消费中显得犹豫。通过互联网改造客户可以降低信息成本构成的交易费用,现在外出就餐时可以通过大众点评获得信息,观看电影时可以参考豆瓣的评分等。

理想情况下,交易费用可以降低到能赢取潜在客户信任的程度。客户开发的销售费用自然会同步地下降,生产商的利润水平得到提高,投入新产品开发的资源增多,行业处于成长期的时间相应地拉长,社会贡献也就提高了。

客户信任度高的另一个直接的影响就是传统价值链中经销商的地位将发生重大改变。传统价值链中经销商作为承接生产商和客户之间的纽带,除帮助生产商实现产品的销售转移外,还帮助企业平衡生产与销售之间的不匹配;既是帮生产商实现利润的伙伴,也是分担生产商风险的帮手,作用举足轻重。但传统行业经过互联网改造后,经销商的重要性大为降低,如果不是说完全丧失的话。互联网改造的结果必然是重塑价值链,剔除供应链的冗余环节,生产商将在更短、更简洁的供应链里扮演角色。

主导价值链的生产商也会在互联网改造中得到能力的提升。客户直接获得信息的同时,生产商也直接获得客户的信息。根据客户的信息绘制的需求曲线让生产商的定价策略真正做到有的放矢,结合企业的战略目标做出更为合适的定价。在生产者剩余和客户剩余(参考消费者剩余)之间合理取舍才能做到利润和市场的并重、短期和长期的兼顾。根据客户信息得出的竞争对手产品的评价和比较可以缩短生产商的学习路径,尽可能地保持住优势产品门类的竞争力,促进行业的共同发展和进步。

(2) 互联网思维

相较于互联网改造,互联网思维对传统行业的意义更为广泛和深刻。

首先,互联网思维是相对于工业化思维而言的。一种技术从工具属性、从应用层面到社会生活,往往需要经历很长的过程。珍妮纺纱机从一项新技术到改变纺织行业,再到后来被定义为工业革命的肇始、影响世界经济格局,其跨度超过几十年。但因为这种影响是滞后的,所以我们就难免会处于身份的尴尬之中:旧制度和新时代在我们身上会形成观念的错位。越是以前成功的企业,转型越是艰难,这就是"创新者的窘境":一个技术领先的企业在面临突破性技术时,会因为对原有生态系统的过度适应和依赖而面临失败。这就是制度经济学中所谓的"先发劣势"。现在很多传统行业的企业,面临的就是这种状况。

其次,互联网思维是一种商业民主化的思维。工业化时代的标准模式是:大规模生产、大规模销售和大规模传播,这些模式同时构成了工业化的三大基础。某种意义上,生产商居高临下,客户在产品面前大多数时候只能抬头仰望。

但是在互联网时代,这三个基础被解构了。

工业化时代早期稀缺的是资源和产品,资源和生产能力被当作企业的竞争力。随着工业化程度加深,全社会生产效率提高,大多数产品供过于求成为常态;产品销售渠道多元化,线上线下互相影响、互相促进、互为补充,渠道垄断已经比较容易被打破;最重要一点,媒介垄断被打破,消费者同时成为媒介信息和内容的生产者和传播者,通过买通单向度媒体、广播式制造热门商品诱导消费行为的模式不再成立了。

这三个基础被解构以后,生产者和消费者的权利发生了转变,用户至上的观念转变成为商家的共识,消费者主权形成。

再次,互联网思维是从产品转向用户的思维。传统商业思维的出发点是产品:产品设计、产品研发、产品生产、产品销售和产品服务。囿于获取信息的高昂费用和专业化分工的效率实践,企业经营管理的焦点只能是产品。互联网环境下,信息不再是遥不可及的奢侈品,而是飞入寻常百姓家的堂前燕。企业通过产品这个纽带跟用户建立了联系。这种联系是平等的,是互惠的,是自由的。产品满足了客户的效用,企业有了全面服务客户的机会,客户有兴趣全面了解企业的产品线、产品门类。企业与客户的关系从一次生意变成了知根知底的伙伴。

未来,互联网思维武装下的企业是谦卑的,是包容的,是不断成长的,是强大的,是无畏的,是受人尊敬的。

四、观察的渠道

行业周期的观察要点在于把握行业的产能扩张状况。

行业周期性最直接的根源是供给增加存在间隔时间长但增幅比例大的特征。通常行业产能建设期限长,产能形成时行业的总供给会跳跃性增加,此后会在很长时间内一直保持供给的稳定,行业总产能变化不大。如果不考虑产能的退出,行业总产能就像台阶一样逐级上升，每次上升前都会有个平坦阶段。每次产能上新台阶时，行业就会出现供过于求，必须通过产品价格的不断下跌才能寻找到市场均衡。这个过程有时漫长，有时短暂。在行业由繁荣走向衰退和萧条的下行期，新增产能在行业总产能的占比决定下行期的时间跨度，占比越大，时间跨度越长。市场达到新的均衡点后，总产能维持不变，随着需求的稳定增加，产品逐渐供不应求，行业进入复苏和繁荣的上行阶段。持续的景气给企业带来丰厚的盈利，领先企业积累了足够的资本，便开始酝酿扩产计划、增加新的产能。伴随着新增产能的达产，行业上行期宣告结束，行业重新进入衰退、萧条、复苏和繁荣的又一次周期性循环。

观察行业景气状况的渠道很多，有行业协会官网发布的数据、民间商业调查的报告、头部上市公司的报告陈述、券商的行业报告和个人的观察积累。

行业协会官网的数据无疑是权威的，对把握行业的全貌起最重要的作用。缺点是发布时间比较迟、时效性差，有些行业数据报告的格式缺乏友好性，整理工作量较大。

民间商业调查的报告最突出的优点是快，来源于调查一线的草根数据更接地气，也方便使用者用自身体验与其进行对比。商业调查代表有中怡康的家电和通信器材行业，隆众的化工行业等。缺点是需要花钱购买。

头部上市公司的报告陈述在准确性上毋庸置疑，公司自身的介绍肯定是权威的，公司对行业的理解和展望有很高的参考价值。缺点首先是通常只有年报才会刊登这些内容；其次上市公司出于审慎性考虑只会披露与自身关系比较密切的行业内容，对行业的全貌和结构不会着墨过多，往往点到为止；再次缺乏系统性，经常说到哪儿是哪儿。

券商的行业报告是券商行业研究员在行业长期跟踪和行业内上市公司研究的基础上撰写的报告，这些行业报告内容丰富、结构完整、数据及时、行文流畅，是投资者了解行业基础、理解行业成长驱动因素和知晓行业内重要上市公司的有效工具。国内一些财富管理平台的网站都提供主要券商的行业报告供大家免费阅读。券商报告作为卖方研究报告，其功利性无法避免，投资者在阅读时不可全盘接受，必须选择性、批判性吸收其中的营养，不能囫囵吞枣，更不可只看结论而不分辨其逻辑、不核对其基本数据。对于投资者如何阅读券商研究报告，我们的经验是先看其逻辑，如果逻辑不通请立即停止阅读；再看数据，这样的报告不可避免地需要选用上市公司报告中的数据，如果出现纰漏请停止阅读；最后看推导过程，也就是认证。至于其结论，姑且留意下，不要太当真。

五、结语

行业研究是商业观察的基础，是你洞察行业先机并投身其中的钥匙。做了行业研究你会发现,很多不同行业背后的商业原理其实是互通的,你会理解商业世界运行所遵循的一些原则,比如行业的生命周期,比如行业竞争特征,比如行业中获得竞争优势的路径等,这些将帮助你理解和预测很多未来会发生的事情。你的能力会很快地得到提升,你的经验将能够更快地成为你研究其他行业的敲门砖,这样即使离开了目前所在的公司和行业,你也能非常娴熟地将自己的既有技能和新行业的业务逻辑迅速连接起来。你会逐渐看到不同行业之间的联系或者未来可能发生的联系,无论是替代、组合还是别的什么形式,创新的点子就是在这样的联系中发生的。待你专心研究清楚几个行业后,所有的行业在你的面前都不再有任何障碍,你都可以像庖丁解牛一样游刃有余。到了那个时候,你可以自信而不失骄傲地对自己说:我的能力圈已经没有边界了。

第十二章
预测公司的未来

历史是一面镜子,镜子里面是过去,镜子外面是未来。所以奥威尔说:"谁掌握了过去,谁就能掌握未来。"

汤因比认为历史学家的天职是"寻求神,找到神",有人解读为寻求历史的规律,发现历史的规律。

杜兰特的观点是"历史是文明的载体",人类的行为是文明的映射,不管是过去还是将来。文明是发明创造,是人文精神,是公序良俗,是促进文化创造的社会秩序。

当历史学家找到文明基因时,他们便可以信心满满地预测未来。当人们从上市公司的历史记录中找寻到公司的商业基因,如何预测公司的未来就迎刃而解了。

上市公司的议价能力、管理水平、市场态度、发展动力构成了公司基础的商业基因。

预测上市公司的目标是预测年度公司的经营结果和资源状况,构建完整的财务报表。对于大多数普通投资人来说,只需要构建简洁的财务报表。

上市公司的预测通常包括经营活动预测、营运资本预测、资本性支出预测和资本结构预测。

一、经营活动预测

对经营活动的预测是上市公司预测的基础,经营活动预测的主要任务是构建利润表。预测准确率取决于利润表各科目的精确程度,我们建议普通投资人只抓住主要的科目如收入、成本、费用、所得税等。每个明细科目的预测都基于一个或多个驱动变量。

(一) 收入

预测收入有两项非常有用的指引,一是在手订单,二是预收账款。

大多数公司会在年报或半年报中披露在手订单数量和金额,有些公司会临时主动公布大额订单情况,有些公司会在与投资人交流时向社会公布当时的订单情况,这需要投资者关注公司的投资者见面会以及上市公司与投资人的互动。前者通常在券商的交易终端的 F10 中有提示,后者一般在诸如全景网等投资者关系互动交流网络平台进行。

获取上市公司订单情况是投资者的日常功课之一,我们可以从相关网站中跟踪收集整理公司的中标情况。如图 12-1 所示即为中国政府采购网所显示的盛视科技有关投标和中标情况。

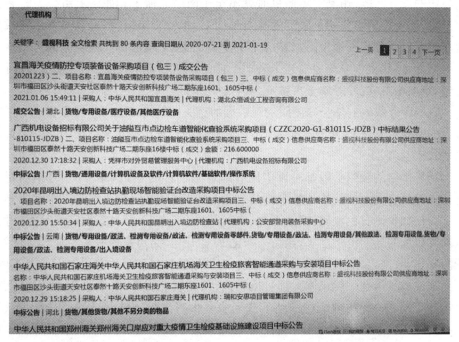

图 12-1　中国政府采购网显示的盛视科技有关投标和中标情况

预收账款是指企业向购货方预收的购货订金或部分货款。企业预收的货款待实际出售商品、产品或者提供劳务时再行冲减。预收账款是以买卖双方协议或合同为依据,由购货方预先支付一部分(或全部)货款给供应方而发生的一项负债,这项负债要用以后的商品或劳务来偿付。一般的,企业为了规避风险,在与不熟悉的客户进行首次交易或认为客户的信用状况不佳存在拒付风险的交易事项时,往往采取先款后货的交易方式,这时会产生一定金额的预收账款。不过这些金额通常不会太大,企业熟悉客户后,这部分像保证金一样的金额就不再需要——我国不是有句古话"一回生二回熟"嘛。

产品供不应求时,经销商和直接客户会预付货款,企业因此而积累较大金额的预收账款。

通过计算预收账款和上年度的产量以及当年的产能状况可以准确预测上市公

司的部分或全部收入。从计算出的预收账款增减幅度可以判断上市公司在产业链中议价能力的变化,幅度明显增加是公司议价能力提高的表现。

收入通常由销售数量和销售价格决定。

很多行业销售数量短期受产量限制,长期被产能约束。产能乘产能利用率所得到的数值为产量。大多数上市公司年报中会披露当年的产量情况,你可以推测出公司的设计产能,预测实际产量时就不至于南辕北辙了。如果上市公司没有披露产量,你就要留心公司再融资的募集说明书,相较于年报,募集说明书必须载明现有产能以及募集资金投向,如果有产能扩张计划,还要披露产能扩张的可行性报告等文件,这些报告完整地描述了公司产能的现状和未来发展。上市公司发行可转债、定向增发、配股等属于再融资。

有些行业收入的增长幅度跟宏观数据的相关性较高,比如银行、零售业。银行对应的宏观数据是 GDP 增长幅度,零售业对应的宏观指标是全社会消费品零售总额增长率。

销售价格的预测一般都可以借助外部资源。宏观上 PPI 和 PMI 对判断行业价格走势是有重大裨益的。如果再结合行业的相关信息,那么预测工作就事半功倍了。比如预测有色金属、钢铁石化、农产品、生猪鸡蛋、饲料等大宗商品类,可借鉴期货市场的远期价格走势;预测精细化工、家用电器,可参照有关专业调查网站;预测零售业、进出口业、银行服务等,需要在国家统计局和海关总署的网站上查询;预测汽油、煤气,在一般媒体上都可搜索到;预测航空服务、电信服务,可以在上市公司的官网或一些代理商的网站上找到服务价格变化的蛛丝马迹;预测白酒、牛奶、方便面、食品调味品,可以在周边的超市观察跟踪。至于其他行业比如药品、挖掘机等,就需要你利用周边熟悉这些行业的人的关系才可以把握。

(二) 成本

如果公司采用成本加成法定价的话,公司的毛利率水平基本是固定的,预测了收入就可以倒推出公司的成本了。

如果公司采用市场导向定价的话,我们需要逐项预测公司的成本。方法如下。

原材料:大宗商品类参照上节方法,外购半成品依照上年度价格做适当调整,比如参照对应的 PPI,定制材料参照上年度价格。

能源:大宗商品类参照上节方法,电力等动力查看当地有关资料。

折旧:参照公司会计政策中的固定资产折旧部分(刊登在年报的会计报表部分)。对于大部分公司而言,机器设备折旧年限通常为 8 至 10 年、房屋为 30 年、车辆为 6 至 8 年。

直接人工:这部分是生产单元的人工工资和绩效支出,通常每年每人都有增长,增长幅度与当地的 GDP 幅度相当。

制造费用：这部分费用包括间接材料、低值易耗品、间接人工费用等，这部分的变化通常跟成本的变动幅度差不多。

租金：大多数年份厂房的租金单价变动较小，写字楼的租金总体上涨有限，部分地区幅度稍大一些。

运输：由柴油价格和地方整治超载的力度决定，运输费的支付要看公司与经销商及直接客户的约定。

附加税：与收入和成本的变动大致相当。

(三) 销售费用

销售费用是指企业在销售产品、自制半成品和工业性劳务等过程中发生的各项费用，包括由企业负担的包装费、装卸费、展览费、广告费、租赁费（不包括融资租赁费），以及为销售本企业产品而专设的销售机构的费用，包括职工工资、福利费、差旅费、办公费、折旧费、修理费、物料消耗和其他经费。

销售费用中变动较多的有广告和促销费用。其他部分的变动一般跟销售金额幅度相当。大部分上市公司对销售设置了销售业务绩效考核体系，其中销售费用和收入的占比是重要的 KPI，在预测中不妨以近几年的占比作为参照，就预测的收入做个估计。

为提高公司竞争能力，企业会将销售工作作为营运环节工作的重心，不惜投入巨大的人力、物力和财力。销售费用是财务报表中四项费用中的重要一项，销售费用的产生有助于宣传公司产品，疏通公司产品的销售渠道，提高产品的销售量，增加公司的收入，不断树立公司良好的品牌形象，为未来的发展奠定基础。传统商业环境下，如果某家公司没有任何销售费用产生，从财务报表上讲意味着毛利没有受到销售方面的侵蚀，有利于利润的增加，但实际情况很大程度上则意味着公司面临巨大的销售危机，存在潜在亏损的风险，情况严重的可能会导致公司经营无法顺利进行，销售受阻，产品缺乏认可度，最后导致公司的亏损甚至是破产。

不同行业的销售费用在收入中的占比差别很大，通常消费类行业的占比高，消费类中又以制药和白酒最高（如图 12-2 所示）。

在 20 世纪 90 年代中期，国内大批仿制药出现，2000 年开始，药品招标制度开始推行，70%的药品通过医院的渠道进行销售流通，"带金销售"开始越来越普遍，药企销售费用增长速度同样一年比一年高。上市医药公司的销售费用一般包括学术会议、广告营销、市场推广等诸多项目。

恒大经济研究院曾经在《揭开中国药企销售费用畸高之谜》的研报中提到，一项调查数据显示，中国药企销售费用主要花在了公关招标机构、公关医院相关负责人、医生回扣、医药代表提成、统方等方面，分别对应招标环节、医院采购环节和处方销售环节，医生回扣占比超过一半。

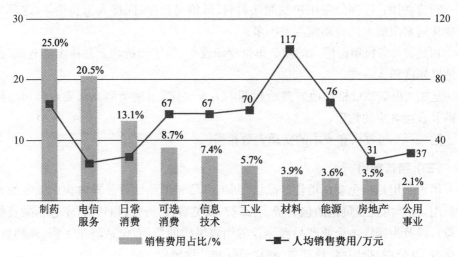

图 12-2　2017 年 A 股各行业销售费用比重和人均销售费用情况

资料来源：前瞻产业研究院整理

（四）管理费用

管理费用中的折旧和人工薪酬支出是相对固定的，前者由固定资产净值决定，后者除了相对稳定的工资以及与公司经营挂钩的奖金外，需要注意的是培训支出和社会保险等。近几年兴起的员工持股等激励计划中超出员工支付的公司从二级市场回购股票的总金额需要在一定时期内摊销，这部分摊销进入当年的管理费用。

与公司经营挂钩的奖金一般的参照基准是公司的税前利润，用往年的比例结合当前的税前利润进行相应的测算。

（五）研发费用

2018 年 9 月 21 日，财政部、国家税务总局、科技部联合对外发布，我国将提高企业研发费用税前加计扣除比例，这一税收激励政策旨在进一步激励企业加大研发投入，支持科技创新。

按照税法规定，在开发新技术、新产品、新工艺发生的研究开发费用的实际发生额基础上，再加成一定比例，作为计算应纳税所得额时的扣除数额。例如，税法规定研发费用可实行 175% 加计扣除政策，如果企业当年开发新产品研发费用实际支出为 100 元，就可按 175 元（100×175%）在税前进行扣除；形成无形资产的，按照无形资产成本的 175% 在税前摊销。

东方财富 Choice 的数据显示，披露年报的上市公司 2019 年研发费用合计约为 7 317.14 亿元，与 2018 年相比增长约 1 282.31 亿元，增幅达 21.25%。尽管研发投入的增幅较高，但研发强度与发达国家仍有较大差距。2019 上半年，A 股上市公司研发投入合计达 3 139 亿元，占营业收入总额的 1.64%，这个数值就是研发强度,同期美国上市公司的数值超过 2.5%。

预测研发费用时需注意占比和增幅,如果占比较小,增幅要提高一些,比如两成;如果占比较高,需要结合行业特征、竞争激烈程度和同行研发强度等,同比例提高增幅。

二、营运资本预测

营运资本的定义在投资界一直有分歧。网上搜索到的结果五花八门,让人眼花缭乱,莫衷一是。

要理解营运资本,先要理解资本。

资本这个词没有人会陌生,但资本这个词的内涵却未有共识。不同的经济学家的解释大相径庭。政治经济学家马克思定义资本是一种可以带来剩余价值的价值,它在资本主义生产关系中是一个特定的政治经济范畴,它体现了资本家对工人的剥削关系。西方经济学认为资本指的是用于生产的基本生产要素,即资金、土地、劳务、厂房设备等物质资源、专利技术等。他们的观点差别较大,但有一点是基本相同的:他们都承认资本是用于投资并期望得到利润的投入。

投入到企业的资本被用来投资时自然而然按照功能表现为不同的形态:直接生产用的厂房设备等固定资产,土地和专利等无形资产,配套生产和销售的存货及应收账款和应付账款。与固定资产及无形资产相同的是存货及应收账款和应付账款都不可能产生利息收入,尽管应收账款和应付账款通常以货币形态表现。不同之处表现在管理频度上,存货及应收账款和应付账款的管理频度更高。为了区别这两种形态,我们将固定资产及无形资产称为固定资本,将存货及应收账款和应付账款称为营运资本。

存货和应收账款属于资产负债表中流动资产的科目,严格意义上讲跟运营相关的符合营运资本定义的还应包括其他流动资产中的留抵税额,这是增值税进项与销项的时间差造成的。不过由于企业经营通常具有连续性,留抵税额通常变化不太大,对我们计算营运资本变动时的影响较小。至于流动资产以及流动负债的其他科目,纳入营运资本就不合适了,因为这些科目要么不是直接服务于生产,要么就是有息负债。流动负债中的预付账款之所以没有被纳入营运资本,主要原因是大额的预付账款会随着企业产量的扩大或价格的调升而消除,大多数情况下相对金额较小的预付账款变化不大,不会影响营运资本的变动。

(一) 存货的预测

市面上存货的预测方法林林总总有几十种之多,有人归纳成定性五种、定量六种。定性的分为一般预测法、市场调查法、小组共识法、历史类比法和德尔菲法。定量的分为指数平滑法、季节调整法、简单平均法、加权平均法、简单移动平均法和加权移动平均法。

这些方法有不同的使用场景和使用对象,适合专业的调查机构和企业重大经营决策前的数据调研,不适合普通投资人对上市公司的预测使用。

对于普通投资人,存货的预测通常应根据上市公司的存货相对于收入或成本的周转率进行推算。预测使用的存货周转率在公司的历史存货周转率的基础上结合行业和公司的发展阶段做相应的调整。如果公司的周转率明显高于行业平均水平,特别是高于直接竞争对手水平,预测时可以适当调低。一般的,公司处于成长期时经营指标都会出现显著改善,预测存货周转率时要结合公司的管理水平,可以适当调高。相反公司进入成熟期后,存货周转率不可避免地下滑,数值上也会向行业平均水平靠拢。衰退期的公司就像风烛残年的老人,身体大不如从前,各项技能不可避免地慢下来了,调低存货周转率不是问题,问题是调低到什么程度。我们的建议是参照以前进入衰退期的企业数值,所谓"前事之不忘,后事之师。"

(二) 应收账款的预测

企业的产品只有卖出去才有现金流入,但企业的产品大多不会一卖出去就有现金流入。与"一手交钱一手交货"的交易方式不同,"先付货后收钱"的赊销模式一直是应用得最普遍的一种现代商业方式。赊销模式的一个变化是"先付订金,再付货,最后付全款"。赊销模式下,买卖双方通常约定好回款的日期,从签订合同到货款全部收回的天数叫作账期,因为这个赊账没有任何抵押保证,是完全凭对方信用的,所以这个账期就称为信用账期。正是从这个意义上讲,现代商业社会是信用社会。企业要收回货款,必须要与购买方确认结算,确认结算的时间长短取决于不同的结算方式、购买方的资金准备情况、买卖双方的管理流程及合同约定的最后时间点等。会计处理上货物的所有权转移给购买方后,公司就确认收入,合同金额与已经收到的现金的差额就是应收账款。

应收账款对企业经营存在一定的积极作用,主要表现为扩大销售渠道和降低库存压力。

面对激烈的市场竞争,赊销已经成为促进企业销售的重要手段。赊销可以使对企业产品有需求但短期缺乏资金的对象成为公司的客户,可以发掘大量的潜在客源,扩大企业的市场影响,提高企业的市场地位。在其他条件不变的情况下,赊销是企业对购买方的融资,促使企业产品的需求曲线向外移动,而企业供给曲线不变,结果是成交量增大,企业的销售量增加。

赊销对降低企业库存压力的作用是一目了然的。对于企业来说,没有销售就不会有利润,不会有现金流。没有利润的企业无法满足资本的期望,管理层日子不好过；没有现金流的企业会面临生存危机，所有人日子都不好过。从会计上讲，长期卖不掉的产品赊销出手，账目上从存货转为应收账款，对营运资本没有影响，流动资产也不变。

应收账款对企业经营的消极作用是显而易见的。表现为先交税、面子与里子打架、现金流短缺等。

权责发生制下，赊销一发生，收入就确认。收入一确认，税收找上门。以销售收入为计算依据的税有：营业税、增值税、资源税、消费税、城市建设维护税等流转税和以营业利润为税基的企业所得税。这些税缴纳的时点不一样，有的开票就发生，有的按月份，有的按季度，有的按年度。

赊销客观上夸大了企业的市场部门和销售部门的业绩，增加了财务部门的工作量，粉饰的财务报表与管理层一般以收付实现制编制的管理报表存在较大差距。这种盛名之下其实难副的"面子与里子打架"让企业的经营管理者非常头痛，几乎成为中小企业的普遍问题。

赊销对现金流的影响是双重的，该流入的没流入，不该流出的却流出了。前者是指合同销售，后者则是指税和费。

企业对赊销的态度随着企业的发展会发生明显的变化，这点在做应收账款预测时需要加以注意。

对于普通投资人，应收账款的预测通常根据上市公司的应收账款周转率进行推算，这一点跟上一节存货的预测方法是一致的。预测使用的应收账款周转率在公司的历史应收账款周转率的基础上结合行业和公司的发展阶段做相应的调整。如果公司的周转率明显高于行业平均水平，特别是高于直接竞争对手水平，可以适当调低。一般的，公司处于成长期时经营指标都会出现显著改善，预测应收账款周转率时要结合公司的管理水平，可以适当调高。相反公司进入成熟期后，应收账款周转率不可避免地下滑，数值上也会向行业平均水平靠拢。衰退期的公司参照以前进入衰退期的企业数值。

跟存货预测不同的是，企业在行业中的地位是影响未来应收账款周转率的重要因素。头部企业特别是龙头公司出于行业长久健康发展的考虑，总是自觉或不自觉地放大信用期，帮助上下游企业健康发展，以自己短期利益的牺牲来换取未来更大的发展空间。俗话叫"放水养鱼"。

（三）应付账款的预测

应收账款的对象是客户，应付账款的对象是供应商。

应收账款的管理出发点是减少，应付账款的管理出发点是增大。

应收账款的工作方法是催，应付账款的工作方法是拖。

负责应收账款催收的员工的主要技能要求是磨,负责应付账款拖沓的员工的重要技能要求是扯。

应付账款的预测主要包括两方面:增加应付账款部分和减少应付账款部分。

应付账款的增加主要来源于生产性材料的采购以及其他的辅助材料,包括固定资产投资等。由于辅助材料和固定资产投资不是经常发生的项目或者金额较小,因此一般可以略过。生产性材料的采购可以根据销售预测,还可以根据对应的材料占标准成本的比例预测出来。需要注意的是增值税的影响。通常我们的应付账款要包括发票已经入账的和暂估的部分。已经入账的包括了增值税,而暂估的则是未包括增值税的。这部分可以参考发票的开票日期和入账日期,算出一个平均的间隔期间,可以估算一下增值税。最后一个就是超期的应付账款,这个可以根据超期的比例来估算。

应付账款的减少,当然就是付款安排了。通常需按照合同到期付毕。

跟应收账款预测相同的是,企业在行业中的地位是影响未来应付账款周转率的重要因素。头部企业特别是龙头公司出于行业长久健康发展的考虑,总是自觉或不自觉地做到不拖欠上游供应商货款,帮助上下游企业健康发展,以自己短期利益的牺牲来换取未来更大的发展空间。

近几年我国不少龙头企业成立企业融资部,在各自的行业中专门从事上下游企业的资金融通,称作供应链金融。商业银行围绕核心的龙头企业,管理上下游中小企业的资金流和物流,并把单个企业的不可控风险转变为供应链企业整体的可控风险,通过全面获取各类信息,可以将风险控制在较低水平。

一般来说,从商品的原材料采购,到制成中间及最终产品,最后通过销售网络将产品送到消费者手中的完整过程构成商品的供应链,它将供应商、制造商、分销商、零售商和最终用户连成一个整体。在供应链中,竞争力较强、规模较大的核心企业因其强势地位,往往在交货、价格、账期等贸易条件方面对上下游配套企业要求苛刻,从而给这些企业造成了巨大的压力。而上下游配套企业恰恰大多是中小企业,难以从银行融资,某个企业难免还款不及时,可能造成合作企业的资金紧张,导致整个供应链出现失衡。"供应链金融"最大的特点就是在供应链中寻找大的核心企业,以核心企业为出发点,为供应链提供金融支持。一方面,将资金有效注入处于相对弱势的中小企业,解决中小企业融资难和供应链失衡的问题。另一方面,将银行信用融入上下游企业的购销行为,增强其商业信用,促进中小企业与核心企业建立长期战略协同关系,提升供应链的竞争能力。在"供应链金融"的融资模式下,处在供应链上的企业一旦获得银行的支持,资金这一"脐血"注入配套企业,也就等于进入了供应链,从而可以激活整个"链条"的运转;银行信用的支持,还为中小企业赢得了更多的商机,促进了全行业整体健康发展。

三、资本支出预测

在完成收入、成本预测,费用预测和营运资本预测之后,下一步就是对资本支出进行预测。

资本支出是指企业单位发生的,其效益涉及两个或两个以上会计年度的各项支出。在企业的经营活动中,供长期使用的、其经济寿命将经历许多会计期间的资产如固定资产、无形资产、递延资产等都要作为资本性支出。即先将其资本化,形成固定资产、无形资产、递延资产等,此后随着它们为企业提供的效益,在各个会计期间转销为费用,如固定资产的折旧、无形资产和递延资产的摊销等。

资本支出分为维护性资本支出和新增性资本支出。顾名思义,维护性资本支出并不能形成新的产能或容量,其是维持现有产能或容量的设备及网络的必要投入。新增性资本支出是为了通过增加新的产能或容量而取得固定资产等长期资产的支出。

要预测资本支出就必须分别预测维护性资本支出和新增性资本支出。

精细的新增性资本支出预测是非常困难的,需要专业的技术和工程方面的知识和能力。幸运的是,过于精细化和专业性的预测模型在投资分析中意义并不大,我们做资本支出预测时只需把握行业的平均数据,如通过行业的资本产出比推算企业的每单位产能的资本支出、所在行业的每条生产线的资本支出、单位用户的资本支出等(如图 12-3、图 12-4 所示)。

此外,我们也可以参照有关上市公司对我国制造业智能改造的报价,验证我们相关的预测。如上市公司格力电器(SZ000651)在家用电器全产业链奠定龙头地位后,着手我国工业企业的智能化改造,涉及多种类型的工业企业,这些企业的资本支出水平可以提供有益的参考。

格力智能装备以"精工品质,格力创造"为宗旨,坚持自主研发,精益制造,并通过人工智能助力智能制造产业升级,在智能装备产品的研发、制造、销售和服务上砥砺前行,为实现"中国智造"提供专业化、个性化的产品和服务。公司围绕"产品化、产业化、市场化、国际化"的发展理念,形成了伺服机械手、工业机器人、智能仓储装备、智能检测、换热器专用机床设备、无人自动化生产线体、数控机床等十多个领域的超百种规格产品。截至 2019 年底,格力智能装备公司累计申请专利 2 501 项,已授权 840 项,其中 2019 年申请专利 653 项,已授权 470 项,累计成功帮助全国多个品牌、百家企业进行智能制造改造,并在各行业智能化产业上完成了一批影响力较大的示范项目。从 2015 年成立至今,格力智能装备公司已先后获得"广东

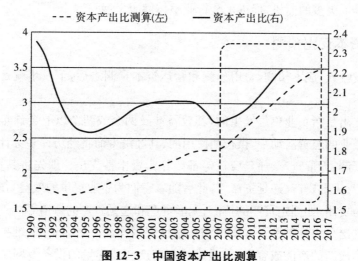

图 12-3 中国资本产出比测算

资料来源：Wind,中信建设证券研究发展部

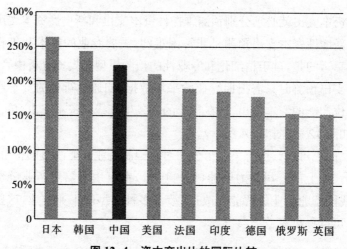

图 12-4 资本产出比的国际比较

资料来源：Wind,中信建设证券研究发展部

省机器人骨干企业""珠海市智能装备工程技术中心""广东省小家电智能制造区域创新中心"等认定。(见格力电器2019年年报)

维护性资本支出占现有固定资产的百分比一般较为固定。

做资本支出预测时要分清楚企业的不同发展阶段。处于增长阶段的永续期通常会发生新增性资本支出,稳定期内不会有增长性资本支出。企业要维持持续经营就必须有维护性资本支出,无论是永续期还是稳定期。

四、资本结构预测

这部分工作的目标是确定公司的目标资本结构,预测公司债务主要项目的增减和股本的变化。基本上是公司融资方面的有关事项,包括以下几个部分:

(一) 分红政策

A股上市公司实施强制分红政策,将分红作为公司再融资的前提条件。

2013年11月30日,证监会发布了《上市公司监管指引第3号——上市公司现金分红》,将强制分红政策进一步细化,其中第五条规定:公司发展阶段属成熟期且无重大资金支出安排的,进行利润分配时,现金分红在本次利润分配中所占比例最低应达到80%;公司发展阶段属成熟期且有重大资金支出安排的,进行利润分配时,现金分红在本次利润分配中所占比例最低应达到40%;公司发展阶段属成长期且有重大资金支出安排的,进行利润分配时,现金分红在本次利润分配中所占比例最低应达到20%。已经分红并符合这些最低分红要求的公司才能增发股票再融资,再融资仍然跟分红挂钩。

不少上市公司会阶段性地发布公司的分红政策,指引市场对红利收益的预期。2021年6月中国电信(HK00728)披露了《关于调整公司派息政策公告》:

本公司董事会(以下简称"董事会")欣然宣布,在充分考虑股东回报、公司盈利情况、现金流水平及未来发展资金需求后,董事会审议并通过了关于调整公司派息政策的议案,同意本公司2021年度以现金方式分配的利润不少于该年度本公司股东应占利润的60%,A股发行上市后三年内,每年以现金方式分配的利润逐步提升至当年本公司股东应占利润的70%以上。同时,调整派息安排,自2022年起宣派中期股息。

(二) 债务政策

以能按时偿还债务为出发点,可以推测公司的债务政策,其内容包括合适的债务比例、债务结构、有息债务的久期、债务的利息,以及债务的筹措方式:通过银行自筹还是公开发行、发行交易所债券还是可转债,等等。

负债经营就是企业通过银行信用或商业信用的形式,利用债权人或他人资金,扩张企业规模,增加企业经营能力和竞争力。因此,负债经营理所当然地成为市场经济条件下每个企业的必然选择。然而,债务是要偿还的,企业负债经营又必须以特定的偿付责任和一定偿债能力为保证,确保在企业不陷入债务危机的前提下,平衡负债规模、负债负担及负债效益。

企业负债经营的好处首先表现为财务杠杆效应。由于对债权人的利息支付是一项与企业赢利水平高低无关的固定支出,当企业利用负债的利润高于债务资金成本时，企业收益将会比没有负债时增加，这就是财务杠杆效应。负债经营还能使企业从通货膨胀中获益。在通货膨胀环境中，货币贬值，物价上涨，而企业债务偿还仍然以其账面价值为准而不考虑通货膨胀因素。这样，企业实际偿还款项真实价值低于其借入款项的真实价值，企业因此获得货币贬值的好处。此外负债经营有利于企业控制权的保持。在企业筹集资金时，如果以发行股票方式筹集资本，势必造成股权分散，影响现有股东对企业的控制权。而负债筹集在增加企业资金来源的同时又不影响企业股本结构，有利于现有控股股东对企业的控制。负债经营同时还可以改善公司的治理结构。企业负债不仅是一种融资手段，通过资本结构的优化，还可以引入债权人的监督来减少和规避企业内部人控制的风险，减小代理成本。债权人为了保证自己资本的回收和增值，必定会跟踪关注企业的运营，这无形中就起到了对经理人员的监督作用。实质上公司的监督从外部股东扩大到外部股东和债权人，而且由于债权人大多为金融机构，其专业能力胜过普通的股东，债权人加入可以改善公司的治理结构。

负债经营的弊端也是显而易见的，主要体现为负债经营加大了企业的风险。这些风险包括股东投资收益率下降风险和信用风险以及再融资风险。当企业面临经济发展低潮或者其他原因带来的经营困境时，由于固定额度利息的负担，投资者收益率将会以更快速度下降，这是财务杠杆效应的副作用。对于负债经营，企业负有到期偿还本金和利息的法律责任。如果企业利用负债筹集到的资金进行的投资项目不能获得预期的收益率，或企业整体生产经营和财务状况恶化，或企业短期资金运作不当等，企业可能无力偿债，引发信用风险，严重时可导致企业破产。负债经营使企业资产负债率增大，降低了债权人的保证程度，股权投资者也会因企业风险增大而要求更高报酬率，作为可能产生的风险的一种补偿，这会使企业发行股票、债券等借款筹资成本大大提高，难度加大。

要做好债务管理和预测，需要把握下列因素：

（1）宏观经济环境：在经济衰退、萧条阶段，企业应尽可能压缩负债，甚至实现"零负债"，以减少损失，避免破产。在经济繁荣、复苏阶段，市场供求趋旺，企业应适当增加负债，抓住有利投资机会迅速发展。此外，在政府鼓励投资时，可适当提高负债比率，充分利用债务资金进行投资和经营。

（2）行业因素：对于处于垄断地位的企业，经营利润稳中有升，可适当提高负债比率，利用债务资金提高生产能力，获得规模效益。对于处于所得税率较高的行业中的企业，由于债务利息是税前利润扣除，增加负债可减少所得税，因此可适当提高负债额；但对那些高风险，需要大量科研经费，产品试制期较长的企业，不应过多使用债务融资。

（3）企业的发展态势：生产经营状况良好，产品有广阔发展前景，可适当扩大企业负债规模。企业的经营收入波动过大会增加企业的经营风险,相应地要减少负债规模。企业赢利能力是其负债能力的标志与保证,若赢利能力较低,则应限制负债规模。

(4) 偿债能力测算:在确定企业负债规模时应对其偿债能力进行分析,以期确定一个合理的负债规模,避免举债过多给企业带来风险。企业偿债能力指标包括短期偿付能力、长期偿付能力、偿付能力与现金流量,应该根据这些指标分析,确定在偿债能力之内的举债。

在做债务预测时应从公司当前的资产负债率和债务结构出发,如果公司债务适中,大致可以预测未来相对稳定;如果明显偏高,不妨向降低的方向预测;如果明显较低,不妨向稳定或稍微增加一些的方向预测。

(三) 股本融资

上市公司股本融资大致分为配股、增发和发行可转债。

配股是上市公司根据公司发展需要,依照有关法律规定和相应的程序,向原股票股东按其持股比例、以低于市价的某一特定价格配售一定数量新发行股票的融资行为。

上市公司向原股东配股的,除了要符合公开发行股票的一般规定外,还应当符合下列规定:① 拟配售股份数量不超过本次配售股份前股本总额的30%;② 控股股东应当在股东大会召开前公开承诺认配股份的数量;③ 采用证券法规定的代销方式发行。

股票增发配售是已上市的公司通过指定投资者(如大股东或机构投资者)或全部投资者额外发行股份募集资金的融资方式,发行价格一般为发行基准日前某一阶段的平均价的某一比例价格。

股票增发按发行的对象分为对战略投资人增发和对特别投资者增发。两者的差别除了增发对象的人数和资质外,主要表现在增发的价格上。两者确定发行价格的基准日不同,前者的价格基准日是公司董事会公告日期,后者是证监会核准的发行区间内的某一日。公告的时间上董事会的在前,证监会的在后。在公司股价波动较大时,不同的基准日确定的发行价相差非常大。

可转债融资理论是一种期权融资。可转债的持有人可以一直持有可转债以获得利息收益;也可以利用可转债价格的波动择时卖出获取资本利得;还可以换成正股或持有或择时卖出以期盈利。作为一种选择权,全球可转债的交易策略是多种多样的。不过我国资本市场就可转债增加了两种规定:调整转股价规定和强制赎回规定。

下面是调整转股价的一个例子:

蓝思科技2017年可转债被强制赎回，因为触发了赎回条款。

根据《蓝思科技股份有限公司创业板公开发行可转换公司债券募集说明书》"第二节本次发行概况"之"二、(二)、12、(2)有条件赎回条款"的规定：在本次发行的可转换公司债券转股期内，如果公司A股股票连续三十个交易日中至少有二十个交易日的收盘价不低于当期转股价格的130%(含130%)，或本次发行的可转换公司债券未转股余额不足人民币3 000万元时，公司有权按照债券面值加当期应计利息的价格赎回全部或部分未转股的可转换公司债券。2019年11月14日至2019年12月25日连续30个交易日中，公司股票收盘价格有20个交易日不低于当期转股价格(10.44元/股)的130%(13.57元/股)，已触发上述赎回条款。(见《蓝思科技股份有限公司关于可转换公司债券赎回实施的第一次公告》2019年12月27日)

蓝思科技2017年可转债的有关结果：

根据中国证券登记结算有限责任公司深圳分公司提供的数据，截止到2020年2月7日收市后，"蓝思转债"尚有270 269张未转股，本次赎回数量为270 269张，本次赎回公司共计支付赎回款27 070 143.04元。占发行总额48亿元的0.56%。

蓝思科技可转债(其实不光是蓝思科技可转债)，引发关注的不是可转债发行实际上变成一种股权融资，而是27万张可转债持有人选择了被强制赎回。大家不禁要问：这种明显不理性的行为为何会在我国资本市场出现？事后有人在新闻报道的评论区留言说："现在科技那么发达，强赎前为什么不电话通知？非要发公告？现在生活节奏快，人们都很忙，谁有时间看你的公告？这与强盗有什么区别？"引起不少读者的讨论，相当多读者认为投资者应该对自己的投资行为负责，上市公司须切实履行好信息披露义务，投资者要养成阅读上市公司公告的习惯，积极主动地管理投资风险。

据长期观察，这种不理性的行为几乎出现在每家提前赎回的可转债品种上，数量有多有少，可以认为这是当前我国可转债市场的共性问题。这就不得不令人深思了。我国资本市场的效率是不是还有提高的空间？我国上市公司的信息披露是频次不够，还是广度不够，还是制度设计上的欠缺，导致投资者学习难度大？我国相当多的投资者为何只热衷于投机炒作而漠视投资标的的基本面？这些问题留给大家一起思考。答案可能千头万绪，不过有一条是肯定的，那就是对我国资本市场监管者来说，投资者教育任重而道远。

五、结语

预测从来就不是件轻松的事，对上市公司未来的预测更是如此。所幸的是，通

第十二章 预测公司的未来

过训练后获得的经验、公司所属行业的成长路径以及公司所掌握的资源要素可以帮助我们不会走得太偏而距离正确轨道太远,所做的预测也不会与实际结果大相径庭。事实上,只要我们贯彻"大胆假设,小心求证"的工作态度,抱着不断学习、有所提高的心态,就会在预测上市公司时收获更多的成功,不断成功的预测又会提高我们的能力和信心,进一步帮助我们做好这项工作。上市公司的现在和未来构成了上市公司价值的主要内涵,是上市公司估值的基础。

第十三章

估　值

估值是根据上市公司研究和预测的结果对其价值进行测算的工作。估值是价值投资的重要环节,因为只有公司价值超过市值一定幅度的上市公司才是投资的对象,价值与市值的差构成投资的安全边际。具有安全边际的股票才值得投资者买入,没有安全边际的股票不是好股票,即使公司是"优质赛道的种子选手"。本章的内容就是关于估值的。

股票投资时如何给公司估值一直以来都是个难题,科学合理的估值是众多投资者孜孜不倦追求的目标。多年以来,人们使用过很多模型或公式计算公司的内在价值,并总结了不少估值的方法,归纳起来有相对估值法和绝对估值法。相对估值法大多数是基于某个财务指标的倍数给公司估值,常用的有基于每股收益(EPS)的市盈率法(PE)、基于每股净资产(BVPS)的市净率法(PB)和基于息税折旧摊销前利润(EBITDA)的企业价值倍数法($EV/EBITDA$)等。绝对估值法需要借助模型才能计算出公司估值,首先预测公司未来的股利或者自由现金流,然后将其还原为当前现值,常用的模型有自由现金流折现模型(DCF)和股利折现模型(DDM)。

相对估值法的理论基础是均值回归原理,绝对估值法的理论基础是风险定价原理。大多数时候,两种估值法像没有交集的平行线,各有各的信徒,各有各的拥趸,一副井水不犯河水的样子,似乎天生就矛盾重重。不过像所有的矛盾体满足对立统一规律一样,相对估值法和绝对估值法在对立的同时也会呈现出某种统一。比如市盈率法就是DCF模型在某种特殊情况下的表现。

一、相对估值法

公司估值的要义是确定公司的价值。相对估值法借助市场整体或过往历史数值作为参照,依据某些共同价值驱动因素,如每股收益、股东权益、收入及息税折旧摊销前利润等变量,借用参照对象的数值来估计公司价值。这些变量对应的方法分别是市盈率法、市净率法、市销率法和企业价值倍数法。

下面介绍市盈率法,以其作为相对估值法的代表,其他相对估值法如市净率法、市销率法和企业价值倍数法,请参阅相关文章。

市盈率是一家公司股票的市场价格与每股收益的比值。其计算公式如下：

市盈率＝市场价格／每股收益
每股收益＝归母净利润／普通股总数

推导一下：

市盈率＝总市值／归母净利润

1. 三种市盈率

由于我国上市公司每个季度都会公布财务报告，因此我们可以按季度记录每股收益，对应这些每股收益的运用方法，市盈率分为静态市盈率、动态市盈率、TTM（滚动）市盈率。

静态市盈率等于股价除以上个会计年度每股收益；动态市盈率等于股价除以最近一个季度的每股收益后再除以4；而TTM市盈率等于股价除以最近四个季度的每股收益之和。

举个例子。

AA上市公司2021年一季度的EPS为0.4元，2020年四个季度的EPS分别为0.25元、0.32元、0.36元和0.36元，年度EPS为1.29元。2021年4月2日收盘价为30元。

静态市盈率＝30元/1.29元≈23.26
动态市盈率＝(30元/0.4元)/4＝18.75
TTM市盈率＝30元/(0.32＋0.36＋0.36＋0.4)元≈20.83

TTM市盈率能够动态地反映企业市值跟最近1年净利润的关系，所以我们需要更关注TTM市盈率。

券商行情终端所显示的市盈率通常会标注其选用的类别。

2. 市盈率估值方法

个股的市盈率是股票市场价格的刻画，公司目标价值的估算需要借助整体的平均水平或个股的历史。通常会选择行业的均值，也有选择市场的平均水平的。工具的使用上，算术平均数和中位数都有拥护者。此外，个股历史市盈率的平均水平也经常被投资人采用。①

这两种方法的逻辑为均值回归。均值回归原本是概率论中的一条统计规律，后来被广泛地运用于金融学。其主要内涵是：价格的波动无论高于或低于价值中枢（或均值）都会以很高的概率向价值中枢回归。市盈率估值法就是用市盈率代替

---

① 具体案例参见第六章第二部分"（五）股价贵吗（价值评估）"。

股票价格,其波动规律满足均值回归,也就是市盈率会向均值靠拢。

行业平均市盈率通常是根据近期数据计算得出的结果,而公司历史平均则基于长期数据。市盈率向行业均值回归的过程和向公司历史平均回归的过程没有明确的先后次序,这种偏离被称为均值回避。这是采用相对估值法需要面对的困惑之一。

以均值作为目标价的另一个困扰为均值的变动频繁,尤其是使用行业平均值时,行业中其他公司价格的剧烈波动会不可避免地影响行业均值。投资者需要不时计算均值以调整目标价格。

3. 市盈率法的注意事项

市盈率法难以应用于亏损的公司。每股收益为负值时,股价与每股收益的比值变得毫无意义。对于每个区间都盈利的公司,每股收益与市场价格的比值大致可以理解为某种投资收益率,这种收益率的倒数相当于投资回本的年限,这个倒数就是市盈率。

统计证明,市盈率法对于业绩波动剧烈的公司运用效果较差,这一点在周期性公司体现得比较明显。周期性公司市盈率较低时往往是业绩达到顶点将拐头向下的时候,从经营预期看通常是卖点而不是买点。

市盈率法另一个缺点是注重过去,忽视未来。幸运的是,很多投资者引入未来的经营业绩,测算未来的每股收益并据此对公司进行估值。

市盈率法让投资者最不满意的一点是无法反映公司的成长性。行业内成长性高的公司往往市盈率高,按照市盈率法,同一个行业内应该选择市盈率低的公司,但实际结果是投资成长性高的公司的收益远远高于成长性低的或不成长的公司。中外市场,无不如此。

为了解决市盈率法对成长性的无效问题,有人发明了 PEG 法,这个 G 是指公司未来一段时间的复合增长率,计算方法为:

$$PEG = PE/(G \times 100)$$

PEG 作为公司股价的刻画毫无疑问是有价值的,然而用来指导投资实践却难以胜任——难以给 PEG 找到合适的比较值来判断股票是高估还是低估,有人用 1,有人用 1.3、1.5 等。其根本原因在于 PEG 是一个完全人工创造的指标,没有任何经济学意义,即使对于非常宽容的金融学学者也是如此。

二、绝对估值法

顾名思义,绝对估值法试图计算出公司的绝对价值,其结果是个具体的数值,这个数值会作为投资的最为主要的参考。绝对估值法需要借助模型,下面我们介

第十三章 估 值

绍自由现金流折现模型(DCF)。股利折现模型(DDM)的逻辑基础和实现过程与DCF法大同小异,不再赘述,读者可自行推演或参阅相关文章。

像ROE是上市公司经营业绩的标尺一样,绝对估值法是上市公司内在价值的量筒。巴菲特说过:无论一个投资者基于什么估值、什么原则买股票,无论公司成长与否,无论盈利呈现出怎样的波动或平滑,无论相对当期盈利、账面价值而言的价格是高是低,投资者应该买入的是,以现金流折现模型计算后最便宜的股票。

要理解现金流折现模型就得循序渐进,按部就班。下面安排的内容分别是资金的价值与时间、资金数列的价值。

1. 资金的价值与时间

除了现金,在绝大多数地方绝大多数时候,资金的价值与时间都是正相关的。从债券到银行存款到银行理财再到余额宝概莫能外,时间越长,增值越多。

小兰2021年1月20日从公开市场购买了10万元的付息债券,票面利率为5%,五年到期。从第二年开始到2025年,每年的1月20日小兰会收到0.5万元的利息,2026年1月20日小兰将收到当年的利息和本金共计10.5万元。小兰每年收到的利息就是她初始投入10万元的增值,是资金的时间价值。

小兰的这个投资活动并不复杂,但它揭示了一个深刻的金融原理:现在的资金跟未来的资金流是对应的,价值是相等的。

将小兰的资金流入排在一起,构成一个年度资金数列(0.5, 0.5, 0.5, 0.5, 10.5),这个资金数列跟今天的10万元等值。

为了进一步理解这个金融原理,我们再举个例子。

小明的朋友小涛买车贷款10万元,分12个月还清。提车后每个月小涛需还0.9万元,工资卡几乎没有什么余粮。将小涛的资金流出排在一起,构成小涛的月度资金数列(0.9, 0.9, …, 0.9),数列共12项,这个资金数列跟10万元等值。

小涛与小兰的资金数列是明显不同的,最大的区别在于他们的资金流向相反。但他们资金数列的价值却是一样的,都是10万元。

2. 资金数列的价值

在讨论资金数列的价值之前需要明确一个重要的概念:折现率。折现率是根据资金具有时间价值这一特性,按复利计息原理把未来时间区间的数值折合成现值的一种比率。简单起见,下面的资金数列是连续的年度数列,折现率取10%。

(1) 固定数值

资金数列的每一项的数值相同,比如(1, 1, …, 1)、(9, 9, …, 9),就是固定数值的资金数列。

项数为 10 的有穷数列(1，1，…，1)的价值是数列的 10 项数值的折现值之和。第一项的折现值为"$1/(1+10\%)$"，第二项的折现值为"$1/(1+10\%)^2$"，……第 10 项的折现值为"$1/(1+10\%)^{10}$"。这 10 项构成一个公比为"$1/(1+10\%)$"的等比数列。根据公式求和得：$10-10/1.1^{10}\approx 6.14$。

有穷数列(1，1，…，1)的价值随着项数的增加而增加，但不可能超过 10。

（2）等比

资金数列的后一项数值与前一项数值的比相同，比如 (1，1.1，1.21，…，1.1^n)、(1.2，1.44，…，1.2^n)、(1.5，2.25，…，1.5^n)，就是等比的资金数列。

项数为 10 的有穷数列(1.1，1.21，…，1.1^{10})的公比与折现率相等，因此每一项的折现值都是 1，数列的价值是 10。

项数为 10 的有穷数列(1.2，1.44，…，1.2^{10}) 的价值为 16.6。

项数为 10 的有穷数列(1.5、2.25，…，1.5^{10}) 的价值为 78.8。

（3）周期变化

资金数列的所有项的数值呈现出周期性特征，比如(1，2，1，2，…，1，2)、(2，1，2，1，…，2，1)。

项数为 10 的有穷数列(1，2，1，2，…，1，2)的价值为 9.08。

项数为 10 的有穷数列(2，1，2，1，…，2，1)的价值为 9.35。

这两个有穷数列的价值相差不到 3%，而相邻两项数值相差非常大，从 -50% 到 100%。

（4）分阶段

资金数列的所有项的数值呈现出阶段性特征，比如(1.1，1.21，…，1.1^{10}，1.1^{10}，1.1^{10}，…，1.1^{10})，前 10 项是等比数列，从第十一项以后固定不变。

计算分阶段资金数列的价值要采用分阶段加总法。

20 项的资金数列(1.1，1.21，…，1.1^{10}，1.1^{10}，1.1^{10}，…，1.1^{10})的价值分为前 10 项价值与后 10 项价值之和。前 10 项价值为 10，后 10 项的价值为 5.58，相加的结果是 15.58。

3. 折现模型中资金数列的构建

投资活动中不同的投资人会选择不同的折现模型，折现模式中资金数列的构建也就不同。常见的资金数列有红利数列、股东盈余数列和自由现金流量数列。

（1）红利数列

股利是上市公司给予股东的回报，按股东的持股比例进行利润分配，每一股股票所分得的利润就是每股的红利。将红利按照时间序列排成数列就是红利数列。

红利数列一般是用每股红利作为标准化的数据以示统一。大多数时候数列中的每一项代表某一年，如果有年度不分红，数值记录成 0。有些公司分红的周期是半年(如中国石化),也有一些公司按季度分红(如在美国上市的埃克森美孚),这些公司的红利数列按分红惯例全部有序排列,不可人为地按年度加总。对于不是按年度分红的情况,需要标明分红的周期是 6 个月还是 3 个月。

红利数列可以是有穷数列也可以是无穷数列,前者用来描述一段时间后终止运营或是整体出售的公司,后者预期公司将会持续经营。有穷数列的最后一项是公司清算后的股东剩余财产的现金表示或者是整体出售的每股所得现金。

(2) 股东盈余

股东盈余不是净利润,更不是股东权益。

股东盈余是巴菲特用来估值的资金数列。

一家公司的现金流习惯上被定义为税后净利润,加上折旧、耗损、摊销以及其他非现金费用。巴菲特注意到这个定义的一个问题,它忽略了一个重要的事实:资本支出。一家公司将当年利润再投入新设备、工厂改进,才能维持其市场竞争地位。根据巴菲特的观察,绝大多数美国公司的资本支出几乎等于当年的折旧。企业可以将资本支出递延一年或是更久,但不可能长期不花:如果你不进行资本支出,短期可能影响产量,降低产品的品质,长期将影响公司的竞争力。巴菲特认为资本支出就像人工费用及水电费用一样不可或缺。

巴菲特的股东盈余由净利润加上折旧、耗损、摊销,再减去资本支出和其他必需的营运资本得到。

巴菲特使用股东盈余作为资金数列,贯穿于其重大投资实践。不过他也承认,股东盈余这项指标无法提供很多分析师所需要的精确数字。他在回答这部分的提问时引用了凯恩斯的名言:"宁要模糊的准确,不要精确的错误。"

(3) 自由现金流量

所谓自由现金流量 FCF(Free Cash Flows)是指真正剩余的、可自由支配的现金流量。自由现金流量是由美国西北大学拉巴波特、哈佛大学詹森等学者于 1986 年提出的。经历 20 多年的发展,特别是在以美国安然、世通等为代表的之前财务报告中利润指标完美无瑕的所谓绩优公司纷纷破产后,自由现金流量的重要性逐步被人们认可,自由现金流量作为证券投资的基础工具被广泛地应用在投资的方方面面。

FCF 等于息税前利润 EBIT 减去所得税加上折旧与摊销后扣减资本性支出再减去营运资本的差额。

$$FCF = EBIT - 所得税 + 折旧与摊销 - 资本性支出 - 营运资本$$

有些公司在定期报告中会报告当期的 FCF,我们可以直接采用。没有直接公布的公司,投资者可以从公司的会计报表中计算出 FCF,方法如下:

EBIT 是营业收入与营业支出的差,在利润表中用收入减去成本再减去销售费用与管理费用及研发费用的和。

折旧与摊销需要从资产负债表的固定资产折旧和无形资产摊销等科目的附注中摘录,需要提醒的是只能计入当期的相关数据,而不是累计数据。

资本性支出在现金流量表的"投资活动产生的现金流量"部分中以购建固定资产、无形资产和其他长期资产支付的现金科目列示。

营运资本等于应收账款及票据加存货减去应付账款及票据。提醒一下,计算的应收账款须包括应收账款融资。营运资本的变化是报告期间期末数据与期初数据的差额。

FCF跟巴菲特的股东盈余有两个重大区别。一是FCF的所有人是公司的股东和债权人,因为股东和债权人都是公司持续经营的风险承担者,而股东盈余归属于公司股东。二是抛开财务费用对FCF的影响不谈,FCF对营运资本的处理与股东盈余有根本的不同。

巴菲特计算股东盈余时对营运资本的处理可以分为两个阶段:早期将营运资本的变化计入股东盈余,具体的做法是营运资本增加时按增加部分扣减股东盈余,反之亦然;后来巴菲特逐步淡化营运资本对股东盈余的影响。

营运资本是应收账款加存货减去应付账款。营运资本是企业正常运营的基础之一,没有营运资本的企业就像没有米的巧妇做不成饭一样生产不出产品。不过企业的营运资本跟巧妇手中的米有个重大区别:营运资本是初始一次性投入的资本,企业正常经营时当营运资本不足时需及时补充和准备;营运资本有时也会出现丰沛的时候,企业可以用多余的部分进行再投资或者用于理财以获取收益。对于FCF对营运资本的财务处理,只关注其增减就顺理成章了。当营运资本增加时,FCF需要扣减差额;当营运资本减少时,FCF需要添加差额。

企业要提高FCF无非要从增加息税前利润(EBIT)、节省资本性支出(CAPEX)和控制营运资本着手。

① 增加息税前利润

息税前利润反映了企业主营核心业务的经营成果。要提升EBIT,就需要开源节流。

大多数时候,开源是很困难的,企业的市场定位不是一天形成的,如果没有爆款,希望销售收入快速增长,除非行业出现系统性机会。如2020年我国机电产品出口大幅增加是因为受到海外其他地区生产停滞供应不足的影响,发达国家疫情冲击总供给对于当时疫情基本控制的我国出口型企业无疑是重大利好,所有公司的订单暴增,行业景气度暴涨,大大小小的企业信心爆棚。

对于所有的公司,节流不需要行业系统机会,它是企业日常的看得见摸得着的具体的一项项工作、一件件事情。从某种意义上讲,节流不是行动,而是意识,应该成为企业的一种文化。只要想节流,处处可节流。

必须强调,节流不是停止正常支出,不是停止正常的投入,不是停止正常的发展。节流是停止生产上的浪费,节流是停止销售上的浪费,节流是停止采购上的浪费。节流是"Cost Down",节流是反对浪费。

我们以生产企业为例,列出相关可能存在的浪费。

a. 生产过剩的浪费。一心想要多销售而大量生产,结果在人员、设备、原材料方面都产生浪费;在没有需求的时候提前生产而产生浪费,这也是供应链销售预测和生产系统之间不匹配而产生的浪费。

b. 不合格产品的浪费。在生产过程中出现废品、次品,会在原材料、零部件、返修所需工时数、生产这些不合格产品所消耗的资源方面产生浪费。

c. 待工的浪费。在进行机械加工时,机器发生故障不能正常作业,或因缺乏零部件而停工等活等,在这样的状态下所产生的浪费都是待工的浪费。

d. 动作上的浪费。不产生附加价值的动作、不合理的操作、效率不高的姿势和动作都是浪费,这些浪费还给企业管理留下安全隐患。

e. 搬运的浪费。除去准时化生产所必需的搬运,其他任何搬运都是一种浪费。比如在不同仓库间移动、转运、长距离运输、运输次数过多等。

f. 加工本身的浪费。把与工程的进展状况和产品质量没有任何关系的加工当作必要的加工而进行操作,此种状况下所产生的浪费。

g. 库存的浪费。因为原材料、零部件、各道工序的半成品过多而产生的浪费。核心原因还是供应链波动引起的浪费,这些东西过度积压还会引起库存管理费用的增加。

② 节省资本支出

资本支出通常包括固定资产增置及改造支出。这些支出的目的不光是维持其原有的服务能力,也是为了获得更大的未来效益。企业在准备重大资本支出时,都要对投资项目进行可行性分析,明确投资额度,计划产能规模,测算项目回报。节省资本支出可以从两个方面来讲,一是实际运作时大幅度地减少资金投入,二是在投入不变的情况下运用新工艺、新技术、新管理模式扩大产能规模。

中环股份 2017 年至 2018 年的内蒙古项目就是个节省资本支出的例子。

随着光伏产业的持续发展,全球光伏产业即将进入平价上网时代,公司认为光伏制造业整体已开始进入"成熟制造业"阶段,全球光伏产业升级的"高转换效率"需求推动行业进入了单晶时代。公司新能源材料产业的发展更加专注于现代化管理、数据化管理、以人为本管理,通过推进工业 4.0、精益制造、工艺技术进步、流程优化、精细化管控,打造现代化的高端光伏制造业。内蒙古地区数字化、智能化制造转型取得阶段性成果,公司分析认为:制造方式的转变可使原项目设计产能提升 25% 以上、人均劳动效率提升 100% 以上。天津地区设计实施的 DW 切片智慧化工厂项目将智能管理系统、智能物流、智能仓储以及自动化生产装备有机结合,重塑了光伏制造业生产模式。

通过管理优化、流程再造、精益制造向数字化、智能化转型,持续推进内蒙古地区晶体制造基地超越设计产能到 30 GW;同时策划五期项目,通过项目的智慧化工厂设计及制造、组织、管理模式优化,注入光伏产品半导体化体系思维,以支撑光伏产业持续性升级,更好地满足光伏市场未来对新能源材料品质高效化、多样化的需求,持续保持全球新能源材料领域的领先地位。(据中环股份 2018 年年报)

③ 控制营运资本

在影响营运资本的因素中,应收账款和存货金额的缩小有利于营运资本的控制,应付账款的扩大也是控制营运成本的重要途径。

海天味业在加强产品研发的同时注重经营管理,2017 年以后营运资本管理取得明显的改善,为公司快速发展打下了较好的基础。

多年来公司对管理精益求精的追求,使精细化的管理水平成为公司的核心竞争力之一。因为作为专业的调味品公司,做好管理是一项较大的挑战,需要多年的经验累积和不断创新的管理方式,所以需要在生产技术上不断突破,在生产管理上不断完善。针对调味品公司管理中最难的供应链管理环节,公司通过多年的管理经验累积,不断地通过优化订单计划模式、挖潜产能等措施,全面推进实现生产和销售的均衡,提高内部资源和外部资源充分整合产生的效率竞争力,实现供应端、生产端、销售端的良性互动发展。(见海天味业 2017 年年报)

4. 折现率

20 世纪 60 年代之前,折现率问题是个非常个性化的问题。资本资产定价模型 CAPM 的横空出世,从理论上解决了折现率问题,尽管不时有些不同的声音,但仅限于不同的投资实践。

(1) CAPM

CAPM 阐述了在投资者都采用马科维茨的理论进行投资管理的条件下市场均衡状态的形成,把资产的预期收益与预期风险之间的理论关系用一个简单的线性关系表达出来了,即认为一个资产的预期收益率与衡量该资产风险的一个尺度 β 值之间存在正相关关系。通俗地讲,收益越大,风险越大;风险越小,收益越小。

CAPM 模型如下:

$$r_a = r_f + \beta_a(r_m - r_f)$$

其中,r_a 是证券的预期收益率,r_f 为无风险收益率,r_m 为市场的整体回报率。

(2) WACC 与折现率

运用 CAPM 模型需要两个前提，一个是 β 值具有稳定性，另一个是市场一直有效。β 值是单个股票资产的历史收益率对同期指数（大盘）收益率进行回归的回归系数。普通投资者可以在一些公共金融投资平台查询到个股的 β 值。

举个例子：

AAA 公司股票的 β 值为 1.5，市场整体回报为 10%，无风险收益率为 3%，根据 CAPM 模型计算出股票的预期收益率为"3% + 1.5×(10% − 3%) = 13.5%"。因为市场是有效的，所以证券预期收益率可以用作证券的权益资本成本。

公司的资本来源通常有债务和权益，按资本结构的权重将债务和权益的成本加权得出公司的加权平均资本成本 WACC。

$$WACC = K_e W_e + K_d (1-t) W_d$$

其中，K_e、W_e 分别是权益成本和权益占比，K_d 为债务成本，W_d 为债务占比，t 是企业所得税率。

接着上面的例子，公司债务占比为 30%，权益占比为 70%，债务成本为 6%，所得税率为 25%。计算出：WACC = 13.5% × 70% + 6% × (1 − 25%) × 30% = 10.8%。

WACC 作为投资者对公司的期望回报率，是投资者承担投资风险的机会成本。折现率是对投资的一段时间内取得的投资收益进行的年化收益率测算。WACC 是向前看，折现率是往回看，它们就像站在镜子前的人，你看着我，我看着你，大家高矮胖瘦都是一样的，只是相对而立罢了。

(3) 关于 β

CAPM 模型简洁而且优美。对经济学家和分析师来说，没有比 CAPM 模型更好的可以用来解释投资者获得的收益是其承担风险的报酬的工具了。这个模型完美地将个股的投资收益率与市场联系在一起，其中 β 的运用至关重要。

投资者们在使用 CAPM 模型时发现 β 值不是一个稳定的数值，即使相邻的日期，有时 β 值相差也不小。统计研究发现，不是所有股票的 β 值都会随统计区间的拉长而呈现收敛特征。进一步研究才发现，β 值具有"向均值回归"的统计特征。

实践中有两种方法可以改进 β 值的预测。一种方法是应用自回归条件异方差，另一种方法是根据 β 具有均值回归的特性对其进行调整。

关于 β 的讨论一直吸引着理论界和投资界的广泛关注，人们发表了大量研究结果。这些结论对立且关联，论证过程深奥且复杂，远超普通投资者的阅读范围，这里就不再介绍了，有兴趣的读者可查阅相关文章。

对β的讨论越深入,投资界对将WACC用作折现率的不同声音就越洪亮,有专业投资者索性回归CAPM模型问世前的自由选择。关于折现率有人用国债收益率,有人用民间借贷年利率,有人用市场的历史收益率,有人用目标年度收益率(比如10%),五花八门、丰富多彩,八仙过海各显神通。这倒契合了投资从来就是件个性十足的活动,投资方法的千变万化注定了投资绩效的千差万别。

5. 自由现金流量折现法

将企业未来给定期间内的预期自由现金流量折现为当前现值的过程叫作自由现金流量折现,这种方法叫作自由现金流量折现法,英文简称为DCF。

通过上一章和本章前面的有关内容,我们可以预测出未来一段时间的自由现金流量,根据WACC的计算方法可以得到折现率,DCF的运用便水到渠成。

接着上面的内容举个例子:

AAA公司总资产为120(单位:百万元,下同),固定资产为60,债券为30,股本金为6,年收入为150,毛利为30,销售费用、管理费用、财务费用分别是2、8、2,其中折旧率为10%,所得税率为25%(如表13-1、13-2所示)。

第10年用自有资金30当年扩大产能,当年收入增加100;前10年收入每年增长10%,10年后收入每年增长5%;前10年每年维护性资本支出为5,10年后每年维护性资本支出为8,营运资本每年减少1;每年按净利润的50%分红,闲置资金购买银行理财,年利率为4%(如表13-2所示)。

表13-1　AAA公司初始资产负债表　　　　　　　　　　单位:百万元

流动资产	60	流动负债	20
固定资产	60	长期负债	30
总资产	120	股东权益	70

DCF的演算过程看似复杂,市面上有专门的应用工具,大家可以借用,对于稍微熟悉EXCEL的读者,完全可以自己动手完成。

用DCF法估值时,折现率不变时估值结果由自由现金流量序列决定,永续增长前序列的基数无疑是个重要的参数,通常基数越大,估值越高。实践中,我们在确定基数时应该结合公司经营的确定性,确定性越高基数可以越大,比如地位突出的消费品龙头可以大一些,新科技领域的新兴公司不妨小一些。当然基数的大小有时需要根据公司及行业的发展状况而适当调整。

DCF法有一种简洁情形。如果将折现率设定为10%,DCF法的估值结果接近FCF的10倍,以此数值减去企业的有息负债,得到的值就是属于上市公司股东的价值。

第十三章 估　值

表 13-2　AAA 公司未来 20 年预测

单位：百万元

	第1年	第2年	第3年	第4年	第5年	第6年	第7年	第8年	第9年	第10年	第11年	第12年	第13年	第14年	第15年	第16年	第17年	第18年	第19年	第20年
收入	150	165.00	181.50	199.65	219.62	241.58	265.73	292.31	321.54	353.69	476.38	500.20	525.21	551.47	579.04	607.99	638.39	670.31	703.83	739.02
毛利	30	33.00	36.30	39.93	43.92	48.32	53.15	58.46	64.31	90.74	95.28	100.04	105.04	110.29	115.81	121.60	127.68	134.06	140.77	147.80
销售费用	2	2.20	2.42	2.66	2.93	3.22	3.54	3.90	4.29	4.72	5.19	5.71	6.28	6.90	7.59	8.35	9.19	10.11	11.12	12.23
管理费用	8	8.20	8.42	8.66	8.93	9.22	9.54	9.90	10.29	10.72	14.19	14.71	15.28	15.90	16.59	17.35	18.19	19.11	20.12	21.23
财务费用	2	2	2	2	2	2	2	2	2	2	2	2	2	2	2	2	2	2	2	2
税前利润	18	20.60	23.46	26.61	30.07	33.87	38.06	42.67	47.73	73.31	73.90	77.63	81.49	85.48	89.62	93.89	98.30	102.84	107.53	112.34
所得税	4.5	5.15	5.87	6.65	7.52	8.47	9.52	10.67	11.93	18.33	18.48	19.41	20.37	21.37	22.40	23.47	24.57	25.71	26.88	28.08
净利润	13.5	15.45	17.60	19.95	22.55	25.40	28.55	32.00	35.80	54.98	55.43	58.22	61.12	64.11	67.21	70.42	73.72	77.13	80.64	84.25
折旧	6	6	6	6	6	6	6	6	6	6	9	9	9	9	9	9	9	9	9	9
资本支出	5	5	5	5	5	5	5	5	5	5	8	8	8	8	8	8	8	8	8	8
营运资本增减	-1	-1	-1	-1	-1	-1	-1	-1	-1	-1	-1	-1	-1	-1	-1	-1	-1	-1	-1	-1
FCF	17.50	19.45	21.60	23.95	26.55	29.40	32.55	36.00	39.80	28.98	59.43	62.22	65.12	68.11	71.21	74.42	77.72	81.13	84.64	88.25
折现值	15.42	15.10	14.77	14.43	14.10	13.75	13.41	13.07	12.73	8.17	14.76	13.61	12.55	11.57	10.66	9.81	9.03	8.30	7.63	7.01
折现值累计	239.89																			
第20年权益增加	14.22	15.65	17.14	18.69	20.31	22.00	23.77	25.62	27.56	40.69	39.44	39.84	40.21	40.56	40.89	41.19	41.46	41.71	41.93	42.13
最终权益值	50.45																			635.00
折现总值	290.34																			
扣减负债	30																			
股东的折现总值	260.34																			

三、相关结论

无论是相对估值法还是绝对估值法,企业还是那家企业,上市公司还是那家上市公司,我们关注的核心问题是公司创造价值的能力和水平,表现在估值法的参数上就是市盈率法的每股收益和 DCF 模型中的自由现金流量。进一步,我们会发现构成公司价值的其他因素,比如增长、比如周期、比如分红等。

(一) 增长是公司价值的重要因素,没有增长的公司不值得投资

上市公司的现金流构成的资金数列为 $(F_1, F_2, \cdots, F_n)$,没有增长的公司,$F_i > F_{i+1}$。资金数列现在的价值 $V_1 = F_1/(1+r) + F_2/(1+r)^2 + \cdots + F_n/(1+r)^n$。第二年的价值 $V_2 = F_2/(1+r) + F_3/(1+r)^2 + \cdots + F_{n+1}/(1+r)^{n+1}$。由于 $F_i > F_{i+1}$,因此 V_1 的右边每一项都大于 V_2 的右边每一项,所以 $V_1 > V_2$。

V_1 和 V_2 是资金数列相邻两年的价值,在没有考虑时间价值的前提下,V_2 的数值小于 V_1。这样公司的价值每年都会缩减,持有的时间越长,价值缩减的程度就越大。如果你用 V_1 的价格买入,一年后它的价值是 V_2——比你买的支付价格要低;如果你舍不得卖,再持有一年,对不起,那时的价值比 V_2 还要低。到那时,你将体会到时间不是投资的朋友,时间是投资的一把杀猪刀。

投资者必须警惕这样的公司出现在投资组合里,如果不幸持有,赶紧处理掉。

这样的公司属于价值陷阱类,投资者一旦持有犹同落入陷阱一样。

有几类公司容易成为价值陷阱。

1. 单项目的 BOT

BOT 是英文 Build-Operate-Transfer 的缩写,通常直译为"建设—经营—转让"。BOT 实质上是设施投资、建设和经营的一种方式,以政府和私人机构之间达成协议为前提,由政府向私人机构颁布特许,允许其在一定时期内筹集资金建设某一基础设施并管理和经营该设施及其相应的产品与服务。在 BOT 立项、招标、谈判这三个阶段,政府的意愿起着决定性的作用。在履约阶段,政府又具有监督检查的责任,其项目经营中价格的制订也受到政府的约束。BOT 项目达产后收入达到项目期最高的,此后的运营期间的收入不可能有增长,就更不要说利润和现金流了。

如果 A 上市公司中有一些以 BOT 为运营模式的公司,那么这些公司大多不是单项目公司,它们的增长在于不断地中标新的 BOT 项目,哪一天它们不再有新项目了,它们就将落入价值陷阱。

2. 需求消失的行业

需求消失对行业内所有公司来说都是灭顶之灾。转型快的要医治创口,等待痊愈;转型慢的难逃厄运;坚守阵地的灰飞烟灭。从生产马鞭的公司到生产胶卷的

公司再到生产传呼机的公司,无一例外。汽车代替马车时,马车退出人们的生活,马鞭的需求跟着消失了。数码相机发明之后,胶卷的需求没有了。手机大量使用时,传呼机无法使用了,即使传呼机崭新如初也不行,因为没有公司为你中转了。

联想一下,光伏解决了成本和储能问题,火电咋办? 挖煤的咋办? 新能源汽车解决了续航和价格问题,传统汽车咋办? 卖汽油的咋办?

3. 赢家通吃行业的小弟

所谓赢家通吃,顾名思义就是行业龙头抢了所有"跟班小弟"的饭碗。互联网主导的时代跟实体经济主导的时代最大的不同在于,互联网企业的边际成本不受规模扩大的制约而且一如既往的稳定,龙头公司即使与体量很小的"跟班小弟"竞争也会身轻如燕,最不济也是个灵活的胖子,全然没有船大难掉头的不堪。这个行业的"小弟"只有两种出路:要么卖身,要么卖肾。卖身者成为老大的帮凶,去吃其他小弟,为虎作伥。卖肾者苟活于世,在暗无天日的角落期待黎明快点来临,不过即使等到日出也不过是苟延残喘罢了。

4. 分散的、重资产的夕阳产业

夕阳产业,意味着行业需求没增长了。重资产,意味着需求不增长的情况下产能无法退出,如强行退出,当初投入大把金钱的资产卖不出仨瓜俩枣。分散,意味着供过于求时行业可能无序竞争甚至大打价格战。没完没了的价格战,没完没了的噩梦。身累过后是心累,身累尚可救,如果年轻,歇歇就能缓过来,心累则无药可治,只能慢慢等死。

5. 站错队的公司

站错队的公司一般都曾经辉煌过,就像鲁迅先生《阿Q正传》里姓赵的阿Q也阔过一样。当今世界,新技术风起云涌,热门行业的技术发展方向从来就是百花齐放、百家争鸣。领先的公司充分享受着先发优势带来的红利,大碗喝酒大口吃肉。殊不知颠覆者利用新的技术正在准备攻克你的每一个自以为固若金汤的堡垒。当你失去最后一个阵地时,你只能看着这些你先前不会正眼瞧的小D王胡之流左拥赵女右抱郑姬,呼朋唤友花天酒地。留下孤单的你诅咒他们有跟你一样的未来:"眼看他起朱楼,眼看他宴宾客,眼看他楼塌了。"

(二)价值投资与长期投资不可画等号

价值投资将公司估值作为公司的价值,价值超过市价的部分就是安全边际,买入时点的价差构成目标收益。当股价达到价值时卖出就可以实现收益。由于股票市场运行机理繁复而且缺乏稳定性,市场走势的预测困难重重,因此价值投资者实现收益的时点自然就难以预测。实践表明,有时朝种暮获,有时长年累月。长年累月是价值投资,朝种暮获也是价值投资,价值投资与长期投资不可画等号。长时间特别是跨年度的投资需要面对两个问题:一是年化收益率,二是安全边际会不会缩小。第一个问题对机构投资者的影响更大,因为他们的考核周期通常以年度为单位,无法在当年看到收益(包括浮动盈利)有时会让投资经理失去继续管理组合的权利,即使后来组合的收益暴增,但这时价值投资未必适合机构投资者了。倒是普通投资者没有考核时点的顾忌,可以走过完整的价值投资周期。从这个角度讲,价值投资更适合普通投资者。第二个问题是所有价值投资者都必须正视的,即较长时间跨度的公司价值有时会有明显的差距。我们在上一节探讨的价值陷阱就是明显的例子。从估值模型中我们可以发现,只要企业的增长率超过折现率,企业的价值就会随着时间的推移而不断增大,因此公司不断成长是摆脱价值陷阱的方法之一。时间是成长性公司投资的朋友,这样的长期投资更有意义。必须指出的是,当新的年度开始时,我们要重新计算所投资的每一个公司的价值,以重新设定股票的卖出价。

(三)市盈率法是自由现金流折现模型的一种特殊情形

市盈率法最大的好处是简单,市盈率法最大的坏处也是简单。

用价格除以每股收益就是市盈率 PE。有了市盈率,人们就可以对股票品头论足了。这只股票贵了,那只股票便宜,股票贵贱与市盈率高低挂钩,做投资是多么美好的事呀!将上市的所有公司的市盈率加总平均构成了市场的市盈率,不少做市场分析的及给政府提供决策建议的喜欢用它来说明市场是否有泡沫并以数值的高低刻画市场的泡沫程度。

有了市盈率,人们似乎可以在预测出目标公司的每股收益时,给公司确定目标价格。有了目标价格,投资者对股票就可以做到知行合一、理论指导实践。

按市盈率买卖股票的绩效没有人分析过,因为没有一个投资者或一个投资机构坚持只用市盈率单一指标作为他们的交易策略。前面我们指出了市盈率法明显的缺点,无法甄别公司的优劣是其一,其二是无法反映公司的成长。对于后者,有人发明了 PEG,PEG 好像解决了公司成长的问题,但却带来了新问题,那就是难以用来指导投资实践。PEG 无法像个锚,让市场上你看好的公司停靠下来,躲避风浪。

刻画市场的泡沫程度,市盈率是胜任的,因为它简单。

指导你买卖股票,市盈率是不足的,因为它简单。

市盈率法是自由现金流折现模型的一种特殊情形,所以它能刻画市场的泡沫程度。

市盈率法是自由现金流折现模型的一种特殊情形,所以它不能指导你买卖股票。

为什么市盈率法是自由现金流折现模型的一种特殊情形呢?

如前所述,将数列(1,1,1,…,1,…)括号内的每一个数值加上单位,比如亿元,比如元/每股,就可以使之代表某个公司每个年度的资金,可以是利润,也可以是现金流。

需求平稳增长的行业内竞争格局牢固,假设行业无增长,行业中存在某公司业绩表现跟行业平均水平相近,该公司没有有息债务,在一段时间内折旧的金额与资本支出相当,营运资本稳定不变,每年公司的净利润跟自由现金流量相当。公司与行业平均一致,其偏离行业的机会和幅度接近零,因而公司的 β 值等于1,行业的平均收益率就是预期收益率,没有有息债务的公司的 WACC 就等于预期收益率。

公司现金流形成的资金数列$(1, 1, 1, \cdots, 1, \cdots)$在折现率为10%时价值等于10,在折现率为 r 时价值等于 $1/r$。

公司每年的净利润都为1,公司的价值为10,所以市盈率 PE 等于10,PE 的倒数等于10%。公司的价值为 $1/r$,所以市盈率 PE 等于 $1/r$,PE 的倒数等于 r。

市盈率是折现率的倒数。市盈率法是极度稳定公司 DCF 估值模型的简洁表达,是一种特殊情形。

推演过程显示市盈率法只适合增长缓慢的成熟行业和企业,如价值型蓝筹股。不再增长的稳定经营公司可以用市盈率法估值,处于其他成长周期的行业内的所有公司以及处于成熟期的行业内还在增长的公司都不能用市盈率法估值。

前面计算过,项数为 10 的有穷数列 $(1.2, 1.44, \cdots, 1.2^{10})$ 的价值为16.6,项数为 10 的有穷数列 $(1.5, 2.25, \cdots, 1.5^{10})$ 的价值为78.8。假设括号内的数值是公司的净利润也是自由现金流,以 10 年的价值计算市盈率,前一个的市盈率等于13.83,后一个的市盈率等于52.53,而它们的折现率的倒数都是10。总体偏差很大。如果用更长时间的数值,偏差将更大。顺带说一句,之所以后者的偏差巨大,是因为它有更高的增长率。

市盈率法能用来对公司估值只是某种巧合,是在某种特殊情形下暗合了正确方法的结果。如果有人用市盈率法对所有上市公司进行估值,那就是管中窥豹、盲人摸象了。不幸的是,在我国资本市场的理论和实践中,谈起公司的估值,几乎没人不提到市盈率。这个说市场总体低估,因为市盈率处于历史平均水平之下;那个说,市盈率是个位数的某某行业太便宜,医药股市盈率有几十倍,太贵了。这样的说法无疑是不正确的。不过这种错误也不是一点作用没有,对于掌握了科学估值的投资者来说,市场提供了更多的投资机会以供选择。就像巴菲特的老师格雷厄姆讲过的,情绪一直不稳定的"市场先生"是价值投资者的朋友,它贪婪时价格上涨过头,你可以卖给它实现盈利,它恐惧时价格跌过头,你买入的安全边际就更大。市盈率法估值一定带来较多公司定价的错误,给我们提供交易对象和机会,因此市盈率法也像"市场先生"一样是价值投资者的朋友。

（四）周期性公司的价值其实是相对稳定的，股价大幅波动中蕴含的投资机会不容小觑

我们知道 10 项有穷数列（1，2，1，2，…，1，2）与（2，1，2，1，…，2，1）的价值相差不大。无穷数列（1，2，1，2，…，1，2，…）与（2，1，2，1，…，2，1，…）的价值相差几何呢？答案是完全相等。

证明需要点小技巧。将它们分别拆成两个数列之和：（1，2，1，2，…，1，2，…）=（1，0，1，0，…，1，0，…）+（0，2，0，2，…，0，2，…），（2，1，2，1，…，2，1，…）=（2，0，2，0，…，2，0，…）+（0，1，0，1，…，0，1，…）。因为无穷数列（1，0，1，0，…，1，0，…）与（0，1，0，1，…，0，1，…）价值相等，无穷数列（0，2，0，2，…，0，2，…）与（2，0，2，0，…，2，0，…）价值相同，所以价值相等的两个数列之和的价值自然也相等。

回到我们要讨论的周期性公司。周期性公司的特征就是产品价格呈周期性波动，其经营结果呈现出周期性波动，一年好、一年差，好一年、差一年，循环往复。典型的周期性公司的业绩数列就是（1，2，1，2，…，1，2，…）。当然有人喜欢（1，-1，1，-1，…，1，-1，…），作为阐述本节的观点也未尝不可，不过现实中不可能有价值为零的行业——即使偶尔出现价值为零的公司，而这个数列价值显然为零。

周期性公司业绩数列（1，2，1，2，…，1，2，…）的价值是恒定的，不管你什么时候去计量，比如此刻，比如明年，比如往昔。

周期性公司业绩的波动却非常剧烈。上面的数列显示，第二年比第一年业绩翻番，后年却比第二年下滑一半。对应到当年的市盈率，其变动同样非常剧烈。行业景气时，公司的业绩最高，市盈率往往较低；行业不景气时，公司的业绩最差，市盈率往往较高（如果盈利的话）。如果投资者认为市盈率低而想便宜买入，则可能要面对漫长的等待，会导致错过其他投资机会甚至还将遭遇进一步亏损。同样的，因为业绩处于较低水平、市盈率高企而在情况好转时不敢进场，就会失去投资机会。

周期性公司的投资方法说明市盈率估值法像"市场先生"一样给价值投资者提供买卖股票的机会。股票投资中经常流行一句话：对于周期性行业"在业绩最差的时候买，在业绩最好的时候卖"。这就是在利用市盈率法的定价错误。

买卖周期股必须结合自上而下的宏观分析，以减少因买入时间过早导致亏损的长时间煎熬和因卖出时间过早导致未能充分实现盈利的不断后悔。幸运的是，通过仔细的观察，我们大概能知道周期性行业的供需重大变化的时间段。相关知识我们在上一章做过介绍。

周期性行业受我国产业政策的影响较大，比如钢铁，比如水泥，比如玻璃。

2018年的《钢铁行业产能置换实施办法》明确严禁钢铁行业新增产能,推进布局优化、结构调整和转型升级,建设新产能必须有退出的产能作为置换,京津冀、长三角、珠三角等环境敏感区域置换比例不低于1.25∶1,其他地区实施减量置换,未完成钢铁产能总量控制目标的省(自治区、直辖市),不得接收其他地区出让的产能。水泥和玻璃行业实行类似的产能置换办法。

周期性行业供给端的政策重大变更对行业的影响无疑是巨大的,投资者需要高度重视。影响供给端的因素除了行业政策外,国家有关政策诸如环保政策、土地政策等也不应该忽视。此外还应注意地方政府对招商引资的偏好,比如上面讲"青山绿水"时,占地广、污染大的项目就不吃香了,而周期性行业要么占地广,比如钢铁,比如水泥,比如玻璃,比如养猪,要么污染大,比如水泥,比如养猪。

供给端的重大变化对行业的影响有时是立竿见影的,有时是潜移默化的。比如2019年起的猪肉价格大幅上升,肇始于非洲猪瘟,长时间持续的原因和地方政府对生猪养殖的消极态度不无关系。比如2021年初的玻璃供应短缺,可能是产能置换政策下的供给收缩。

(五) 除了WACC还有其他折现率吗

用WACC作为折现率是经过理论推理的,已被证券分析师普遍采用,见诸多家上市公司的研究报告。WACC是在无风险收益率上加上一个权益风险溢价,这个溢价反映企业未来现金流的不确定性。对这个权益风险溢价,有人表示不愿接受,理由是他们预测的公司现金流会像石英钟一样精准,不存在不确定性。他们表示那些未来现金流不确定的公司还没进入估值这个步骤就被淘汰了。他们在大部分时间内用无风险收益率作为折现率,除非长期利率异常低下时才在无风险收益率上加上几个点以反映他们认为正常的利率环境。

用无风险收益率作为WACC的代表人物是巴菲特。

他认为,如果公司具有持续的、可预测的盈利,那么企业风险即使没有消除,也是减少了。他说:"我很看重确定性,如果你能做到这一点,那么风险因素将对你不起作用。风险来自你不知道自己在做什么。"巴菲特也承认一个企业未来的现金流不可能像债券以合同形式规定得那么明确,他的建议是买入时加大安全边际作为补偿。

从理论上讲,巴菲特的做法也不是毫无瑕疵的,在折现率上加上风险溢价和加大安全边际本身应该是风马牛不相及的事:一个是估值定价,一个是打折购买。打个比方,你面前有两家商店。前面一家明码标价、童叟无欺,你觉得价格合适你就买,不买也可以看看。后面一家,可以砍价、可以还价,你买了后往往不甘心,担心买贵了,如果你转卖的话,你往往倾向于快点出手,因为你自己也不明白到底值多少钱。

推荐的办法为要么坚定地用较低的折现率——比如无风险收益率、商业银行理财产品收益率、商业银行贷款利率或民间借贷利率——以对应你对自己所预测的现金流的信心；要么用 WACC 来调整预测现金流的不确定性。这两种方法都被我国的机构投资者广泛使用，前者主要是以茅台为代表的消费品公司，后者主要是以广联达为代表的科技型公司。

（六）价值还是成长本不应该对立

价值还是成长是个狭义的命题，指投资对象的属性是价值型的还是成长型的。每当这两个板块的市场表现出重大分离时这个命题就会被提起，引起广泛而热烈的讨论。

以下内容摘录自《橡树资本霍华德：价值投资在 2021 年还适用吗？》，相信会对大家回答这一命题有所帮助。

从理论上讲，以当前现金流和资产价值为基础的价值型股票应该更"安全"，也更受保护，尽管不太可能像那些渴望在遥远的未来实现销售额和收益快速增长的公司那样，获得巨大回报。

成长型投资往往需要相信未经证实的商业模式，而这种模式可能会不时遭受严重挫折，这就要求投资者有坚定的信念，以便能够坚持下去。

在上涨时，成长型股票通常带有一定程度的乐观情绪，而这种乐观情绪在市场回调时就会消失，这甚至会考验最坚强的投资者。而且由于成长股的大部分价值依赖于遥远未来的现金流，而这些现金流在 DCF 分析中被大量贴现，因此利率的特定变化对其估值的影响可能比对那些价值主要来自近期现金流的公司的影响更大。

尽管有这些观点，但我不相信那些对这个领域影响如此之大的著名价值投资者们，希望价值投资和成长投资之间有如此鲜明的划分，前者注重当下，价格低，可预测性强，而后者则强调快速成长的公司，即使是以高估值出售。这种区分也不是必要的、自然的或有用的，特别是在我们今天所处的复杂世界中。格雷厄姆和巴菲特都在各种风格的投资中取得了成功，更重要的是，他们认为价值投资是由坚持基本面的商业分析组成的，脱离了对市场价格走势的研究。正如巴菲特所说："现金流折现是评估任何业务的合适方法……在我们的心目中，没有价值投资和成长投资这种东西。"

四、结语

早期价值投资这个概念被狭义地定义为"价值投资被认为是试图对可能平淡无奇的公司的低价证券进行精确估值，并在其价格较低时买入"；同时成长投资的定义是"成长投资被认为是在对前景看好的公司的潜力进行不切实际的估计的基础上进行购买，并以高估值估算其潜在的价格"。这种近乎对立的定义让价值投资和成长投资"老死不相往来"。如果说目标公司的天然隔离是物理上的疏远,投资方法的精细与粗略则是精神上的决裂,投资绩效的差异更让这种决裂带有极大的讽刺意味。直到巴菲特将价值和成长的争论统一到现金流折现,这才剧透了"天下英雄尽入彀中"的大结局:"估值指标较高的证券并不意味着被高估,估值指标较低的证券也不意味着便宜货。"持续成长公司的高市盈率不是我们判断要远离它的标准,失去增长的破净股票不再是价值投资的对象。我们不再纠结投资对象处于不同生命周期的估值方法使用的不同,现金流折现法广泛的运用可以让我们远离争吵的喧嚣,恢复心灵的平静,在培育灌溉施肥中见证投资的成长、成熟和收获。

价值投资与长期投资没有必然的联系,甚至不该有丝毫的关系。持有股票的时间不是价值投资能解决的问题,也就不再是价值投资者预期的内容。从这个角度看,价值投资者需要一些运气。有些投资收获期很短,有些投资收获期却很长。就像植物的成熟期限跟天气有关一样,价值投资的收获期跟市场有关。碰到市场风口的投资收获期很短,错过市场风口的投资可能需要很长的时间等待。处于漫长等待中的价值投资需要孤独地坚持,价值投资者需要靠美国作家托马斯·沃尔夫的那句"谁又不是生而疏离,至死孑然"来排解寂寥的孤独,来安慰自己高贵的灵魂。

第十四章 投资策略的运用

"找到心仪的公司,测算出内在价值,其安全边际也令人满意,终于可以入场买股票喽!"

"且慢!还有件重要的事没谈呢。"

"什么事,你真啰唆。"

"不得不啰唆,这事很重要。"

"快讲,忒啰唆。"

"是投资策略。"

投资策略是投资者在证券投资活动中为避免风险、获取最理想收益而采取的综合策略,包括资产配置、组合构建、组合管理等。

一、资产配置

资产配置是指投资者根据自身情况和投资目标,把投资分配在不同种类的资产(如股票、债券、房地产、银行理财产品、现金和存款等)上,在获取理想回报的同时,把风险减至最低。资产配置可以就投资对象的区域不同分为境内资产配置和境外资产配置。

简单地讲,资产配置就是在一个投资组合中选择资产的类别并确定其比例的过程。资产的类别有两种,一种是实物资产,如房地产、艺术品等;另一种是金融资产,如股票、债券、投资基金等。当投资者面对多种资产,考虑应该拥有多少种资产、每种资产各占多少比重时,资产配置的决策过程就开始了。由于各种资产往往有着截然不同的性质,历史统计也显示,在相同的市场条件下它们的收益水平和风险状况总是不可能同步的,有时它们的表现截然相反,当某些资产的价值上升时,另外一些却在下降。现代投资组合理论奠基者马科维茨发现,战略性地分散投资到收益模式有区别的资产中去,可以部分或全部填平在某些资产上的亏损,从而减少整个投资组合的波动性,使资产组合的收益趋于稳定。

资产配置的概念并非诞生于现代。实际上,早在400多年前,西班牙人塞万提斯在其传世之作《堂吉诃德》中就忠告说:"不要把所有的鸡蛋放在一个篮子里。"西方发达国家的居民部门漫长的资产配置实践表明,不同的资产配置对收益和风险的影响很大,资产配置是家庭对外投资需要面对的首要问题。

在进行资产配置时,投资人首先要理解影响资产配置的因素。

1. 影响资产配置的主要因素

影响资产配置的主要因素有人口结构、利率环境和资本市场发展状况等。

(1) 人口结构

无风险利率、股权风险溢价决定了股票市场的折现率,盈利增长是自由现金流增长的重要基础,折现率和自由现金流决定了股票的内在价值。从长期看,无风险利率、股权风险溢价以及盈利增长都受到人口因素的影响。也就是说,股票的价值会受到人口因素的影响。

人口结构变化对房地产等实物资产的影响也很显著。将 20~55 岁人口数占比与居民资产中不动产占比进行比较,可以看到日本、美国居民不动产配置的拐点与该年龄段人口数占比的拐点比较接近。

日本 20~55 岁人口占比与不动产配置比例的吻合度很高(如图 14-1 所示)。

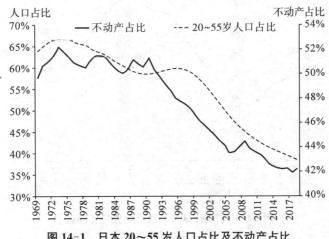

图 14-1　日本 20~55 岁人口占比及不动产占比

资料来源:CEIC,中金公司研究部

美国 20~55 岁人口占比与不动产配置比例的吻合度受 2008 年次贷危机影响较大(如图 14-2 所示)。

我国 20~55 岁人口占比的拐点已过,不动产配置的基本需求的高峰可能已过(如图 14-3 所示)。

(2) 利率环境

利率是投资的锚。按照利率水平的高低,金融环境可以分为高利率期和低利率期。

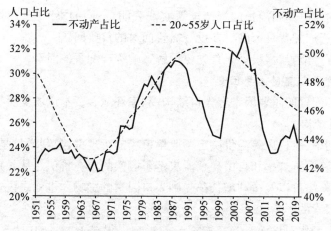

图 14-2　美国 20~55 岁人口占比及不动产占比
资料来源：CEIC，中金公司研究部

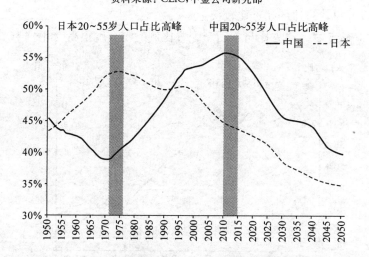

图 14-3　中国、日本不动产配置变化趋势
资料来源：Wind，中金公司研究部

　　进入 21 世纪 20 年代后我国进入了低利率时代。新古典增长理论中的利率黄金法则指出：利率水平应当等于一国的名义 GDP 增速。一直以来，由于高储蓄率以及利率管制政策，中国的长期市场利率一直远低于名义 GDP 增速。目前中国经济处在增速换挡期，从高速增长转向高质量发展，经济增速处于长期下行通道。如果没有新一轮科技创新推动产业结构发生革命性变化，推动未来经济进入重现高速增长的长周期，那么我国长期市场利率中枢将随经济增速的逐步下降而下移。

　　在低利率环境期，居民寻找收益的行为可能会提高其风险资产的配置意愿，从而推升风险偏好。低利率意味着居民把钱存入银行或者购买债券获取票息的回报非常低,为了寻找收益,居民只能提升具有较高预期回报的资产的配置比例,而在风险定价原理下,这也意味着承担了更多的风险,风险偏好被动提升。现代投资组合理论的研究表明,假设各类资产的风险溢价和风险属性不发生变化,那么无风险利率下行将使得有效前沿(由不同风险水平下最优投资组合在收益为纵轴、风险为横轴的坐标系上的点构成的曲线,亦称有效边界)向右下方移动。那么要想获得与以前相同的回报就需要承担更大的风险。当然另一个选择就是维持原先的风险承受水平,接受当前更低的回报。西方的实践表明,低利率环境下,居民在进行资产配置时愿意承担更多的风险。

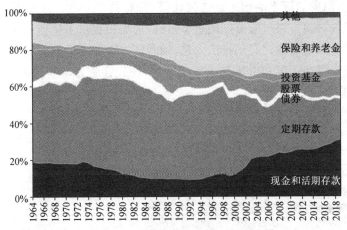

图 14-4　日本居民金融资产配置结构(1964—2019 年)

资料来源:CEIC,中金公司研究部

图 14-4 显示日本居民的高风险资产在 1980 年见底后逐步增加,其间有些反复,但趋势未变。

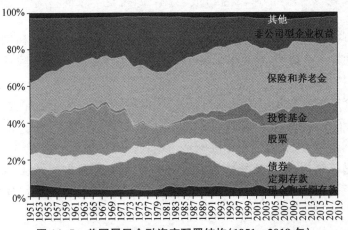

图 14-5　美国居民金融资产配置结构(1951—2019 年)

资料来源:CEIC,中金公司研究部

美国的情况与日本有些类似,1989年居民的高风险资产进入快速增长阶段,直到2008年爆发的次贷危机让这台高速奔驰的汽车换了挡位,进入低挡前行(如图14-5所示)。值得一提的是,到2020年,美国居民持有股票的比例超过以往任何一年,完全消除了次贷危机的影响。

(3)资本市场发展状况

目前中国资本市场发展已经初具规模,居民进行金融资产配置的条件已经基本具备(如图14-6所示)。一方面,多层次资本市场改革与开放仍在推进,实体经济结构转型、创新升级对资本的需求加大;另一方面,随着近年来中国资本市场制度改革提速,双向的资本流动更加方便快捷,投资的工具和产品日益丰富,这也为居民资产配置转向金融风险资产创造了条件,为居民提供了优质的投资渠道,有助于居民资产的保值增值。必须指出的是,随着资本市场的广度与深度的提升,伴随而来的是投资复杂程度和市场有效性的增加,居民在资产配置时需要掌握更多的专业知识和更高的专业能力。

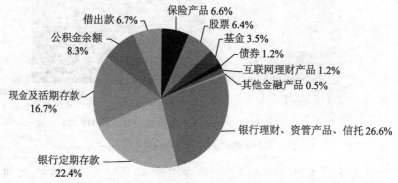

图14-6　2019年城镇居民家庭金融资产构成

资料来源:《2019年中国城镇居民家庭资产负债情况调查》,中金公司研究部

资本市场的发展为居民资产配置转向风险资产创造了条件。相比大规模地配置没有流动性的不动产,或者存在银行,居民资产配置转向金融风险资产可以提升资金的使用效率。

居民资产配置变化也为资本市场拓宽了资金来源,为企业拓宽了直接融资渠道,提高了投融资效率。居民资产配置转向金融风险资产对于资本市场而言也意味着增量资金,企业的直接融资渠道也将拓宽。加大股权融资,不仅有利于优化企业融资结构,发挥市场配置资源的作用,而且还是中国经济"降杠杆"的有效措施。更多的优质企业上市,也为居民提供了优良的投资标的,分享企业增长的红利。

2018年以来我国股票市场中优质资产持续跑赢市场指数,奉行价值投资的

"聪明钱"成为市场主力资金。往前看,随着资本市场的建设和投资工具的多样性达到一定水平,市场对于资产的价格发现功能将会更为完善,明显的套利机会将大幅度减少。在这一趋势下,投机者将更难获利,而投资人将会驱使"水"(资金)往"高处"(优质公司)流,资金将会持续地流向高质量的资产,市场将全面进入价值投资时代。优质的公司、资产将会获得资金的青睐,投资者投资优质公司的收益也较高,资本市场回归资金导流器的角色。

截止到2019年,我国居民股票配置比例分别较日本及美国低2%和12%,未来应该有一定的上升空间。

2. 确定收益风险及时限

在明确了股票资产配置比例后,投资人还要回答三个问题:

(1) 确定目标收益

收益有绝对和相对之分。赚10万元是绝对收益,赚10%也是。跑赢大盘是相对收益,基金1/4分位也是。

(2) 明确风险承受能力

风险承受能力是指你能忍受本金损失的幅度,比如20%,比如30%,比如50%。忍受本金损失的幅度越大,风险承受能力就越强。一般的,金融资产中现金和存款属于无风险资产,银行理财产品和债券属于低风险资产,股票、基金和保险等属于高风险资产。

(3) 固定投资时限

投资时限是指你的资金多长时间不会从投资对象上撤出。投资时限对于投资的重要性经常被忽视。实践证明,投资时限管理不当是很多资产配置绩效没有达到预期的重要原因。

以上三个问题你必须给出答案。你的回答可能是20%、20%和1年,可能是50%、30%和3年,也可能是100%、50%和5年。一切皆有可能,只是你必须明确,而且落子无悔。

二、构建组合

上一节中解决了投多少钱到股票市场和希望赚多少钱的问题,明确了投资的目标。这一节构建组合的工作就是如何实现目标。

1. 股票池

我们将根据五可法研究清楚的所有公司放在一起,形成一个股票池。在券商的交易终端里可以设置自定义板块,也可以用自选股功能形成股票池。

2. 个股的得分

给股票池中的所有股票分别按行业前景、竞争优势、业务模式及管理层理性、

ROE、潜在收益率打分,权重分别为 10%、15%、15%、20% 和 40%。打分的依据是确定性,确定性越高得分越高,反之亦然。上述所有项目得分的累加构成某只股票的得分。

3. 股票在组合中的最大权重

根据凯利公式可以确定单只股票在组合中的权重:

$$w = (bp - 1)/(b - 1)$$

其中,w 为个股待确定的权重;p 为个股的得分(百分比法);b 为投资者的目标收益与本金最大损失的比值,显然 b 大于 1。

先看两个例子:

先计算出 b:目标收益 100%,本金最大损失 20%,$b=5$。

个股得分 80%,权重 $w=(5\times 80\% - 1)/(5-1)=75\%$;个股得分 60%,权重 $w=50\%$;个股得分 50%,权重 $w=37.5\%$。

先计算出 b,目标收益 100%,本金最大损失 30%,$b=10/3$。个股得分 80%,权重 $w=(10/3\times 80\% - 1)/(10/3 - 1)\approx 71.4\%$;个股得分 60%,权重 $w\approx 42.9\%$,个股得分 50%,权重 $w\approx 28.6\%$。

个股的得分相同时,前一组例子的权重较后一组例子的权重高,这意味着前一组例子的组合中个股较少,投资更为集中,通常市场风险大。这跟前一组例子在给定承受的风险下目标收益率较高有关,恰恰体现了组合的收益越高,风险越大。

计算出所有股票的权重后,按权重对股票进行排序。构建组合时按次序买入权重所对应金额的该股票,直到资金用完。打个比方,股票排序后的权重分别是:股票 A 50%,股票 B 40%,股票 C 30%,股票 D 20% 等。所建的组合应该为:股票 A、B 和 C,不包括股票 D。它们在投资组合里的初始比例分别是 50%、40% 和 10%。

4. 做集中投资时不得使用财务杠杆

不加财务杠杆的组合可以使你达到目标;一个加了财务杠杆的组合可能会加快实现目标的步伐,但同时给你套上了可能拖你进入泥潭的绳索。在股市大跌时,让你追加保证金的电话除了让你彻夜难眠外,还可能因为需要平仓而破坏你的整体计划,甚至可能彻底葬送你的投资前途。在这方面,没有谁能比美国的长期资本管理公司(Long-Term Capital Management)的破产更令人警醒的了。长期资本是整个金融史上最牛的对冲基金之一。它的投资策略是从事定息债务杠杆套利,它成功的基础是套利的确定性,它毁灭的原因是杠杆高。当金融市场大幅动荡使套利存在不确定性时,高达 100∶1 的杠杆率瞬间摧毁了这家荣誉和业绩显赫的明星公司,震惊了全球金融市场。就像升在空中的热气球突然爆炸,几乎所有人都听到了"砰"的一声。

5. 满仓还是不满仓

满仓!除非找不到适合的股票。

在有适合股票时选择不满仓,实质上是想择时提高收益,或是规避市场风险。择时能提高绩效吗?

这个问题一直是投资理论界和实际操作者非常关心的问题。大部分研究结果不支持我国基金经理的择时能力对开放式基金业绩有非常显著的正面影响这一观点。择时能力和基金业绩呈中度或低度相关。

确实找不到股票满仓时,这种情况是有的——无须勉强。每只股票都有它的权重上限。给自己放一段时间的假,正如有句"鸡汤"所说,"生活除了眼前的苟且,还有诗和远方"。

6. 一次买完还是逐步买

这部分本来不该成为讨论的议题,理论上你只要按照已经制定的建仓计划实施即可。之所以谈入场买股票的节奏,是因为有些经验性的认识很有价值,不光可能影响投资的绩效,也可能影响投资者的生活。对于投资者来说,投资成功是幸福的,投资实践中的感受和体会何尝又不是幸福的来源呢?

三、构建组合的经验

不少投资者拿到建仓计划时还是会犹豫,这大多出于对市场的畏惧或是缺乏自信,或是兼而有之。这些情绪有的是因为此前投资留下的心理阴影,有些是性格使然,比如完美主义。面对市场的波动尤其是目标公司股价涨跌时,他们难免束手束脚:还没动手买股票却涨了,他们选择放弃,因为安全边际降低了;还没动手买股票却跌了,他们选择等待,因为可能等到更低的价格,提高收益率。股价波动频繁,他们纠结日盛。他们犹豫不定,进退两难。如果上纲上线,他们这种完美主义的做派表面上是性格造成的,深层次的原因是贪婪。希望提高收益而减低风险是人之常情,谁不是"趋利而避害"呢。他们的问题是谨慎用错了地方。这个投资的最重要的问题已经在组合构建前完成了,而且一直贯穿始终。现阶段的利是买到,害是贻误战机。不管一次性买完还是分段逐步买入,都是利,**行动就有价值**。

1. 该出手时就出手

机会不可能一直在等着你,机会往往稍纵即逝。

秦朝末年,楚汉相争,伯仲难分最紧要之时,坐拥齐鲁燕赵、兵精粮足的齐王韩信是项羽和刘邦极力拉拢的对象,韩信的举动无疑会决定历史的走向。

蒯通给韩信提出的建议是"诚能听臣之计,莫若两利而俱存之,参分天下,鼎足而居,其势莫敢先动。"蒯通希望韩信谁也不帮,让他们打下去,跟他们三分天下,平起平坐。如果韩信听了,我国历史上的三国时代就不是东汉之后而是西汉之前了。

蒯通给韩信的建议完美不完美?完美。

可操作性强不强?强。

韩信操作没操作?没有。

因为韩信犹豫了。

蒯通见韩信犹豫,再次劝说:"猛虎犹豫不能决断,不如黄蜂、蝎子用毒刺去螫;骏马徘徊不前,不如劣马安然慢步;勇士孟贲狐疑不定,不如凡夫俗子,决心实干,以求达到目的;即使有虞舜、夏禹的智慧,闭上嘴巴不讲话,不如聋哑人借助打手势起作用。"

这说明付诸行动是最可宝贵的。所有的事业都难以成功而容易失败,时机难以抓住而容易失掉。时机啊时机,丢掉了就不会再来。强调的是行动的价值,感叹的是机不可失、时不再来。

结果大家都知道了,韩信助汉灭楚后,"未央宫中一命丧"。倒是蒯通落了个善终。因他劝韩信自立,刘邦要扔他进油锅,他临刑自辩,获得自由,留下成语"跖狗吠尧"和指导此后农民起义的理论依据:"秦失其鹿,天下共逐之,于是高材疾足者先得焉。"

2. 出手要重

楚王项羽经历战争无数,以巨鹿之战最为著名,此战确立了项羽在各路义军中的领导地位。巨鹿之战,项羽破釜沉舟,押上全部身家,烧掉房屋帐篷,只带三日粮,以示不胜则死的决心,以迅雷不及掩耳之势直奔巨鹿,最终打败秦军。

巨鹿之战是出手要快、出拳要重的典范,足以供所有投资者借鉴和学习。

《史记》中的记载笔酣墨饱,精彩绝伦,摘录于此以飨读者。

项羽已杀卿子冠军(指宋义,项羽的顶头上司,主张坐山观虎斗,不救赵——笔者注),威震楚国,名闻诸侯。乃遣当阳君、蒲将军将卒二万渡河,救巨鹿。战少利,陈馀复请兵。项羽乃悉引兵渡河,皆沉船,破釜甑,烧庐舍,持三日粮,以示士卒必死,无一还心。于是至则围王离,与秦军遇,九战,绝其甬道,大破之,杀苏角,虏王离。涉间不降楚,自烧杀。当是时,楚兵冠诸侯。诸侯军救巨鹿下者十余壁,莫敢纵兵。及楚击秦,诸将皆从壁上观。楚战士无不一以当十。楚兵呼声动天,诸侯军无不人人惴恐。于是已破秦军,项羽召见诸侯将,入辕门,无不膝行而前,莫敢仰视。项羽由是始为诸侯上将军,诸侯皆属焉。

3. 出手要准

项羽的巨鹿之战是出手要重的典范,韩信的井陉之战则是出手要准的榜样。

巨鹿之战告诉我们按照计划快速完成建仓,井陉之战则说明建仓也可以分步进行。

井陉之战,韩信分兵三路:一路奇兵潜伏,一路背水列阵,一路出击诱敌。三路军的行动时间错开:奇兵先行,背水之兵次之,诱敌兵最后。三路军的军容面貌各不相同:奇兵严整,背水之兵狼狈,诱敌兵外强中干。作战方案:诱敌兵引赵军出壁,与背水之兵拖住赵军主力,奇兵夺赵军壁,端赵军老巢。

韩信分兵三路,巧妙安排,精准出手,背水破敌殊成绝响。试想,如果合兵一处,面对十倍之众,能有胜算吗?

4. 出手要快

分步建仓不但可以从容地买入,降低成本,还可以避免边际资金对股价走势的冲击——如果资金足够多的话。但分步建仓要冒一定的风险,其中最大的风险是股价突然快速上行,而你还没有买到足够的股票。

股价上行对投资计划的影响是巨大的,意味着个股安全边际的缩小进而需要调整个股的得分,可能带来投资组合的重大变动,比如权重,比如组合样本。

这个完整的流程下来需要较长的时间,我们不能等待。

我们必须出手,出手要快。

面对突发情况,不妨临机专断、先斩后奏。三国时司马懿平孟达的新城之战就是个范例。

三国时著名的骑墙派将军孟达又想反水,这次是反魏投蜀。按正常程序,魏国军事主管司马懿要一个月才能拿到剿灭命令,果真如此,到那时候孟达肯定做好了准备。司马懿临机专断,决定出手,出手飞快,八天赶到新城,迅速平定叛乱。《三国演义》说事后魏帝不但没有忌恨司马懿未经领导批准擅自行动,反而给予嘉奖。比起无诏而出奇兵、攻杀匈奴郅支单于的西汉名将陈汤,司马懿算是遇上了好领导。陈汤曾说过:"明犯强汉者,虽远必诛。"但因擅自行动,几经周折终陷囹圄。

非常之时当用非常之举,不过事后该评估的就评估,该调整的还是要调整。这倒应了鬼谷子的那句:"出手要狠,善后要稳。"

四、组合管理

股票都买好了,组合构建完成了,该万事大吉了吧!投资界不是经常有人说"Buy And Hold"吗?且慢,还有些事要认真对待,其中一些还颇费周章。这些事属于组合管理范畴。不同于风险投资 PE 及 VC 的投后管理,也不同于现代投资组合理论中的覆盖投资组合所有环节的管理,这里的组合管理是组合构建完成后的与市场交易相关的日常跟踪维护等,可以算作狭义的组合管理。组合管理的主要内容包括组合的整体调整、个股的市场波动控制、股票到达目标价后的处理、收到分红后的处理、是否参与公司的再融资、参与市值配售中签新股票处置、组合的业绩评估报告、上市公司公开资料研读和跟踪等。

(一) 组合的整体调整

组合需要整体调整往往是因为资产配置,确定好了的投资额度因为突发性因素取消或是减少。这些突发性因素很难预料,不过一旦发生,往往都是大事,就像某著名作家说的,"时代的一粒灰尘,落在一个人头上,那就是一座山"。比如我国统计局公布的城镇登记失业率一般都只有低个位数,往往在西方经济学家认为的自然失业率附近,但失业降临到某个人身上,比如小明,那就是小明一家的一座山了。资产配置是投资组合的基础,资产配置发生变化必然要对投资组合进行调整。投资组合要么终止,要么减仓。

投资组合终止的处理比较容易:卖掉组合中所有能卖的股票。遇到停牌的股票需要一定时间的等待。

投资组合的整体减仓不是同比例地减少组合中股票的仓位。正确的做法是先构建需要保留的新组合,如果时间紧迫,不建议调整组合的个股样本,至少不要再添加。通过新组合个股的权重确定个股的份额,这部分工作是案头工作,新组合只是个模拟组合。调整投资组合时,对照模拟组合中的所有股票,卖掉其超出部分的份额。

(二) 目标价到了

目标价到了肯定是幸福的,不过幸福也会带来烦扰,尽管是幸福的烦扰。

目标价到了的烦扰在于虽然你落袋为安,实现利润了,但股价继续上涨,甚至快速上涨,因为它在风口。有人说过,"只要站在风口,猪都能飞上天"。吹上天的股价带给你的痛苦不是少赚的利润而是你不时警觉的神经。事后你偶尔会冒出"当时要是换个胆子大的年轻人就好了"的念头。不过作为专业人士,你很快就会平复的,因为一只股票的卖出意味着投资组合的重建工作开始了,你又要忙碌了——虽然那个念头还可能再次闪现。

历史上很多人闪过这种临时换人的念头,两千多年前的陶朱公也闪过。

《史记·越王勾践世家》记载了陶朱公失去二儿子的故事,梗概如下:

陶朱公(范蠡)有三个儿子,二儿子在楚国杀人被抓。陶朱公觉得"千金之子不死于市"。于是派小儿子带千金去楚国救人。老大没分派到任务觉得没面子,对他妈妈说不派他去他就自杀。陶朱公认为二儿子还不知道能不能救回来,大儿子不能先没了,只好让他去。陶朱公让他到楚国找自己的熟人庄生(不是晓梦迷蝴蝶的庄生),送去千金,任凭庄生运作。老大到了庄生家,庄生收钱后嘱咐他赶紧回家,别瞎打听。庄生通过运作说服楚王准备大赦。但老大没回家,听说楚王准备大赦,认为二弟肯定没事了,便找庄生把钱要了回来。庄生本来也没想要钱,但是觉得没面子,便找楚王递了个话,结果楚王直接下令把老二杀了,然后再宣布大赦。老大傻了眼,拉着二弟尸体回家。

见此情景,一家子都哭了,陶朱公却笑了,说早想到这结果。老大是苦日子过来的舍不得钱,派去准不成。老三出生后就不差钱,派去准成。

很多时候,投资者就像陶朱公家的老大,需要经历痛苦的煎熬才能看到账面上的利润,到了目标价而"落袋为安",这是人之常情。此时若是换上陶朱公家的老三,赶上风口,该多爽呀。问题是,没有风口,没有老三,咋办?

(三) 收到分红

如果组合是封闭的,那么收到股票分红后的技术处理有两种办法:一是买入带来分红的那只股票;二是用"组合的整体调整"中介绍的方法,重新调整组合,只不过那里用的是减法,这里要用加法。

通常资金金额占比小的用第一种办法,资金金额占比大的用第二种办法。

(四) 参与股票的再融资吗

组合中有些股票会再融资,对此我们需要分门别类地处理。

我国上市公司再融资的形式有配股、定增、非公开发行股票、发行可转债等。

普通投资者可以参与配股、定增和发行可转债,其中定增对投资者的资金规模有很高的要求。非公开发行股票指的是股票不通过公开的方式,只针对不超过十名对象来进行发行股票。在实际操作中又分为对战略投资者的非公开发行及对机构投资者的非公开发行,战略投资者的身份由中国证监会相关文件认证并要取得中国证监会书面核准。对战略投资者的非公开发行股票的价格在公司董事会公告前的区间里确定,对机构投资者的非公开发行股票的价格在公司收到中国证监会书面核准后六个月内的某个区间里确定。

持股人参与配股是必须的,否则持股的利益受损。问题是参与配股的资金哪里来。通常的做法是动用账户中尚未动用的资金,如果没有可用资金就卖掉一些要配股的老股。

是否参与配股以外的再融资,需要根据上市公司再融资募集资金使用计划和参与投资的目标收益及组合的资金状况综合确定。

(五)市值配售中签新股

市值配售制度是我国新股发行制度之一。

市值配售是针对二级市场投资者的流通市值进行的新股发行方式,即一定额度的股票市值可获得一定量的认购权,通过参与委托及摇号中签的方式确认是否中签。如果配号与中签号一致,且账户有足够的资金,则在扣款时,在账户中扣除中签金额,直到上市前一天晚上,中签股票会进入账户中。

拥有市值的账户必须主动参与申购才能参与摇号,中签的账户只要有足够的资金就可自动获得新股。

大多数时候新股发行价格相对于新股所在行业的平均估值水平有一定的折扣,中签新股盈利的可能性远远大于亏损。

选择中签新股上市后第一个非涨停交易日卖出是大多数投资者的选择。

(六)组合的业绩评估

证券投资业绩的评估主要看收益水平和风险评价。具体内容包括总收益、累计收益率、年化收益率、收益波动率、最大回撤率及夏普比率等。

年化收益率的计算方法有不同的选择。较多投资机构对未满一年的投资用简单算术平均法,对长期的投资收益率用几何平均法。

收益波动率指的是区间内固定周期收益率的波动水平,可以用收益率的标准差表示。

最大回撤率是累计收益率的最低数值相对于此前的最高数值的下降比例。

现代投资组合理论的研究表明,风险的大小在决定组合的表现上具有基础性的作用。风险调整后的收益率就是一个可以同时对收益与风险加以考虑的综合指标,能够长期排除风险因素对绩效评估的不利影响。夏普比率就是可以同时对收益与风险加以综合考虑的三大经典指标之一。

夏普比率计算公式为:

$$SharpRatio = [E(R_p) - R_f]/\sigma_p$$

其中:$E(R_p)$为投资组合收益率期望;R_f为无风险收益率;σ_p为投资组合收益率的标准差。

夏普比率表达的是,投资者每多承担一分风险,可以拿到几分收益。举个例子:

表 14-1　某证券投资业绩

	年化收益率/%	与均值差的平方
一月	15	6.66
二月	20	57.46
三月	6	41.22
四月	8	19.54
五月	16	12.82
六月	30	309.06
七月	-10	502.66
八月	2	108.58
九月	16	12.82
十月	3	88.74
十一月	8	19.54
十二月	35	509.86
收益率期望	12.42	
标准差		3.74

如表 14-1 所示,假设无风险收益率为 3%,夏普比率为"(12.42% - 3%)/3.74≈2.52%"。这说明投资者多承担一分风险,可以拿到 2.52 分收益。

(七) 个股的止损

绝大部分以安全边际为投资逻辑的书籍都不会有这一节内容。需要特别指出的是,这一节只是为价值投资者的初学者准备的。

在投资活动中我们发现有一些刚开始尝试价值投资的投资者偶尔会陷入价值陷阱,如果不能及时识别因上市公司研究不到位造成的错误,陷入陷阱的人是很难爬出来的,甚至由于价格的不断下跌,安全边际似乎越来越大了,还会增加组合中的权重。为了避免这些投资者落入价值陷阱,我们的办法是设置止损阀。止损阀是指当买入的股票价格下跌到规定的幅度就卖出止损,这个规定的幅度就是止损阀。止损阀有绝对值和相对值之分,绝对值比如亏损 10% 或 20%,相对值比如落后指数 7% 或 10%。在投资实践中,随着投资能力的提高,投资者可以逐步加大止损阀的数值,直至取消。

止损阀的设置仿佛为集中投资提供了安全垫,毕竟"智者千虑,必有一失",诸葛亮斩马谡的例子仍有借鉴意义。

诸葛亮认为战争失败的原因是识人不清导致的用人不当。这不就相当于投资者对上市公司研究不清楚而陷入价值陷阱导致投资失败吗？

五、结语

在众多上市公司中发现心仪的投资对象着实不易，买进后实现投资收益的过程大多不会是一蹴而就的。从这个意义上讲，投资策略的重要性是不言而喻的。如果将选股成功比喻成航海人找到茫茫大海中的灯塔，那么投资策略就是灯塔指引下的正确航道，只有航行在这条航道上，旅程才是安全的，旅行才能到达胜利的彼岸。上市公司跟踪自然就是实际航行中的记录和观察，我们总是希望走在正确航道上。

第十五章 上市公司的跟踪

投资管理除了账户管理外还有一项重要的工作——预测管理,它是投资组合能够实现收益、规避风险的基础,不管怎么强调这项工作的重要性都不为过。不同于管理学中的概念,这里的预测管理是指对我们在投资决策前就上市公司的收入、利润、现金流、资本支出、营运资本变化等所做出的预测进行对照、比较和调整。因为这些工作都是围绕上市公司的,所以预测管理也叫上市公司跟踪。

跟踪上市公司的方法有上市公司公开资料解读、上市公司调研和参加上市公司会议等。

一、上市公司公开资料解读

我国上市公司实行强制信息披露制度,上市公司披露的信息不是公司与投资者协商的结果,而是法律在征得各方同意的基础上,从切实保护投资者权益的基础上所做的强制性规定,上市公司及其高级管理层必须对其中的所有信息的真实性、准确性和完整性承担责任。

信息披露主要分为定期报告和临时报告。定期报告包括年度报告和季度报告,季度报告分为一季度报告、中期报告和三季度报告。临时报告包括的内容和形式较为广泛,较为常见的有股东大会决议公告、董事会决议公告、监事会决议公告和可能对上市公司股票交易价格产生较大影响的重大事件。这些事件包括经营方面的,如业绩预报、生产经营业绩提示、签订重大合同、有关供应商和客户的重要信息、关联交易等;对外投资方面的,如合资成立公司、出资参股、重大收购兼并等;再融资方面的,如配股、非公开发行股票、定增、发行可转债等;管理事务的,如董事的辞职、高管的任命、对外担保、参加重要活动、官司、行政处罚等。

上市公司的定期报告就像学生的成绩报告单。季度报告像小考成绩单,家长收到的只是考试成绩,季度报告以财务报表为主。如同学生学期期末的成绩报告单上除了有各科的成绩外,还有班主任的评语一样,上市公司年报上除了有财务报表外还有董事会报告、股东变动状况、审计意见和财务报表注释等,经营情况讨论与分析是董事会报告的重要组成部分。

上市公司的定期报告是我们此前预测的参考答案。我们基于所有公开资料对上市公司的相关财务数据做出的预测必须接受此后上市公司定期报告的检验。结果相差不大，说明我们把握上市公司的能力较强；如果结果相差较大，则必须找出其中的原因，而且需要进行必要的调整。这些原因可能是数据上的，也可能是模型方法上的，还可能是预测逻辑上的，分别如同蔡桓公的病在腠理、在肌肤和在骨髓一样。最后一种病无药可救，其他病经过对症下药后都可枯木逢春。数据上的毛病只需重新调整下摘录对象和估算方法往往就可以得到根治，就像扁鹊的处方是汤熨一样。模型方法上的问题需要推倒重来方可解决，对投资者来说动静不小，就像扁鹊讲的动用针石一样。

1. 年报

年报一般都超过 10 万字，阅读起来要花不少时间。如果没有基础知识也没有掌握一定的技巧，按照顺序从头至尾地看下去，往往会头昏脑涨，看了后面忘了前面，不但吸取不到半分营养，还味同嚼蜡，着实难受。

阅读年报要按照我们关注重点的次序，逐步完成。下面以《贵州茅台 2020 年度报告》为例具体说明。

（1）审计意见

《审计报告》在财务报告的最前面。财务报告是年报的最后一个部分，篇幅上占据大半。

审计意见是《审计报告》中我们最关心的内容，在每份年报中我们都一定能看到与下面一段大致一致的内容（除了公司名称），不可欠缺，不可保留，更不可没态度。

我们认为，后附的财务报表在所有重大方面按照中华人民共和国财政部颁布的企业会计准则的规定编制，公允反映了贵州茅台 2020 年 12 月 31 日的合并及母公司财务状况以及 2020 年度的合并及母公司经营成果和现金流量。

上述的审计意见是标准无保留意见的范例。我们投资组合中的每一家公司都必须是无保留意见的。如果有公司出现了其他类型的审计意见，我们必须第一时间将它从组合中剔除。

（2）经营情况讨论与分析

熟读这部分可以了解公司的现在，研读这部分可以知道公司的打算，综合这部分投资者应该明白公司的价值。

在这里，公司董事会和管理层会点评公司经营，制定发展战略，分析今年数据，订立经营计划。这些都是投资者应该关心的内容。

① 经营成绩单

一是主要指标稳定增长。2020 年度，完成茅台酒及系列酒基酒产量 7.52 万吨,同比增长0.15%。实现营业总收入979.93亿元,同比增长10.29%。实现归属于母公司所有者的净利润466.97亿元,同比增长13.33%。二是项目建设持续推进。"十三五"茅台酒技改项目全面完成投产,新增茅台酒基酒设计产能4 032吨;3万吨酱香系列酒技改项目有序推进,新增系列酒基酒设计产能4 015吨;完成固定资产投资21.72亿元。

② 战略定位

"十四五"规划期间,公司将立足新发展阶段、贯彻新发展理念、融入新发展格局,坚持稳中求进的工作总基调,以高质量发展统揽全局,以聚主业、调结构、强配套、构生态为发展思路,筑牢"质量、安全、环保"三条生命线,推进品质茅台、绿色茅台、活力茅台、文化茅台和阳光茅台建设,巩固茅台酒世界蒸馏酒第一品牌地位,推动茅台高质量发展、大踏步前进。

③ 经营数据分析

表15-1 主营业务分行业、分产品、分地区情况

主营业务分行业情况

分行业	营业收入/元	营业成本/元	毛利率/%	营业收入比上年增减/%	营业成本比上年增减/%	毛利率比上年增减
酒类	94 821 999 102.45	8 083 371 418.24	91.48	11.10	9.76	增加0.11个百分点

主营业务分产品情况

分产品	营业收入/元	营业成本/元	毛利率/%	营业收入比上年增减/%	营业成本比上年增减/%	毛利率比上年增减
茅台酒	84 830 936 002.19	5 100 340 201.05	93.99	11.91	8.24	增加0.21个百分点
其他系列酒	9 991 063 100.26	2 983 031 217.19	70.14	4.70	12.45	减少2.06个百分点

主营业务分地区情况

分地区	营业收入/元	营业成本/元	毛利率/%	营业收入比上年增减/%	营业成本比上年增减/%	毛利率比上年增减
国内	92 389 735 145.96	7 874 927 603.81	91.48	12.09	10.51	增加0.13个百分点
国外	2 432 263 956.49	208 443 814.43	91.43	-16.71	-12.67	减少0.40个百分点

表 15-2 产销量情况分析表

☑适用　□不适用

主要产品	生产量/吨	销售量/吨	库存量/吨	生产量比上年增减/%	销售量比上年增减/%	库存量比上年增减/%
酒类	75 160.54	64 055.88	249 235.52	0.15	-0.91	3.13

表 15-3 成本分析表

分行业情况

分行业	成本构成项目	本期金额/元	本期占总成本比例/%	上年同期金额/元	上年同期占总成本比例/%	本期金额较上年同期变动比例/%	情况说明
酒类		8 083 371 418.24	100.00	7 364 817 621.28	100.00	9.76	

分产品情况

分产品	成本构成项目	本期金额/元	本期占总成本比例/%	上年同期金额/元	上年同期占总成本比例/%	本期金额较上年同期变动比例/%	情况说明
酒类	直接材料	4 426 309 798.99	54.76	4 281 303 128.01	58.13	3.39	
	直接人工	2 626 407 879.93	32.49	2 324 680 724.58	31.57	12.98	
	制造费用	553 108 867.79	6.84	521 661 139.25	7.08	6.0	
	燃料及动力	244 593 638.55	3.03	237 172 629.44	3.22	3.13	
	运输费	232 951 232.98	2.88				不适用
	合计	8 083 371 418.24	100.00	7 364 817 621.28	100.00	9.76	

注：根据新收入准则，将运输费从"销售费用"调整至"营业成本"核算。

表 15-4　产品情况

√适用　□不适用

产品档次	产量/吨	同比/%	销量/吨	同比/%	产销率/%	销售收入/万元	同比/%	主要代表品牌
茅台酒	50 235.17	0.63	34 312.53	−0.72		8 483 093.60	11.91	贵州茅台酒
其他系列酒	24 925.37	−0.78	29 743.35	−1.13		999 106.31	4.70	茅台王子酒、汉酱酒、赖茅酒

注：(1)为保证公司可持续发展，每年需留存一定量的基酒，按茅台酒工艺，当年生产的茅台酒至少五年后才能销售。(2)茅台酒是由不同年份、不同轮次、不同浓度的基酒相互勾兑而成，是技术和艺术的完美结合，因此某一年份的基酒可能在未来数年都会作为产品出现。(3)公司视质量为生命，坚持质量第一，坚持工匠精神，坚持"崇本守道，坚守工艺，贮足陈酿，不卖新酒"，茅台酒的生产属于自然固态发酵，传统工艺酿造，成品率具有一定波动性。(4)基于上述原因，茅台酒基酒产销率不能精准计算。系列酒的产品形成过程近似于茅台酒。

表 15-1 是利润表的基础，是研读公司经营情况的核心。关注的重点是收入的增长情况和毛利率的变动方向及幅度。

表 15-2 至表 15-4 隐含着重要的信息——产品的价格。通过计算可以推测出公司产品的销售价格，通过销售价格与终端价格的比较就容易评估出未来价格的变动方向。

④ 经营计划

一是实现营业总收入较上年度增长 10.5% 左右；二是完成基本建设投资 68.21 亿元。稳步推进 3 万吨酱香系列酒及配套项目建设；建好管好茅台酒用高粱种植基地；开工建设"十三五"中华片区酒库续建工程建设等项目；积极推进"酱香酒生产保护区"建设。

⑤ 额外利是

管理层除了对公司经营进行点评外，作为行业专家，他们也会就行业的动态表达看法，这是投资者提高行业认识非常高效的途径，建议阅读行业内相关公司年报的这部分内容。

2020 年，白酒行业虽受新冠疫情影响，但白酒行业具有强大的抗压性、生命力和恢复力，白酒产业结构持续优化、市场活力有序释放、科创动能有效转化、产品品质稳步提升，发展质量和韧性显著增强。一是产销稳中微降。随着供给侧结构性改革深化，规模以上白酒企业产销量略有下降；二是效益进中向好。在转型升级背景下，行业提质增效成果显著，高质量发展基础牢固；三是格局不断优化，市场份额逐渐向头部企业集中。

(3) 募投等项目进展

表 15-5 现有产能

☑适用　□不适用

主要工厂名称	设计产能/吨	实际产能/吨
茅台酒制酒车间	42 560	50 235.17
系列酒制酒车间	25 260	24 925.37

注：(1)42 560 吨茅台酒基酒设计产能中，由于茅台酒的生产工艺特点，4 032 吨茅台基酒设计产能在 2020 年 10 月投产，实际产能将在 2021 年释放。25 260 吨系列酒基酒设计产能中，由于系列酒的生产工艺特点，4 015 吨系列酒基酒设计产能在 2020 年 11 月投产，实际产能将在 2021 年释放。(2)公司按惯例使用质量单位计量。本报告中生产量、销售量、库存量、产能等的计量单位为"吨"。

表 15-6 在建产能

☑适用　□不适用

在建产能名称	计划投资金额/万元	报告期内投资金额/万元	累积投资金额/万元
3 万吨酱香系列酒技改及配套设施项目	838 400	100 860	166 000

上述"现有产能"表格中，设计产能按生产工艺要求，结合厂房规格、窖池数量计算，实际产能按报告期实际基酒产量计算。

现有产能和在建产能合起来就是未来总产能，产能决定产量，未来的销售量预测问题也就迎刃而解了。

(4) 分配预案

分配预案在《重要事项》中，大多也会在年报首页的重要提示中刊出。我国上市公司的分配形式有送股、公积金转增股份、派发红利等。

根据公司实际状况和未来可持续协调发展的需求，拟订了以下利润分配预案：以 2020 年年末总股本 125 619.78 万股为基数，对公司全体股东每 10 股派发现金红利 192.93 元（含税），共分配利润 24 235 824 155.40 元，剩余 113 358 579 652.59 元留待以后年度分配。以上利润分配预案需提交公司股东大会审议通过后实施。

(5) 财务报表分析

重点内容为：ROE 比较及其杜邦分解，经营活动现金流比较，EBIT 比较，营运资本变动和资本支出等。

分析方法使用时要注意将比较分析法和因素分析法相结合。着重分析对象的趋势以及对公司未来发展的贡献。

(6) 需要留意

理论上财务报表中变动特别大的科目都必须警惕。如果数目较大就更需要留意。

变动幅度不是特别大的需留意的科目有：债务特别是有息债务、商誉、非经常性损益和姓"其他"的几个科目等。

有息债务除了影响利润外还直接关乎公司的安全，债务管理不善导致公司面临流动性风险的国外企业屡见不鲜，在我国也并不是绝无仅有。未来我国金融环境系统性风险管控力度加大，打破商业借贷的刚性兑付势在必行，上市不再是"丹书铁券"，投资者需提高对上市公司债务风险的重视程度。

商誉大部分是溢价收购的溢价部分的账面存在。对于上市公司来说，希望取得未来成长的现在付出；对于投资者来说，只能希望收购物超所值，至少物有所值；对于旁观者来说，商誉毫无价值，是上市公司虚胖的累赘，是"刘表牛"①。从某种意义上讲，商誉是权责发生制下的一朵奇葩。

正的数目较大的非经常性损益的关注重点是有无寅吃卯粮，有无杀鸡取卵。

姓"其他"的科目有其他应收款、其他流动资产、其他非流动金融资产、其他非流动资产、其他应付款、其他流动负债、其他非流动负债、其他收益、其他综合收益的税后净额、收到其他与经营活动有关的现金、支付其他与经营活动有关的现金、收到其他与投资活动有关的现金、支付其他与投资活动有关的现金、收到其他与筹资活动有关的现金、支付其他与筹资活动有关的现金……估计上面这么多"其他"，最蹩脚的会计做出账来也够用了。洋洋洒洒，蔚为大观。"其他"兄弟们有的藏污纳垢，有的藏龙卧虎。是忠是奸，是贤是不肖，光凭肉眼无法辨别，需要投资者练就火眼金睛。

分享个经验，分析这些"其他"科目一看变化，二看趋势，抓大放小，擒贼擒王。

（7）公司未来发展的讨论与管理层理性

这部分通常分为四部分：行业格局与趋势、公司发展战略、经营计划和可能面临的风险。大多数公司的讨论会偏定性，定量的内容会出现在经营计划里。

2021年，是"十四五"开局之年，我们将深入学习贯彻习近平新时代中国特色社会主义思想，认真落实习近平总书记视察贵州重要讲话精神及省委、省政府各项决策部署，紧紧围绕战略目标，统筹抓好疫情防控、生产经营和改革发展各项工作，为实现"十四五"高质量发展开好局、起好步。

今年的经营目标是：一是营业总收入较上年度增长10.5%左右；二是完成基本建设投资68.21亿元。董事会将紧盯年度目标任务，统筹兼顾、全力以赴，重点抓好以下工作：

---

① 《世说新语·轻诋》："[桓公]顾谓四坐曰：诸君颇闻刘景升不？有大牛重千斤，啖刍豆十倍于常牛，负重致远，曾不若一羸牸。魏武入荆州，烹以飨士卒，于时莫不称快。"后因以"刘表牛"喻大而无用之物。

一是全力抓好生产质量。坚持"质量第一、效益优先",强化"视质量为生命"理念,以更严标准、更硬举措,把牢产品质量每一道关口。以优秀传统工艺为本,大力弘扬工匠精神,加强数据科学分析和过程精准管理,确保持续优质稳产。

二是持续做好市场营销。巩固深化营销体制改革成果,加强渠道建设和管控,提高市场扁平化程度,构建完善科学规范、运转高效的营销新体系。持续强化经销商管理,维护茅台酒正常市场秩序。

三是做优做强品牌文化。聚焦战略定位和市场需求,加强品牌顶层设计,扎实推进产品结构优化升级。围绕河谷文化、传统文化、匠心文化、红色文化,统筹推进品牌文化建设,挖掘文化内涵,打造更多文化展示平台,讲好"品牌故事",不断提高产品竞争力和品牌影响力。

四是大力夯实主业基础。稳步推进3万吨酱香系列酒及配套项目建设;建好管好茅台酒用高粱种植基地,加强茅台酒用小麦采购管理,确保原料供给和质量。开工建设"十三五"中华片区酒库续建工程建设等项目。

五是加快推动绿色发展。持续推进"绿色交通",严控机动车辆污染排放;实施生产区域绿化修复,改善厂区空气质量,切实保护酿造生态环境。持续加大生态环境承载力研究,积极推进"酱香酒生产保护区"建设,全力保护赤水河流域生态环境。

六是提升安全管理水平。全面开展"安全攻坚年"行动,持续推进酒库、电气设备等重点领域和环节的隐患排查治理,切实防范重大安全风险。加快推进"安消一体化",提升应急保障能力。

七是加强治理能力建设。积极稳妥推进组织机构改革,优化功能定位和职能职责,提高组织运转效率;开展"对标世界一流企业管理提升行动",健全完善法人治理,大力推进现代企业制度建设,提高依法治企水平,全方位提升企业治理能力。

八是坚持创新驱动发展。扎实推进"智慧茅台"建设,实施产供销协同、智慧安防等重点项目。加强与知名高校院所联合联动,加快专业领域研究,完善科研成果转化机制,形成更多有意义、高价值的科研成果,为公司高质量发展提供技术支撑。

九是始终彰显茅台担当。坚持开展公益助学活动,不断扩大公益品牌影响力;继续出资保护赤水河生态环境。发挥茅台领航优势,全力推动打造世界级酱香型白酒产业基地核心区。

大部分阅读年报的投资者都很期待公司管理层披露经营目标,特别是具体的、详尽的数据。有了这些数据,不少投资者会认为他们在预测上市公司下个年度的经营结果时就能心中有数,做到有的放矢,不会偏差太远。然而不同于对过往经营的总结和讨论,经营目标是管理层基于行业前景、公司资源,利用他们的专业能力所做的判断,这些判断的正确与否谁也不能保证——即使大多数稳健的管理层已经有所保留。

投资者对待年报中的有关公司未来发展的讨论应该持冷静的欢迎态度,既不能不加怀疑地全盘接纳,也不要一棍子打死地完全否定。科学的态度是"听其言,观其行"。

合适的做法是建立上市公司对未来发展讨论部分的档案。将每家上市公司管理层对发展的讨论内容按年度完整记录在册,一年一条,按年度和证券代码编号,旁边预留一定的空间。公司公布下一个年度年报时再建类似的记录,并按照这个年度的经营结果对照上年度的讨论内容,在留下的空白处填写实际完成情况。

对上市公司管理层讨论的跟踪有两个作用。一是就上市公司的实际完成情况帮助投资者提高预测的精确性,显然一直能够基本完成经营目标而且一直稳定的管理层是值得信赖的。二是实际完成情况可以作为管理层是否理性的重要参考,总是超额完成和总是完不成的管理层在理性经营方面可能有所欠缺,有时完成有时不能完成的管理层在能力方面也许有所不足,总是大幅偏离目标的管理层要么是入错了行要么是诚信有问题。我们说过,诚信有问题的公司属于治理结构有瑕疵,而治理结构有问题的公司是不能投资的。

我们曾经专门探讨过管理层理性,其中有一个话题是管理层理性与公司理性的统一。公司的经营目标是公司对外披露的重要内容,是股东对公司未来信心的保证。对于理性的公司来说,这是非常严肃的事情,对于与公司理性相统一的管理层来说,也应该是件严肃的事情。如果管理层的经营结果总是超额完成或总是完不成,那只有一个原因:经营目标定错了。如果管理层总是订立错误的目标,那么投资者有理由怀疑管理层的动机。系统性超额完成,管理层经营压力小,公司没有实现应该实现的收入利润和现金流,也就是说公司不理性。反之,管理层错配了公司的资源,加大了公司价值的流失,也是一种公司不理性。两种情况下公司管理层都难辞其咎,说明管理层的理性与公司的理性不一致。更换管理层势在必行,否则投资者应该用脚投票,开溜。

(8) 管理层的坦诚

投资者还可以从管理层对经营目标完成情况的态度判断管理层是否坦诚。

坦诚无疑是人的高贵品质之一,坦诚是不是应作为商人的管理层的必备品质之一呢?商人在中外历史上大多数时候是不诚实的人,我国有无商不奸的说法,西方认为商人对消费者隐瞒进价只顾牟利,做的每笔生意都是不诚实的表现。商人似乎有些委屈:没有商业秘密咋做生意呢?既然商业运营需要些不透明,那么上市公司的管理层需要坦诚吗?对商业对手当然不能坦诚,但对股东还是需要的。

巴菲特就曾高度赞扬那些能全面、真实反映公司财务状况的管理层,这些管理层既能够承认错误,也能够分享成功,对股东他们能开诚布公。对于那些有勇气公开讨论失败的管理层,巴菲特更是推崇备至。他认为,太多管理层爱藏着掖着,而不是诚实沟通,他们为了自己的短期利益而损害了股东的长期利益。在坦诚对待股东这件事上,巴菲特身体力行,在伯克希尔·哈撒韦公司的年报里,他承认在纺织业和保险业遇到的困难和出现过的管理失误。坦诚面对股东的巴菲特让他有信心坦诚地对待生活,他坚信:"在公众场合误导他人的人,私底下也会误导自己。"

遗憾的是,坦诚的管理层可望而不可求。投资者如果严苛地要求管理层坦诚,那么管理层的应对之策就是不说或少说,尽量保持沉默。这方面我国古代的典故不少,都是劝人少说话的,比如"吉人之辞寡,躁人之辞多",比如"多言多衅,妒前无亲"等。劝人少说话的成语也不少,比如祸从口出,比如言多必失等。

• 王黄门兄弟三人俱诣谢公,子猷、子重多说俗事,子敬寒温而已。既出,坐客问谢公:"向三贤孰愈?"谢公曰:"小者最胜。"客曰:"何以知之?"谢公曰:"吉人之辞寡,躁人之辞多,推此知之。"

大意为,书圣东晋王羲之的三个儿子到谢安家玩,有人问王家三兄弟的未来,谢安说最看好王献之,理由为他话少。

• 何晏、邓飏、夏侯玄并求傅嘏交,而嘏终不许。诸人乃因荀粲说合之,谓嘏曰:"夏侯太初一时之杰士,虚心于子,而卿意怀不可交。合则好成,不合则致隙。二贤若穆,则国之休,此蔺相如所以下廉颇也。"傅曰:"夏侯太初志大心劳,能合虚誉,诚可谓利口覆国之人。何晏、邓飏有为而躁,博而寡要,外好利而内无关龠,贵同恶异,多言而妒前。多言多衅,妒前无亲。以吾观之,此三贤者,皆败德之人尔,远之犹恐罹祸,况可亲之邪?"后皆如其言。

故事发生在魏晋,政治动荡频繁,拉帮结派成风。名人的赞誉是晋升的通行证,德行的亏缺是丢官的先前兆。傅嘏不愿加盟何晏等人的原因是自保,他看到何晏等人因言获罪已经不远。获罪因为败德,败德因为妒前,妒前因为话多。

千百年来,两个典故教育了每一代中国人,少说话有益,多说话有害。可悲!

2. 季报

年报是必须审计的,季报是企业内部财务部门完成的。

年报涵盖了上市公司从治理到管理的所有环节,季报只注重经营环节的财务结果。

年报对财务报告详尽解释,季报只对有重大变化的数据和指标有简单的说明。

年报是华丽的,季报是质朴的。

年报不分张三李四都丰富翔实,人人一样;季报无论王五赵六的高矮胖瘦,个个不同。

年报和季报一样都是年初到报告期的汇总数,要看单季度的数据,大都需要自已动手。

年报通常有目标计划,季报可能有业绩预告。

年报和季报是一样的,都是投资者获取上市公司信息的重要来源,都是上市公司管理层的成绩报告单,都有他们对所有内容的真实性、准确性和完整性所做出的神圣保证。

(1) 公司基本情况

如果说季报是最简单的定期报告,那么公司基本情况是简洁的崭新介绍。季报在这部分报告最为普通投资者所关心的两部分内容是主要财务数据和最新十大股东。

主要财务数据有:总资产、股东权益,按报告期末时点数列示当期、上年同期以及增减比例;经营活动现金流量、收入、利润、ROE、每股收益,按年初至报告期末列示当期、上年同期以及增减比例或增减数值。

最新十大股东的排列按股东持股比例从大到小,标明限售部分及冻结质押比例等。

季报中突出了"非经常性损益项目和金额",表格按当季和年度累计形式列示,以响应投资者对上市公司利润来源的关切。对于大部分公司来说,通常这部分金额不大、占比不高,投资者适当了解即可。不过对经营困难、需要免除ST[①]特别处理的公司,这部分是重要的信息披露。

所谓"财务状况异常"是指以下几种情况:(1) 最近两个会计年度的审计结果显示的净利润为负值。(2) 最近一个会计年度的审计结果显示其股东权益低于注册资本。也就是说,如果一家上市公司连续两年亏损或每股净资产低于股票面值,就要予以特别处理。(3) 注册会计师对最近一个会计年度的财产报告出具无法表示意见或否定意见的审计报告。(4) 最近一个会计年度经审计的股东权益扣除注册会计师、有关部门不予确认的部分,低于注册资本。(5) 最近一份经审计的财务报告对上年度利润进行调整,导致连续两个会计年度亏损。(6) 经交易所或中国证监会认定为财务状况异常的。

(2) 重要事项

① 公司主要会计报表项目、财务指标重大变动的情况及原因

将资产负债表、利润表和现金流量表的每一个数值同期变化比例的绝对值超过30%的科目,全部列示在表格中。表格数据从左至右分别是当期数值、上期数值和变化比例。

---

① 1998年4月22日,沪深交易所宣布,将对财务状况或其他状况出现异常的上市公司股票交易进行特别处理(Special Treatment),并在简称前冠以"ST"。

季报对每一项都做出解释。

这些变动的项目大多数是资产负债表和现金流量表中的科目,这是由它们的性质决定的。利润表中大多是一些费用和非经常性损益之类的,如果出现收入和成本等主要科目,投资者当如获至宝:收入的大幅变动,特别是大幅增长通常是公司成长进入新时期的拐点。不过即使没有寻到宝藏,对所有变化科目的阅读也会让投资者有所收获,至少能捞到些散碎银子。

② 销售情况

销售情况中列示截止到报告日期的产品的销量,通常按产品类别、销售方式、销售地区列出。消费品公司还会列出经销商汇总。

产品销量是公司收入的主要参数,简单地对比和运算就能得出价值非凡的信息。比如平均价格,比如销量增减,比如环比变化,比如行业的季节影响的周期特征。

遗憾的是,大部分公司的季报不披露与销售相关的内容,它们惜墨如金,不愿吐露只言片语。那些一如既往地告诉公众卖了多少产品、拥有多少经销商的上市公司最终会赢得投资者的心,赢得投资人的钱袋。

③ 承诺事项的完成情况

承诺事项主要包括首次公开发行或再融资时所做承诺、股权分置改革时所做承诺、股权激励承诺、收购报告书或权益变动报告书中所做承诺、其他对公司中小股东所做承诺等。

首次公开发行或再融资时所做承诺的主要内容是股东减持,这方面交易所可现场监管。

股权分置改革是我国证券市场发展的重大制度性改革,非流通股持有人通过对流通股持有人做出补偿及做出诸如符合条件才能流通的承诺等,换取持股的流通权。截至2020年,除了极个别的公司,绝大部分上市公司工作已经完成。

股权激励是企业为了激励和留住核心人才而推行的一种长期激励机制,是目前最常用的激励员工的方法之一。上市公司股权激励承诺通常会设置一定的条件,只有满足这些条件相关激励方可兑现。上市公司股权激励需要从二级市场购买自己公司的股票,再以较低的价格预售给员工,中间的差价在公司的管理费用中分期支出,对公司的利润有扣减效应。

收购报告书或权益变动报告书中所做承诺主要是收购对象的业绩承诺。上市公司的收购大多数金额大、价格高。通常要求被收购的主要股东出具业绩承诺。

④ 如承诺超期未履行完毕的,应当详细说明未完成履行的具体原因及下一步的工作计划

没有一家上市公司不知道诚信的重要性,我国上市公司在诚信建设方面也做

出了不少努力,从证券交易所到证监会更是不遗余力地推动上市公司提高诚信水平。以深圳交易所为例,其发布的《上市公司规范运作指引》数易其稿,其中上市公司承诺事项的内容、完成期限及未完成的处罚规定等详尽而具体。由于众所周知的原因,我国上市公司的诚信建设任重而道远,投资者必须加强认识,区别对待,工作方法上可套用一句经典诗句"心有猛虎,细嗅蔷薇"。

(3) 推导出单季比较数据

除了一季度的利润表既是累计的也是单季的,其他季度的利润表应该既有累计数值也有当季数值。如果只有累计数值,投资者需要自己推算出当季的利润表。具体的做法是将现季度(不是第一季度)和上个季度的两张累计利润表进行对照,将每个科目的数值相减,就可以得出当季的科目数值。所有的当季科目数值构成当季的利润表。

还有一种情况比较复杂。比如公司公告称前三季度收入增长 20%,利润增长 25%,你查到公司此前说过上半年收入增长 22%,利润增长 20%。你想知道公司三季度与二季度的比较结果,也就是所谓的环比。要得出环比数据,就要先算出三季度和二季度的数据。根据同比数据和上年度的上半年及前三季度数据,先推算出本年度的上半年及前三季度数据;再根据一季度的数据演算出二季度和三季度的当季数据。有了当季数据,环比问题自然就迎刃而解了。

(4) 业绩弹性

不可否认,由于业务能力或是管理层要求,季报的编制者会在收入的确认时间、成本的核算及费用的摊销等方面做适当的处理。有了这种处理,当季的收入及利润相较于真实且公允的结果偏差颇大。有人会说,在较长周期的报告比如年报中,这些收入成本及费用的确认总会还原到它的实际情况而得到真实的反映,季报的处理只是增加了一些弹性而已。对这种说法,大多数投资者都不会认可,更不用说专业的财务工作者和市场的监管者了。

然而,不管你认可不认可,这种所谓的业绩弹性现象已经存在了很长时间,而且将继续存在,除非监管者要求每份季报都要审计——但这是不现实的,审计的费用是一个因素,审计的时间也是不允许的,短则 1 个月、长则 3 个月的审计时间显然是季报无法承受的。

投资者通常不必在意业绩弹性,只有两种情形例外:一是季报的数据波动异常,二是公司管理层变更。第一种情况需要对照行业状况分析,没有行业数据的可以参照同类上市公司的情况,当然要多看几家,多多益善。第二种情况主要关注点在新的管理层上台后会不会大力度处理上市公司的历史包袱,俗称"洗澡"。

(5) 谨防上市公司造假

业绩弹性偏离了真相,幅度不大、偶尔为之,害处有限,大家也就不计较了。如果某个上市公司经常性地、系统性地偏离真相,那就不是业绩弹性了,而是造假。

公司造假从来就不是件新鲜的事,中外上市公司概莫能外。

21世纪初美国安然造假事件不仅摧毁了一家世界500强的TOP 10企业,还毁灭了一家会计师事务所。没有发挥"看门人"作用的曾在全球专业服务业处于领导地位的安达信退出审计行业,这让全球会计师事务所从五大所变成四大所。

我国资本市场起步较晚,上市公司造假事件却不少,从琼民源、蓝田、银广夏到康得新、康美药业、獐子岛,年年不绝。天网恢恢,疏而不漏,上市公司造假者无一能逃脱正义的审判,那些隐藏在好人队伍中的坏蛋终会被揭开伪装的外衣,暴露在众目睽睽之下,不是不报,时候未到。

2021年1月证监会发布《2020年证监稽查20起典型违法案例》,列举部分如下:

① 康得新财务造假案。本案系一起上市公司连续多年财务造假的典型案件。2015年至2018年,康得新复合材料集团股份有限公司编造虚假合同、单据虚增收入和成本费用,累计虚增利润115亿元。本案表明,财务舞弊严重破坏市场诚信基础和投资者信心,严重破坏信息披露制度的严肃性,监管部门坚决依法从严查处上市公司财务造假等恶性违法行为。

② 康美药业财务造假案。本案系一起上市公司系统性财务造假典型案件。2016年至2018年,康美药业股份有限公司实际控制人、董事长等通过虚开和篡改增值税发票、伪造银行单据,累计虚增货币资金887亿元,虚增收入275亿元,虚增利润39亿元。本案表明,上市公司财务信息披露的真实、准确和完整是市场健康发展的基础,大股东、实际控制人和董事、监事、高级管理人员要讲真话、做真账,维护信息披露制度的严肃性。

③ 獐子岛财务造假案。本案系一起上市公司"寅吃卯粮"、调节利润的恶性舞弊案件。獐子岛集团股份有限公司(简称獐子岛)少报当年扇贝采捕海域、少计成本,虚增2016年利润;随后将以前年度已经采捕但未结转成本的虚假库存一次性核销,虚减2017年利润,连续两年财务报告严重失实。本案表明,上市公司财务造假的背后是法人治理缺位、内控管理混乱,必须压实大股东、实际控制人和董事、监事、高级管理人员等"关键少数"的法定责任。

④ 东方金钰财务造假案。本案系一起上市公司虚构业务的典型造假案件。2016年至2018年上半年,东方金钰股份有限公司为完成营业收入、利润总额等业绩指标,伪造翡翠原石采购、销售合同,控制19个银行账户伪造采购、销售资金往来,累计虚构利润3.6亿元。本案表明,上市公司系统性财务造假严重影响上市公司质量提高,严重侵害投资者合法权益,是不可触碰的监管"高压线"。

⑤ 长园集团财务造假案。本案系一起上市公司并购标的财务造假的典型案

件。2016年长园集团股份有限公司（简称长园集团）收购长园和鹰智能科技有限公司（简称长园和鹰）80%股权。为使长园和鹰完成业绩承诺，由时任董事长组织虚构海外销售，提前、重复确认收入，累计虚增利润3亿元。本案表明，给上市公司注入"有毒资产"，严重损害投资者利益，重组参与各方均应承担相应责任。

⑥ 中健网农财务造假案。本案系一起新三板公司财务造假典型案件。厦门中健网农股份有限公司采用违规确认收入、虚构客户回款、编造送货单等方法，2016年至2017年累计虚构收入1.6亿元。同时，该公司还存在未按规定披露关联交易及关联方资金占用等违法行为。本案表明，新三板挂牌公司要严格按照公众公司的治理要求，依法履行信息披露义务，恪守合规底线。

无中生有是造假的惯用手法，在销售合同、增值税发票、送货单、客户回款、银行单据等环节，上面的几家公司要么某些环节造假，要么所有环节一起造假，目的在于虚增收入、虚增利润。康得新、康美药业、东方金钰和中健网农是这些造假的传统手法的实践者。

初看起来，獐子岛的问题好像是业绩弹性玩嗨了，玩出圈了。仔细看看，獐子岛的这事做得有些凭空捏造。凭空捏造有其得天独厚的条件，浩瀚的海洋让怀疑者的检验成本高到无法承受。他说有海鲜就有海鲜，说没有海鲜就没有海鲜，说海鲜是这片海的就是这片海的。将多片海的渔获计入一片海，即使收入不变，成本则是下降的。高手，财务造假的高手，实现了成本端的造假，开创了我国上市公司造假新篇章，獐子岛在上市公司造假史上独占一档，"鹤立鸡群"。

上市公司造假对证券市场的影响是长远的，财务造假严重挑战信息披露制度的严肃性，严重毁坏市场诚信基础，严重破坏市场信心，严重损害投资者利益，是证券市场的"毒瘤"。不幸中招的投资者将遭受惨重的投资损失。普通投资者如何规避上市公司造假的风险一直是资本市场关注的焦点。我国政府在加强严格监管和相关媒体加强舆论监督之外，还通过探讨如何有效识别各种类型的财务报告舞弊行为，来帮助投资者避开那些不诚信的公司和它们挖掘的财务陷阱。这对于打击上市公司恶劣的造假行为，完善我国证券市场的规范化建设将会起到积极的推动作用。

为了帮助投资者提高辨别上市公司造假能力，规避上市公司造假带来的巨大投资损失，我们以我国造假上市公司的案例为主，结合美国的安然公司案，归纳了上市公司造假的常用套路，总结出造假上市公司的共同特征。

① 套路之一：直奔主题，虚增利润

1997年的琼民源造假案是我国资本市场的重大事件，是我国证券市场成立以后最严重的一起证券欺诈案件。

作为上市公司造假的始作俑者，琼民源的手法是简单的，套路是粗暴的。大致做法为:买了一块地,一部分与一家关联公司合作开发房地产项目,中间琼民源退出,转让项目得到投资收益,计入当年利润。剩下的土地开发了几个项目,经评估后增值部分计入资本公积。在那个投资叫炒股、投资者叫股民的年代,业绩暴增,高送转都是市场炒作的重大题材。琼民源二者兼顾,虚增的利润装饰了利润表,从天而降的资本公积正好用来大幅度转增股本。

刑事处罚结果:琼民源原任董事长马玉和因犯提供虚假财务会计报告罪,被判处有期徒刑3年;公司聘用会计班文昭也以同等罪名被判处有期徒刑2年,缓刑2年。

② 套路之二:造假从收入做起

琼民源倒下了,我国上市公司造假行为不但没有杜绝,反而愈演愈烈,"后起之秀"们从琼民源案中得到的教训不是引以为戒,反而在造假手法上不断创新,造假水平不断提高,造假持续的时间更长,市场影响越来越恶劣。2001年前后爆出的蓝田案、银广夏案和东方电子案堪称我国资本市场上市公司造假的硕鼠巨盗。

a. 蓝田案

从蓝田案开始,造假者就开始在收入上做文章了。相比工商类公司,以生物资产为主营的农业类公司有两个造假的便利条件:一是客户中有相当部分为个人客户,二是现金交易比较多。个人客户无形中规避了政府税务部门的监督,现金交易省却了商业银行的流水对账流程。蓝田正是利用这些便利,从个人那里买鱼苗、买饲料、买人工服务,又将成鱼卖给个人,在产量和价格上双重做手脚,慢慢地虚增公司的收入。

蓝田造假的好处立竿见影:公司不断通过配股再融资,蓝田快速做大做强,时任董事长频繁出现在从地方到中央的主流报道中,风光无限。当然像所有经不起诱惑的失足少年一样,蓝田的胃口越来越大,当每亩鱼塘的产值超过万元时终于自爆,那一刻大部分出身农村的管理层卸下了背上的枷锁,终于可以告别"大跃进"后接踵而来的灾难。

蓝田案历时时间长,牵涉的罪犯也多。

刑事处罚结果:2004年11月,湖北省高院作出判决。瞿兆玉犯提供虚假财务报告和提供虚假注册资本罪,判处有期徒刑2年。与瞿兆玉同时落马的还有涉及蓝田案的原洪湖市委副书记、市长韩从银等人。

2007年12月20日,北京市第二中级人民法院作出一审判决。以受贿罪、滥用职权罪判处68岁的农业部财务司原司长、总经济师孙鹤龄有期徒刑8年。

2008年10月,北京市第二中级人民法院一审以单位行贿罪,判处瞿兆玉有期徒刑3年,缓刑4年。

b. 银广夏案

银广夏案与蓝田案案发的时间差不多,与蓝田案的作案时间比起来银广夏案迟不少年。

蓝田卖的是生物资产,银广夏卖的是生物的萃取资产。

蓝田卖给周边的农民,银广夏卖给德国公司。

蓝田收的是"铜钱和散碎银子",银广夏收的是外汇。

蓝田的收获在湖里,银广夏的客户远隔千山万水。要清点湖里的渔获很困难,要查清远方的客户也不容易。

蓝田案被一个女人揭露,银广夏案被一个女人的杂志揭露。揭露蓝田的叫刘姝威,揭露银广夏的是胡舒立。刘姝威走的是内部路线,胡舒立则公开报道。

胡舒立的这句话"这个社会要有喜鹊,也必须有啄木鸟。啄木鸟敲打一棵树,不是为了把树击倒,而是为了让它长得更直"为所有揭露上市公司造假的单位和个人鼓气助威。

银广夏案企图利用"天高皇帝远",躲避监管。银广夏大客户的神秘面纱揭开时,就是银广夏案大白于天下之日。胡舒立经过不懈的探寻得知,为银广夏贡献了1999年和2000年主要利润的德国诚信公司,既非如银广夏所说为西·伊利斯公司的子公司,更非成立已160年的老牌公司。它成立于1990年,注册资本仅10万马克。天津海关向《财经》出具了一份书面证明:"天津广夏集团有限公司1999年出口额480万美元,2000年出口额3万美元。"天津海关还查得,天津广夏从2001年1月至6月,没有一分钱的出口额。海关的证词为银广夏案钉上了最后一颗铁钉,使其永无翻身之日。

刑事处罚结果:2003年9月16日,宁夏回族自治区银川市中级人民法院对银广夏刑事案作出一审判决。原天津广夏董事长兼财务总监董博因提高虚假财会报告罪被判处有期徒刑3年,并处罚金人民币10万元。同时,法院以提供虚假财会报告罪分别判处原银川广夏董事局副主席兼总裁李有强、原银川广夏董事兼财务总监兼总会计师丁功名、原天津广夏副董事长兼总经理阎金岱有期徒刑2年6个月,并处罚金3万元至8万元;以出具证明文件重大失实罪分别判处被告人深圳中天勤会计师事务所合伙人刘加荣、徐林文有期徒刑2年6个月、2年3个月,并各处罚金3万元。

银广夏案推动了我国资本市场制度建设的发展,投资者可以拿起法律的武器保护自己的合法权利。

2002年7月30日,宁夏银川市中级人民法院正式立案受理来自上海的杨善础等四名股民诉银广夏虚假证券信息披露侵权纠纷案。2004年4月20日,银川市中级人民法院向ST银广夏发出《应诉通知书》,受理公司与陈寿华等33人虚假陈述证券民事赔偿纠纷案。这是继2002年7月之后,强调"先刑后民"的银川中院再度受理针对银广夏虚假陈述的民事赔偿案件。

c. 东方电子案

与上面两案几乎同时爆发的东方电子案因为没有名人效应,似乎已经淹没在历史长河中,泛不起一丝涟漪。

东方电子案是我国第一起系统的团队协作的正常商业环境下的工商业上市公司的造假案。此案是我国上市公司造假的"扛鼎之作"。倚天不出,谁与争锋。东电一出,众案暗淡。

1993年,东方电子开始股份制改造;1994年1月向社会发行股票,其中有内部职工股3 450万股,面值1元,发行价1.6元。由于当时正值股市低迷期,在发行期内,内部职工股有1 044万股没有售完。按当时有关法规,东方电子要么宣布改制失败,要么将剩余的内部职工股注销,减少注册资本。然而,一个月后,"东方电子信息股份有限公司"便注册成立了。与此同时,他们又注册了一家空壳公司———烟台震东高新技术发展公司。1997年1月,东方电子在深圳交易所挂牌上市,当天,股价冲破18元。东方电子股票上市前,隋元柏、高峰分别返回自己的老家收罗身份证,盗用他人名义,在烟台一证券公司营业部开设了44个(后增至69个)个人账户,将1 044万股内部职工股由烟台震东高新技术发展公司分批转入,并由高峰操纵抛售。为使职工股抛售后的巨额资金变成"主营收入",东方电子在上市5年间,共私刻公章40多枚,伪造合同1 200多份,虚开发票2 000多张。华夏银行烟台南大街分理处也成为造假的帮凶,共出具进账单和对账单1 509份,最终把东方电子15.9亿元内部职工股的抛售款变成"主营收入"。

在东方电子的造假帮凶中,除了那家银行以外,还有一家会计师事务所———乾聚会计师事务所,其负责人叫刘天聚。该所名气很大,业务量曾在山东省内遥遥领先,资质在全国曾排行第五。它对东方电子的"审计",曾被有关部门列为"样板"。

此案的背后还有个臭名昭著的"庄家":中国经济开发信托投资公司,那个当年让万国证券"亡国"的"中经开"。

东方电子案肇始于内部职工股,经过罪犯的运作形成炒股收益—利润传输成主营业务收入—公司业绩大幅增长—再炒股的完整闭环。东方电子案的罪犯有上市公司一干人员、银行人员、会计师事务所、"庄家"。这些人狼狈为奸、沆瀣一气,贪赃枉法,祸害百姓。

刑事处罚结果:被告人隋元柏、高峰、方跃身为"东方电子"的主管、责任人员,利用股票收益的资金虚构"主营业务收入",夸大公司业绩,向股东和社会公众提供虚假的财务会计报告,其行为均已构成提供虚假财会报告罪。法庭判处隋元柏有期徒刑2年,并处罚金5万元;判处高峰有期徒刑1年,并处罚金2.5万元;判处方跃有期徒刑1年,缓刑1年,并处罚金5万元。

东方电子的虚假陈述民事赔偿纠纷案:选择诉讼方式维权的股民共6 983名,案件数量2 716件,涉案标的4.2亿元。其中6 793名原告被认定为具备赔偿条件,分7批获得了4 450.401 4万股东方电子股票作为赔偿;34名原告因不具备过户条件等原因无法办理股票过户,获得了41.38万元的现金赔偿,折算股票数量为64 751股。上述赔偿均由上市公司的大股东东方电子集团支付。

③ 套路之三:虚假利润引发资产膨胀

农业类上市公司不断有造假丑闻曝光让同类上市公司脸上无光。很长时间内,媒体都在找它们的裂缝,希望能挖出几个坏蛋。那些年,在香港上市的超大现代就经常被媒体盯着。

超大现代的主营是种菜,菜请农民种,菜却不卖给农民。事实上我国农民从来就没有经常买菜的习俗——哪个农民家房前屋后犄角旮旯不种着菜呢?超大现代的菜也不卖给二道贩子。你知道的,二道贩子个人为主,现金买卖,难免口实。超大现代的菜卖给厂矿、企业、学校、医院——人家给发票。

媒体质疑超大现代的理由有二,毛利率高是其一,其二是菜地经常没人没菜。对第一个问题,超大现代笑而不答。对第二个问题,倒是回应了一些农忙时的照片视频,以此作为大老远来调研的记者朋友的"收获"。种植蔬菜的毛利率高是必然的,一粒种子长成一棵菜,成本毫厘,售价角元,城里的朋友拿毛利率高说事只能说明他们五谷不分、四体不勤。

超大现代屡招质疑,屹立不倒。不似蒲柳之姿望秋而靡,而似松柏之质经霜弥茂。每年的利润高高的,就是不怎么分红,股价走势也不错时,大股东不时配售些老股。

超大现代一直这样表演,难道就没有破绽吗?有,不过需要时间的沉淀。问题在于:高额的利润放在了哪里?超大现代的回答是:买地。这个回答没有毛病,谁都知道古训"以末致财,用本守之",这里的本就是土地。超大现代在农村买土地经营权有天然的优势——人家天天跟农民打交道。回答是没毛病,时间长了就有毛病:有人按账面的资产金额测算了超大现代的田亩数,数量之大令人惊讶。此事惊动了香港特区政府。香港特区政府请求中央帮忙丈量超大现代的土地。

我国历史上丈量土地从来就不是件轻松的事——不是指这项工作有多么困难,更多时候丈量土地意味着全社会利益格局的大调整,往往需要中央政府自上而超大现代的土地实际数字不足账面的十分之一。喜剧节目顿时变成悲剧节目,吃瓜群众吃了瓜落,倒是卖空的机构赚了个盆满钵满。

④ 套路之四:成本造假

从某种意义上讲,獐子岛造假有一定的制度性原因。按照深交所规定,连续亏损3年的上市公司将被暂停上市,连续亏损4年将被终止上市。

獐子岛在此前2014年、2015年净利润均为负数,2016年和2017年经营前景不明。獐子岛选择铤而走险,造假以保壳。2016年造假盈利,2017年视情况而定,如果挺不过去,索性一次亏个够,为来年预留些空间。

要虚增利润,无非是"开源节流",虚增收入或虚减成本,至于费用则相对固定,调整难度大,更何况公司是一家集体企业。大股东长海县獐子岛投资发展中心的股东是长海县獐子岛镇人民政府。政府是大股东,也是卖方,收取獐子岛的海域使用金。

獐子岛是一家渔业上市公司,主营海洋水产业,虾夷扇贝是其主打产品之一。天猫、京东等平台长期有其产品销售,虚增收入风险很大。

獐子岛拥有虚减成本的得天独厚条件。獐子岛养殖扇贝的主要技术是深水贝类底播增殖技术,即通过撒播的方式将贝苗放在适宜养殖的海域,让苗在海底自然生长,长到合适大小再进行捕捞。每年到底捕捞了多少,外部人很难准确把握——你很难深入海底一个个数到底有多少扇贝。

证监会的调查结果显示,獐子岛的财务造假始于2016年。2016年年报以虚减营业成本、虚减营业外支出的方式,虚增利润1.3亿元,虚增的利润占当期披露利润总额的158.15%,獐子岛披露的2016年年度报告中净利润为7 571万元。2017年年报虚减利润2.8亿元。

证监会查明,獐子岛2016年真实采捕区域较账面多13.93万亩,致使账面虚减营业成本6 003万元。2017年账面记载采捕面积较真实情况多5.79万亩,致使2017年度虚增营业成本6 159万元。

证监会决定:对吴厚刚采取终身市场禁入措施,对梁峻采取10年证券市场禁入措施,对勾荣、孙福君分别采取5年证券市场禁入措施。对獐子岛处以60万元罚款,对董事长吴厚刚处以30万元罚款。

⑤ 套路之五:假订单、假交易、假流水

瑞幸咖啡拉上43家"帮凶",开展了长达一年多时间、系统性的造假工程。2019年4月至12月,瑞幸咖啡采用"个人及企业刷单造假""API企业客户交易造假",通过开展虚假交易、伪造银行流水、建立虚假数据库、伪造卡券消费记录等手段,累计制作虚假咖啡卡券订单1.23亿单,虚增交易额22.46亿元,虚增收入21.19亿元(占对外披露收入51.5亿元的41.15%),虚增成本费用12.11亿元,虚增利润9.08亿元。

除了虚增订单外,瑞幸还虚增了付款记录——另一个被瑞幸发掘可以用来做手脚的地方在原材料付款。逾10亿元的供应商付款存在问题。

瑞幸咖啡造假案有东方电子案的影子,不同之处在于东方电子案中东方电子是将真金白银通过造假业务行为装入上市公司的利润表,而瑞幸咖啡则凭空捏造从订单到入账的完整过程。有证据表明瑞幸咖啡动用公司所有资源主动或被动地参与到造假运动中。所幸的是,这场大面积的造假仅限于瑞幸咖啡及其相关造假公司,为社会提供中介服务的如会计师事务所、商业银行未见参与造假的报道。说明此时我国商业的社会环境较东方电子案时有明显的改善。

由于违反《中华人民共和国反不正当竞争法》第二十条第一款规定,瑞幸咖啡(中国)有限公司、瑞幸咖啡(北京)有限公司分别被罚款人民币200万元。一同被开出罚单的还有北京神州优通科技发展有限公司、北京车行天下咨询服务有限公司、征者国际贸易(厦门)有限公司。这三家公司明知瑞幸公司造假,仍然以虚增成本支出、平衡业绩利润数据、隐瞒资金真实流向等方式为瑞幸公司实施虚假宣传行为提供实质性帮助。市场监管总局认定,三家公司的帮助行为主观恶意明显,社会影响恶劣,严重扰乱了市场竞争秩序,违反《中华人民共和国反不正当竞争法》第二十条第一款规定,作出分别罚款人民币200万元的处罚。

⑥ 套路之六:关联方交易操纵利润

2001年12月2日,曾居《财富》500强第七位的安然公司正式申请破产。

安然声称发现了如何使传统能源公司一跃成为高增长、高利润的"新型企业"的"秘诀"。这个"秘诀"之一就是通过设置复杂的公司组织结构操纵利润、隐藏债务。安然公司组织结构的原理为:A公司(安然公司)通过51%的股份控制B公司,B公司再以相同方式控制C公司,以此类推不断循环下去。到K公司时,由于A公司仅持有K公司权益的几个百分点,根据美国公认会计原则,K公司的个别报表将不并入A公司的合并报表中。但A公司实际上完全控制着K公司,可让其为自己筹资,或通过关联方交易转移利润,然而其负债却未反映于安然公司的资产负债表上。

有代表性的关联交易发生在2001年第二季度,安然把北美的3个燃气电站卖给了关联企业ALLEGHENY能源公司,成交价格为10.5亿美元。市场估计此项交易比公允价值高出3亿~5亿美元。该差额被加入能源公司业务利润中。

此外安然公司还利用"特别目的实体"隐藏企业债务,通过SPE空挂应收票据,高估资产和股东权益。

处罚:a)安然公司被美国证券交易委员会罚款5亿美元,股票被从道琼斯指数除名并停止交易,安然公司宣告破产。b)美国司法部的刑事调查结束后,安然公司CEO 杰弗里·斯基林被判有期徒刑 24 年并罚款 4 500 万美元;财务欺诈策划者费斯托被判 6 年有期徒刑并罚款 2 380 万美元;公司创始人肯尼思·莱虽因诉讼期间去世被撤销刑事指控,但仍被追讨 1 200 万美元的罚款。安然公司的投资者通过集体诉讼获得了高达 71.4 亿美元的和解赔偿金。c)有 89 年历史并且位列全球五大会计师事务所的安达信因帮助安然公司造假,被判处妨碍司法公正罪后宣告破产,美国休斯敦联邦地区法院对安达信处以 50 万美元罚款,禁止在 5 年内从事业务,从此全球五大会计师事务所变成"四大"。d)三大投行遭到重罚,花旗集团、摩根大通、美洲银行因涉嫌财务欺诈被判有罪,分别向安然公司的破产受害者支付了20 亿美元、22 亿美元和 6 900 万美元的赔偿罚款。

安然造假案对资本市场的影响除了监管层要加强对上市公司关联交易的监管外,最大的遗产是处罚力度和保护投资者措施。监管当局对相关责任单位的顶格处罚、安然破产和安达信破产及投行的天量罚款为全球资本市场的参与者敲响警钟——莫造假,造假必被捉,捉到就破产。司法当局对相关责任人的定罪给侥幸者以当头棒喝——莫伸手,伸手必被捉,捉到蹲大牢。监管当局不遗余力地保护投资者,让投资者拿到令他们满意的赔偿金,而不是由有关部门塞给他们"三瓜两枣"。

总而言之,投资者需要从三个角度观察上市公司是否造假。一是利润与经营活动现金流长期不匹配:利润总是在增长,经营活动现金流不但不增加,甚至为负。如果经营活动现金流长期为负,更要小心。二是应收账款及其他应收款快速增加,除此以外的流动资产规模变化不大。三是利润总在增加,不分红或是少分红,货币资金不少,借款却是家常便饭。

媒体包括一些自媒体有时会暴露一些上市公司可能存在的造假问题。对于这些质疑,普通投资者阅读时有时会难以判断。这些质疑文章有的证据确凿,逻辑严密,推理过程没有明显的漏洞;有的则是判断多于推理,传言甚于事实,结论难以立足;有的是一半有道理,一半没有理由。

对于这些质疑,普通投资者在难以明确判断的情况下,最好的办法是"宁可信其有,不可信其无"。

3. 公开资料的边界

是不是所有与上市公司有关的公开媒体及网站上的资料都属于上市公司公开资料呢?对此就连一些相对专业的媒体人也没有搞清楚,更别说普通大众了。有关法规要求上市公司在指定媒体上发布的资料才是公开资料,而且上市公司的公开资料也必须在指定的媒体上才能发布。下面结合2020年中国证监会山东监管局发布的一则处罚决定讲解公开资料的边界。

(1) 出具警示函

关于对谢楠采取出具警示函措施的决定〔2020〕79号

谢楠：经查，我局发现你在制作和发布关于史丹利农业集团股份有限公司的研究报告《转型农业服务商，打开成长新空间》过程中，未能遵循独立、客观、公平审慎原则，未对引用的重要信息和数据的真实性和可靠性进行核实，导致该研报内容出现重大错误，客观上传播了虚假、不实、误导性信息。上述行为违反了《发布证券研究报告暂行规定》(证监会公告〔2010〕第28号)第九条的规定。依据《发布证券研究报告暂行规定》(证监会公告〔2010〕第28号)第二十二条的规定，我局决定对你采取出具警示函的行政监管措施。如果对本监督管理措施不服，可以在收到本决定书之日起60日内向中国证券监督管理委员会提出行政复议申请，也可以在收到本决定书之日起6个月内向有管辖权的人民法院提起诉讼。复议与诉讼期间，上述监督管理措施不停止执行。

中国证券监督管理委员会山东监管局
2020年12月22日

处罚谢楠的理由是信息引用时出现了真实性和可靠性问题。

(2) 媒体跟进

由于山东监管局暂时不能就研报涉嫌违规的具体情况给予答复，有家媒体将关注的重点放在以下几方面：

① 券商研报与公司财报部分内容如出一辙。

② 有投资者对券商研究报告与上市公司财务报告如此"异口同声"表示不满意。

③ 部分一线的券商从业人员认为，当前市场就此事的批评有些不讲道理。

④ 分析师针对公司做研究报告时还是应该有选择地参考公司财务报告。引用与否或引用多少是分析师自己的选择，但不参考公司年报一定是不负责的行为。

⑤ 据其他媒体报道，该研报中最主要的争议部分在于"史丹利农业服务公司已经在东北、内蒙古、山东和河北等地成立9家合资公司，流转50多万亩耕地，拥有库容50多万吨的粮仓，可实现产收销一体化"。

⑥ 如果中泰证券的这份研究报告只因前述原因涉嫌违规的话，监管层应该对史丹利农业、中泰证券各打五十大板。

媒体的前两个问题反映了我国普通投资者对于上市公司公开资料对投资的基础性作用的认识远远没有到位。第三和第四个观点说明我国专业投资者对以年报为基础的上市公司公开资料的普遍重视。第五个问题是上市公司公开资料的边界问题,问题中的信息来源是焦点问题。最后的观点反映出媒体对待上市公司信息披露的态度是不严肃的。实质上,如果上市公司信息披露出了纰漏,不实内容藏匿其中,那么分析师无责,应该处罚上市公司。反过来,就是分析师采用不实信息,存在误导投资人的嫌疑,上市公司无责,只有分析师当受罚。

(3) 上市公司澄清

上市公司除了在交易所网站上发布信息外,也可以借交易所指定的互动平台以问答的形式跟市场沟通。

投资者问:媒体报道,今年粮食价格大好,生产、储存、流通业务火热。公司粮食收储板块业务情况如何?土地流转是否会加大力度??

史丹利回答:投资者您好:公司粮食收储业务经营正常,今年(2020年)玉米价格涨幅较大,考虑到价格处于较高位置,公司收储业务的开展以谨慎稳健为主。公司暂未考虑进行土地流转。谢谢!(来自:深交所互动易;时间:2020-12-10)

(4) 不实信息的源头

公司立足国内农业发展趋势,成立农业服务有限公司,建设全产业链服务平台,提供全产业链服务,种植大户、家庭农场、农业合作社等提供包括种子、化肥、农药、农机、农技、粮食贸易、金融、信息等一体化服务。目前,史丹利农业服务公司已经在东北、内蒙古、山东和河北等地成立9家合资公司,流转50多万亩耕地,拥有库容50多万吨的粮仓,初步实现了产收销一体化。(来自某媒体"企业风采"专栏;时间:2017-11-15)

某媒体上的"企业风采"好像有点宣传广告,刊登的内容是这次信息披露问题的始作俑者,此后这段内容被不少媒体引用。

(5) 借鉴

对当事人来说,这起事件的后果还是蛮严重的。对普通投资者来说,可供借鉴的不在于信息的甄别而在于必须坚定不移地使用上市公司的公开资料;对于普通媒体的相关信息必须多长个心眼,不可盲目相信;对一些有价值的内容要采取批判的态度,大胆怀疑,小心求证;至于小道消息,最好的办法是不听、不信、不传。

普通投资者如何看待券商的研究报告也是个重要议题。有人看结论,有人看数据,有人看方法,有人看逻辑、看推理。不同的视角缘于不同的用途。只看结论的,大多只关心公司的利润预测及相关评级。不可否认,专业研究员得出的公司预测肯定有他们的道理,不过有一点需要指出,这些报告大多数是作为券商研究所向基金等大客户推介服务的敲门砖或是随礼,所做的预测及诸如买入推荐评级是不是券商研究员客观公平的表达呢?不能肯定。投资界有一阵建议将这些券商写的卖方研报给出的评级降档使用,不过这种经验性的用法也未必合适——进了旅游景点购物店的游客基于以往经验喊出的折扣是否已经被店家预期到了而提高了标签价呢?

对于卖方研报,首先看其逻辑,再看数据,最后看结论。如果逻辑不通,继续看下去纯属浪费时间。如果数据采集有错误,就像做数学题参数代入不对,结果很少准确,即使偶尔蒙对,过程分也会被老师扣掉。

投资者阅读券商研报的价值更多地在于了解行业方面的知识,这些积累将拓宽我们看待已经持有的上市公司观察视野,帮助我们摆脱自我欣赏滑向自我认证的投资误区。

二、上市公司调研

上市公司调研就像出趟差,就像旅个游。

上市公司调研又不是出差。出差的任务通常明确而具体,调研通常则不是。调研是走走看看,走一步看一步,一趟下来你可能满载而归,也可能一无所获。你如果是带着某个具体的任务而来,调研归来你可能因为找到了答案而感到满意,但没有找到答案你未必总是失望,因为你可能尽管未完成任务,但收获却不小,就像东晋王徽之的"乘兴而来,兴尽而返"典故一样。

王子猷(即王徽之——笔者注)居山阴,夜大雪,眠觉,开室命酌酒,四望皎然。因起彷徨,咏左思《招隐诗》。忽忆戴安道。时戴在剡,即便夜乘小舟就之。经宿方至,造门不前而返。人问其故,王曰:"吾本乘兴而行,兴尽而返,何必见戴?"(《世说新语·任诞》)

上市公司调研又不像旅游。旅游不管是观光还是消遣,游山玩水后你认识了山水,山水却不认识你。调研则不同,你认识了公司,公司也可能认识你,如果让公司认识你,以后与上市公司沟通就会很容易。初次接触就能给上市公司留下印象无疑很困难,投资者需要做出点非常之举,就像东晋王珣①表现出的"悟捷"一样。

王东亭(即王珣——笔者注)作宣武主簿,尝春月与石头兄弟乘马出郊野。时彦同游者,连镳俱进。唯东亭一人常在前,觉数十步,诸人莫之解。石头等既疲倦,俄而乘舆回,诸人皆似从官,唯东亭奕奕在前。其悟捷如此。

为了做好上市公司调研,投资者需明确调研的目的,确立调研的途径,进行实地调研和完善资料归档。

---

① 王珣以书法《伯远帖》为今人所熟知,历史上为政及著文皆得令名,《世说新语》中出现与王珣相关的典故多达27次。

(一) 调研目的

俗话说百闻不如一见,有机会到上市公司去看看,对做好投资工作总会有所裨益。现场调研的目的不外乎求证、对照、感受和观察。

1. 求证

我们在做上市公司研究和对上市公司进行预测时难免需要假设一些事情。有些假设是完整投资逻辑链中重要的一环,比如上市公司管理层理性;有些假设是我们基于公开资料解读的合理推测,比如公司的绩效管理体系;有些假设是公司商业活动正常能力的延续,比如公司的新产品推出周期;还有些假设是有关公司在价值链中的选择取向,比如供应商和客户的账期。这些问题贯穿企业发展的每个阶段,过去表现有案可查,现在仍然延续未变,还是已经改善,未来将如何选择,需要投资者求证。

2. 对照

对上市公司的研究总会得到一些结论。这些结论有些是整体点,有些是局部点;有些是连贯点,有些是碎片点;有些是连续点,有些是孤立点;有些是一次性的,有些是经常性的。我们需要将现实的景象与这些结论逐一进行对照,其中偏差较大的结论要作为问题以待进一步研究之用,还要杜绝研究方法上的系统性漏洞。

3. 感受

通过上市公司的待人接物,你可以感受到公司领导的气质。公司领导的气质通常决定了公司的气质。公司的气质决定公司发展的上限。

如果你在调研时感受到上市公司的傲慢,那你是幸运的也是不幸的。说你幸运,是你排除了一颗地雷;说你不幸,是你排雷时可能要蒙受些损失。傲慢的上市公司一刻也不能投资。遗憾的是,我国资本市场中有不少傲慢类型的公司,更有甚者这些公司中还有些胸无点墨,那愚蠢且贪婪的嘴脸,你多看一眼就会觉得恶心。

温润如玉的气质适合头部公司,最好已是遥遥领先。

人淡如菊的气质适合跟随型公司,萧规曹随,亦步亦趋。

矜功自伐气质的公司可能有明天,但不会有未来。

外宽内忌气质的公司早晚得完蛋,不是今天就是明天。

不让人说话的公司可能有快速发展的时期,那是在靠模仿就能赶超的年代,一旦登上C位,就是它的顶峰,顶峰很尖,转眼就是下坡,下坡很陡。

才大志疏的气质非常令人着急:明明可以前进十里,他走了一里就停下了;明明可以背得动十斤,他背上一斤还嫌重。遗憾的是这样的上市公司并不少,尤其在掌握了独门秘籍的行业中,它们浑浑噩噩,胸无大志。买了这样公司股票的投资者当时是干着急,以后说不定干瞪眼。

曲突徙薪气质的上市公司是难得的,可以长期关注,如果有机会可以大胆投资。

遗憾的是这样的公司非常罕见,究其缘由,我国文化使然。君不闻"曲突徙薪无恩泽,焦头烂额为上客",千百年来短视而扭曲的社会激励取向导致国人目光短浅,难有长远思维。

咄咄逼人气质的公司也是值得关注的,尤其是成长型公司。咄咄逼人是动物精神的重要组成部分,动物精神是企业家精神的构成要件,它体现了乐观、冲动、冒险和创新精神。企业能否不断地发展,在相当大的程度上取决于企业家个人的风险预期和风险偏好程度。拥有持续创新精神的公司将会一直走在自我突破、追求进步的发展轨迹上,新产品不断涌现,新思路层出不穷,公司是引领行业前进的旗手,是万众瞩目的领袖。投资者观察这类企业时需要注意创新精神的持续性。创新精神有所减弱,而一时冲动的乐观情绪又有所动摇,企业如果只想保住领先地位往往难以如愿,商海遨游从来就是"逆水行舟,不进则退",那些小富即安的企业很快就会萎缩和衰亡。

通过上市公司的待人接物,你可以感受到公司的文化:唯上、唯贤、唯真、唯股东、唯客户还是唯员工。文化决定了公司的价值取向,价值取向影响公司的投资价值。

4. 观察

现场的观察是重要的,细心的参观者往往有与众不同的收获。参观工厂时,默默地数生产线的条数、大型设备的台数、生产线上工人的人数,观察仓库中原物料、半成品和产成品的摆放,观察进入厂区安全规定的落实情况,观察车辆进出厂区的登记手续。

体会员工的精神状态,留意职工的精神面貌。积极向上的面貌会写在每个员工的脸上,消极怠慢的状态也会偶尔在某些职工身上体现。

及时记录你观察到的无疑是有益的。关键在于你一有机会掏出笔来,你就应该记录下来,而不是回到家里再一边回忆一边记录。

(二) 调研的途径

1. 以股东身份参加股东大会

年度股东大会,主要股东和高管层会悉数出席,从公司上年度业务回顾到下一年经营目标及公司发展战略,上市公司一般会做比较深入的阐述。提问环节的内容都是机构及普通投资者最关心的问题,公司的回答对你进一步了解公司的气质和能力都有帮助。

只要是上市公司的股东,都可以参加公司的股东大会。如果你还不是公司股东,只要在股东大会登记日持有100股就行。

2. 联系上市公司证券部

投资者在券商行情终端可以找到上市公司证券部的电话,联系上后要尊重上市公司的来访接待流程。确定调研时间时投资者最好提供几个时间段让公司选择,或者请上市公司给出合适的时间段以方便调研。双方确定好时间,投资者须告知上市公司拜访人员的单位和姓名。

为了确保信息披露的合法合规,一般上市公司都会有静默期安排。如每个季度结束的一段时间或者定期报告披露前的一段时间,都可能是上市公司的静默期。调研上市公司最佳的时间是定期报告披露以后。

3. 在投资者关系互动平台提问

大部分上市公司都会回答投资者在投资者关系互动平台上的提问,而且大部分回答都比较及时。对于经常提问的投资者,有的上市公司会明确表示欢迎到公司现场调研。当然投资者提的问题要与上市公司经营和发展密切相关,而不是抱怨股价低迷何时解套之类的牢骚话。

4. 券商等组织的上市公司调研

如果券商组织的上市公司调研正好有你感兴趣的,那就太好了,省时省事还省钱,包吃包住还包车马。这些还是其次,主要的是上市公司接待到位,出面的至少是董事会秘书,再不济也是证券事务代表,肯定不会是证券部随意指派的虾兵蟹将。

5. 参加券商年会组织的行业内上市公司推介

券商年会组织的行业内上市公司推介也能与上市公司直接接触,不过是与上市公司代表,因为这种会议通常不会在上市公司所在地举办。代表上市公司的通常是董事会秘书或公司副总,投资者有问题需要预约,到点在小房间单独交流。这种形式的不足之处在于你只闻其声难辨上市公司全貌,好处在于你可能跟公司高层建立私交,如果你们的交流令他印象深刻的话。

6. 跟随机构

不可否认,机构与上市公司的关系总比普通投资者紧密,如果你能跟随机构参加上市公司调研,你的收获一定颇丰。缺点是,这种调研通常没有你发言的安排,机构与上市公司交流的议题可能不是你最感兴趣的,你全场是个听众。你还可能是个观众,如果有现场参观的话。

(三)实地调研

实地调研分为调研前准备、调研过程以及调研附加。

1. 准备工作

研读上市公司近期的公开资料是基础的功课,对公司的产品、生产及销售方式、主要竞争对手、公司在行业中的地位有个基本了解,对公司最近一期报告披露的收入、成本、四项费用、净利润、资产、有息负债、净资产、经营活动现金流、资本支出及营运资本变动做到心中有数,对公司的 ROE 及其变动、毛利率及其变动等烂熟于心。对公司年报中制定的经营目标及按期限的完成情况大致有数,对公司的经营成果是否走在发展战略的方向上有简单的判断。对公司募集资金项目的报告进展要牢牢记住,对公司收购项目的业绩承诺完成情况有所关心。对公司披露的订单情况不能忘记。对股东及高管的减持或增持股票不可忽视。

对上市公司行业发展情况及竞争格局做些调查,网络上的大致看看,对可靠的券商行业研报仔细阅读。

对近期投资者互动平台上别的投资者的提问及公司的回答做到心知肚明,对网络上关于公司的负面言论有所耳闻。

以上内容都需要文字底稿。准备工作要做到对公司经营心中有数,对公司问题刻画明确,实地调研动机清楚。

2. 做个聪明的与会者

上市公司的股东大会参加的人数较多,聪明的与会者会提前到场,尽量靠前排就座。

会议开始后做好全程录音。做好关心的重点内容的笔记。

全程保持精神集中,即使在听最无聊的讲话时也不要玩手机。

如果有提问环节,尽可能早参与。获得发言提问机会时,语速要慢,声音要洪亮,一次提问最好不要超过两个问题。

3. 提啥问题

提问禁区有上市公司比较敏感的话题,比如业绩,比如分配,比如收购计划等;上市公司不喜欢的话题,比如赞扬竞争对手贬低本公司,比如上市公司曾经犯过但已经改正的错误;令上市公司管理层难堪的话题,比如董事长主导的某项投资不成功,比如总经理发表在某个论坛上的后来被证明是错误的观点,比如某高官擦着限制期的边缘日期减持股份等。

上市公司喜欢的问题有行业发展前景、公司的技术能力及储备、公司治理结构改善等。

现在知道你该提啥问题了吧?首先必须是你最关心的问题,其次是上市公司喜欢的问题,最好不要提上市公司比较敏感的问题。

4. 现场参观

参观生产经营现场是调研的重要环节,除了能近距离地看到企业的组织、协调、安排、指挥等所有现场管理流程,还可以感受到生产流水线的运行状态及运行效率,可以观察到机器设备的成新率和保养水平,可以观看线上员工的业务操作并判断其熟练程度。现场调研除了获得这些感性认识外,还要留意生产区的秩序、物流的管理水平、原材料流向与产成品流向是否合理高效、安全意识及安全管理规范是否落实到位。有机会的话,可以看看公司卫生间——整洁还是凌乱,可以摸一摸不起眼位置的窗台——看看灰尘多不多。在大讲特讲管理出效率的时代，真正体现管理的只在这些小地方，尤其是安排组织好了有人来参观访问的时候。

现场参观时需要记录的重要数据是企业的生产线数量，每条生产线的成品形成的间隔时间。有了生产线数量和成品时间，投资者可以推测出企业单位时间的产能。产能的弹性取决于生产线的效率，生产线的效率取决于线上最慢的那道工序——这是由木桶原理①决定的。时间允许的话，投资者可以多关注一下那道最慢的工序，给自己留下"生产线的效率有没有改进的可能性"的疑问。

想办法找机会跟厂区的员工交流，准备的提问有：在这里干了几年、每周加班几个小时、单位宿舍几人一间、公司替你缴纳五险一金吗，等等。普通员工对上市公司的全局了解很少，但他们在交流时一般没有顾忌，回答大多数是真实的。通过这几个问题可以从基层的角度推测出公司的经营现状。好的企业通常会留住熟练的员工，复杂一些装配线上的员工没有三个月难成熟手。员工流动率越高，企业的管理成本越高，生产效率越低。工人对加班的态度往往是加班是必须的但长时间加班是不愿意的，外出打工，挣钱是第一位的，一天只干八小时，通常只比城市规定的最低工资稍微高一点，收入赶不上同村出门做木匠、做泥瓦匠的，所以需要加班。不过加班的时间不能长，毕竟是现代社会了，打工者不是机器，他们也要生活，也要生活的质量。有调查说工人希望企业将五险一金的钱通过一定的办法直接发给他们，企业的真实做法除了反映出企业的规范程度，还能体现是否有守法的企业责任意识。

5. 有机会的小范围交流

不同于股东大会，小范围的交流可以直接点，提的问题可以深刻点。与人交流需要些技巧，俗话"一句话让人笑，一句话让人跳"讲的就是同样的意思不同的表达，听者的感受截然相反。有两种沟通方式值得推荐，一是诚恳地问自己迫切希望知道的，二是有深度、有见地地提出自己对企业经营管理方面的建议。交流时要做到礼貌端庄，态度上不卑不亢，言辞上不尖不锐，表达时不疾不徐。

辞行前，找个合适的机会，赠送些早就准备好的小礼品，比如自己做的手工、家乡的小特产，不能是昂贵的物品。赠送的对象最好是在场的所有上市公司人员，不要厚此薄彼，失却了平等待人的素质。有句话叫"宁卯一村，不卯一人"，正好适合这个场合。

（四）资料归档

调研行程的结束并不是调研的结束。调研回来，需要整理这次调研的所有资

---

① 木桶原理又称短板理论、木桶短板管理理论。所谓"木桶理论"也即"木桶定律"，其核心内容为：一只木桶盛水的多少，并不取决于桶壁上最高的那块木块，而恰恰取决于桶壁上最短的那块。

料,将有价值的部分写成文字归入该公司的档案。按照"五可法"进行研究,每次档案记录都会留下一些问题和判断。

资料归档工作首先是回答上阶段留下的问题和判断,如果能得到答案,可以消除问题;如果没有得到答案,需要进一步研究,问题保留。

资料归档工作的第二项内容为对照调研的认识,重新将上市公司从经营到管理、从目标到战略、从内部到外部、从公司到行业梳理一遍,保留相同的,覆盖不同的。

资料归档工作的第三项内容为预测的内容需不需要调整,对制造业公司进行预测的重要基础是产能,调研的主要收获之一是观察产能,结合适当的演算,决定需不需要调整产能预测,进而调整所有预测数据,最终落实在调整投资组合上。

资料归档工作的第四项内容为结合实地调研,就企业的管理层待人接物的态度和管理人员工作中体现出的关系判断出公司文化。这部分工作不是一蹴而就的,需要长时间、多频次的接触。

(五) 公司文化的分类

为方便投资者理解公司文化,体会文化对公司发展的重要性,我们选择金庸先生小说中的几个组织,剖析这些组织的管理制度和日常运作所体现的文化。

1. 公司文化之少林派

《天龙八部》中少林寺作为武林正派,是江湖正义的保护者,实行由高级别组织指定的方丈负责制,员工剃度留戒疤,流程化管理,奖励以口头及精神为主,处罚为体罚,任何人不能免于处罚,包括方丈。

隔了半晌,玄渡问道:"以方丈之见,却是如何?"

玄慈道:"阿弥陀佛!我辈接承列祖列宗的衣钵,今日遭逢极大难关,以老衲之见,当依正道行事,宁为玉碎,不作瓦全。倘若大伙尽心竭力,得保少林令誉,那是我佛慈悲,列祖列宗的遗荫;设若魔盛道衰,老衲与众位师兄弟以命护教,以身殉寺,却也问心无愧,不违我教的正理。少林寺数百年来造福天下不浅,善缘深厚,就算一时受挫,也决不致一败涂地,永无兴复之日。"这番话说得平平和和,却正气凛然。

群僧一齐躬身说道:"方丈高见,愿遵法旨。"

(见《天龙八部》新修版第四十回《却试问 几时把痴心断》)

只有将个人精神层面的提升作为僧人的效用才能用现代企业的眼光去解读少林寺,少林寺的效用是社会正义的保护水平。少林寺一直高光地存在是因为每个少林弟子真心爱少林,他们为了少林可以奉献一切,甚至包括生命。文中玄慈方丈领刑赴死以赎其罪愆就是范例。少林寺这种组织的成功暗合了经济学上一个重要定律：人力资源只能激励不可压榨。人力资源只存在于个人的脑海里，他愿意付出时，你才能感受到，组织才能由此获益。人力资源属于知识品，它不同于普通商品：普通商品比如苹果，你吃了别人就没得吃；知识品则是让你用了，我还有。能利用到员工人力资源的只有一个办法：温暖，让员工感到温暖。人力资源就像员工身上的外套，你越压榨他，他越感到寒冷，他会将外套捂得更紧，相反你如果今天给他阳光明天给他温暖，他就会自动脱下外套。

以人力资源为竞争力的知识型企业可以借鉴少林寺文化。

2. 公司文化之武当派

《倚天屠龙记》中的武当派由于创始人张真人没有处理好领导人的接班工作，出现了组织发展停滞、组织内耗的混乱情形，最低潮时出现了二代掌门之长子宋青书叛变的极端事件。就在江湖人人看衰武当的时候，在"师徒有亲，兄弟有义"组织文化中成长的张无忌铲除叛徒，重建武当，使其恢复了江湖地位。

但见俞莲舟双臂一圈一转，使出"六合劲"中的"钻翻""螺旋"二劲，已将宋青书双臂圈住，格格两响，宋青书双臂骨节寸断。俞莲舟喝道："今日为七弟报仇！"两臂一合，一招"双风贯耳"，双拳击中他左右两耳。这一招绵劲中蓄，宋青书立时头骨碎裂。俞莲舟双拳齐出之时，想到莫声谷惨死，心中愤慨已极，但随即想到了大师哥宋远桥，此事当由大师哥自行处理，双拳挥出时暗叹一口气，留了五分力。

张无忌心头一震，心道："其实我并不想救活他。"但医者父母心，救人活命，于他已是根深蒂固的念头，他虽仍对周芷若恋恋不舍，但要他故意不治宋青书，究竟大大违反了他从小生来的仁侠心肠。当下回入房中，揭开宋青书身上所盖薄被，点了他八处穴道，十指轻柔，以一股若有若无之力，将他碎裂的头骨一一扶正。然后从怀中取出一只金盒，以小指挑了一团黑色药膏，双手搓得匀净，轻轻涂在宋青书头骨碎处。这黑色药膏便是"黑玉断续膏"，乃西域金刚门疗伤接骨的无上圣药。当年他向赵敏乞得，用以接续俞岱岩与殷梨亭二人的四肢断骨，尚有剩余。他掌内九阳真气源源送出，将药力透入宋青书各处断骨。

（见《倚天屠龙记》新修版第三十八回《君子可欺之以方》）

武当文化注定了武当的波折不断，但武当的生命却无虞。从这个意义上讲武当就像中华文明经历过很多次磨难还能绵延几千年而不绝一样。

开店的没有不想开成百年老店的，做企业的没有人不想长久。建立如武当一般的文化可能是必备的。

3. 公司文化之日月神教

《笑傲江湖》中日月神教经历了篡权和复辟两个篇章。篡权成功的原因是大领导的刚愎自用和二领导的口蜜腹剑。复辟成功的原因是新领导不参与管理，靠特务控制下属,靠严刑峻法震慑员工。新旧领导身上体现的组织文化都必然引起觊觎,带来倾覆。

任我行道:"什么叫作黑木崖上的切口?"盈盈道:"上官叔叔说的什么'教主令旨英明,算无遗策',什么'属下谨奉令旨,忠心为主,万死不辞'等等,便是近年来在黑木岸上流行的切口。这一套都是杨莲亭那厮想出来奉承东方不败的。他越听越喜欢,到得后来,只要有人不这么说,便是大逆不道的罪行,说得稍有不敬,立时便有杀身之祸。"任我行道:"你见到东方不败之时,也说这些狗屁吗?"盈盈道:"身在黑木崖上,不说又有什么法子?"

(见《笑傲江湖》新修版第三十回《密议》)

任我行以前当日月神教教主,与教下部属兄弟相称,相见时只抱拳拱手而已,突见众人跪下,当即站起,将手一摆,道:"不必……"心下忽想:"无威不足以服众。当年我教主之位为奸人篡夺,便因待人太过仁善。这跪拜之礼既是东方不败定下了,我也不必取消。"当下将"多礼"二字缩住了不说,跟着坐下。

(见《笑傲江湖》新修版第三十一回《绣花》)

做企业的必须提防黑木崖的两种文化因子的渗入。遗憾的是这种悲剧不时在上市公司上演,2020年发生在某个上市公司的二股东下毒谋害大股东事件就是例证。

4. 公司文化之星宿派

《天龙八部》中星宿派的文化是逐级吹捧,武林争斗时,打赢时吹,打输了也吹。掌门人在场吹掌门人,掌门人不在场吹掌门人和大弟子等。星宿派得以立足江湖靠的是竞争机制,派中人人做得了大师兄——如果你打赢了现在的大师兄。然而这种内部的竞争机制不足以保证其持续经营,掌门人被擒,星宿派立马树倒猢狲散。

阿紫笑眯眯地向摘星子道:"本门规矩,更换传人之后,旧的传人该当如何处置?"摘星子额头冷汗涔涔而下,颤声道:"大大……大师姊,求你……求你……"阿紫格格娇笑,说道:"我真想饶你,只可惜本门规矩,不能坏在我的手里。你出招罢!有什么本事,尽力向我施展好了。"

(见《天龙八部》新修版第二十五回《莽苍踏雪行》)

上市公司必须有竞争机制,但上市公司更需要坦诚作为文化的基石。外部股东更欣赏管理层的坦诚。

5. 公司文化之神龙教

《鹿鼎记》中神龙教的文化是金庸小说中最卑劣、最下作的。教主洪安通管理教中所有人的办法是强迫别人吃下毒药,用解药控制下属。这种胁迫文化注定没有明天,神龙教一代而兴一代而亡。

胖头陀道:"这豹胎易筋丸药效甚是灵奇,服下一年之内,能令人强身健体,但若一年满期,不服解药,其中猛烈之极的毒性便发作出来。却也不一定是拉高人的身子,我师哥瘦头陀本来极高,却忽然矮了下去,他本来极瘦,却变得肿胀不堪,十足成了个大胖子。"

(见《鹿鼎记》新修版第二十回《残碑日月看仍在 前辈风流许再攀》)

上市公司从股东到员工都是有限责任的,没有人只能受雇于一家上市公司,也没有股东要担负无限责任。正是从这个意义上讲,上市公司是自由的,公司制度的诞生是人类文明的进步。任何企图胁迫他人的行为都不可能长远,任何胁迫人的公司也不会成功。让自由的花朵开遍资本市场的每一个角落吧!

6. 公司文化之明教

《倚天屠龙记》中明教的行动纲领是反对暴政,扶贫济困,为善除恶。教主阳顶天死后,地位最高的四大法王在教规和民意对立时选择不同的态度,有人坚持先厘清教规上的障碍再顺应民意,有人坚持如不顺应民意则全教覆灭,顷刻间明教四分五裂。明教的文化是江湖义气,明教中人绝大多数义薄云天。

隔了半晌,只听得嘿嘿、哈哈、呵呵之声不绝,明教众人一齐大笑,声音响亮。

灭绝师太怒道:"有甚么好笑?"锐金旗掌旗副使吴劲草朗声道:"我们和庄大哥誓共生死,快快将我们杀了。"灭绝师太哼了一声,说道:"好啊,这当儿还充英雄好汉!你想死得爽快,没这么容易。"长剑轻轻一颤,已将他的右臂斩了下来。

吴劲草哈哈一笑,神色自若,说道:"明教替天行道,济世救民,生死始终如一。老贼尼想要我们屈膝投降,趁早别妄想了。"

(见《倚天屠龙记》新修版第十八回《倚天长剑飞寒铓》)

显然只靠义气经营不好任何一家企业,但讲义气可以交到真正的朋友,只有真正的朋友才会在你最危急的时候伸出援助之手。所以说明教的文化可以免死却不能助生。上市公司必须回到现代公司治理的商业文明中才有投资价值。

7. 公司文化之全真教

《射雕英雄传》中全真教的文化是团结。天罡北斗阵能抵御东邪西毒,也只有天罡北斗阵能抵御东邪西毒。全真教的难堪在于武功一代不如一代,从王重阳到马钰到尹志平,最后连天罡北斗阵也要靠郭靖才能运行起来,团结的后果也。团结就会抱团,抱团就会排外,排外就不需要竞争,不竞争就论资排辈,论资排辈就不需要刻苦练功,不刻苦练功自然就武功低微,武功自然就一代不如一代。

马钰道:"黄岛主,多承你手下留情。"黄药师道:"好说。"马钰道:"按理说,此时晚辈命已不在，先师遗下的这个阵法，已然为你破了，我们若知好歹，该当垂手服输，听凭处治。只是师门深仇，不敢不报，了结此事之后，晚辈自当刎颈以谢岛主。"黄药师脸色惨然，挥手道："多说无益，动手罢。世上恩仇之事，原本难明。"

（《射雕英雄传》修订版第三十四回《岛上巨变》）

全真教的文化是度过初创期，进入成长期的上市公司的大敌。如果这些上市公司只是形式上上市了，文化上没有涅槃重生，不抱着开放的态度，只守着自己的一亩三分地，只想着老婆孩子热炕头，其未来肯定是暗淡的，能一代不如一代地坚持三代已经是其造化了。这样的公司不值得持有。

三、结语

上市公司跟踪是投资管理的日常工作，不需要太多的创造性，只需要时刻保持对公司信息的关注。做这项工作只要按部就班，萧规曹随。做好这项工作要求我们做到不松懈、不粗心、不偷懒、不自以为是。记录整理和及时比照是主要工作手段，对不符合预期的上市公司要寻找出原因，发现其中的问题。如果这些问题已经动摇了此前的预测基础，我们必须重新研究，视结论决定：该调整投资组合的就调整投资组合，该剔除出股票池的就剔除出股票池。

第十六章
投资心理管理

至此我们的写作似乎该结束了。该介绍的都介绍了,该阐述的都阐述了,建立在经济学和金融学基础上的价值投资理论已经能够帮助投资者搭建自己的投资框架,资本市场实践的知识和经验已经足够投资者扬帆起航了。可是当笔者回顾写作过程时,好像总能听到投资者在几个问题上的疑惑,那种似断非断、时有时无的声音让笔者无法放心地停下笔来。

一、几个疑问

投资者,特别是入市时间较长的投资者,尤其是尝试过价值投资的入市时间较长的投资者,通常有几个疑问:① 有效市场与安全边际冲突吗?② 跌破净资产的股票继续下跌是不是意味着安全边际高?③ 我的股票换手率低,成交金额小,要不要换掉?④ 调整投资组合时我总是卖掉赚钱的股票而保留亏损的股票,我的朋友也是这样做的,事后看好像错了,但我难以改过来,咋办?

这些问题有的困扰了投资者的方法论,有的困扰了投资者的具体操作。有的问题很有价值;有的问题属于没有完全理解我们前面的介绍——至少在目前看来;有的已经不属于传统的金融学争论范畴,而是投资心理学方面的问题,需要较为前沿的行为金融学知识才能解释。

(一) 有效市场与安全边际冲突吗?

现代投资组合理论是金融学和经济学专业学生的必修课。作为重要内容的有效市场假说每年在成百上千的大学课堂上讲解推演,传授给一代又一代的莘莘学子。有效市场假说既是课堂上的宠儿,也是金融课题研究者的热门,翻开经济学和金融学的研究期刊,你不时能看到与我国资本市场有效市场假说检验相关的文章,诸如《我国证券市场弱式有效的实证检验》《上海股票市场半强式有效性实证研究》《深圳股票市场有效性实证研究》等。

理论上,有效市场中投资者不可能基于对市场交易价格研究及上市公司基本面分析获得超额收益,可是投资实践中有不少投资者连续系统性地跑赢市场指数,让有效市场假说成为经常受攻击、受怀疑的对象。现在反对有效市场假说和支持有效市场假说的阵营日益庞大。反对者以集中投资的基金经理和投资经理为主，他们人数未必多，但拥有的资金资源多，投资界地位崇高，信徒遍布世界各地，声音有分量，其中以巴菲特的声音最为洪亮。支持者的优势是人数多，特别是每年新加入的人数多，投资新星、投资明星也不时出现，闪耀夜空。他们理论知识广博，技术手段熟练，接受新思想快，学习能力强，他们擅长的领域在指数交易、在对冲交易、在量化交易、在高频交易。他们机敏地发现市场没有处在有效边界（与此前章节的有效前沿是同一个意思）的每一次机会，试图利用它、熨平它。可是他们及他们的追随者无法像军队一样步调一致，他们熨平市场的时候大多数时候会用力过猛，往往会冲过头，几乎不可能刚好停在有效边界上。从某种意义上讲，正是这种试图纠正市场失衡的行为产生了市场失衡。

有效资本市场假说有三种形式：

1. 弱式有效市场假说（Weak-Form Market Efficiency）

该假说认为在弱式有效的情况下，市场价格已充分反映出所有过去历史的证券价格信息，包括股票的成交价、成交量，卖空金额、融资金额等。

推论一：如果弱式有效市场假说成立，则股票价格的技术分析失去作用，基本分析还可能帮助投资者获得超额利润。

2. 半强式有效市场假说（Semi-Strong-Form Market Efficiency）

该假说认为价格已充分反映出所有已公开的有关公司营运前景的信息。这些信息有成交价、成交量、盈利资料、盈利预测值、公司管理状况及其他公开披露的财务信息等。假如投资者能迅速获得这些信息，股价应迅速做出反应。

推论二：如果半强式有效假说成立，在市场中利用基本面分析则失去作用，内幕消息可能获得超额利润。

3. 强式有效市场假说（Strong-Form Market Efficiency）

强式有效市场假说认为价格已充分地反映了所有关于公司营运的信息，这些信息包括已公开的和内部未公开的信息。

推论三：在强式有效市场中，没有任何方法能帮助投资者获得超额利润，即使基金和有内幕消息者也一样。

事实上巴菲特不只是反对有效市场假说，他一直想推翻现代投资组合理论整座大厦。现代投资组合理论中基础概念风险的定义是股价的波动，波动越大风险越大，巴菲特认为风险是投资损失的可能性，如果企业价值基本恒定的话，下跌意味着风险的释放。继续下跌的股价在巴菲特看来是风险减小了，而现代投资组合理论的看法完全相反。现代投资组合理论关于组合投资的多元化策略可以有效降低投资风险的观点也不被巴菲特所接受，他用自己的实践试图证明"多元化是无知的保护伞"。巴菲特反对有效市场假说的理由是：没有证据表明，所有投资者都会分析所有可能得到的信息,并由此获得相同竞争优势。通俗地说,上市公司的信息是一视同仁的,但投资者中总会有人没有获得这些信息。原因在于有人没掌握方法,有人没有能力,有人没有耐心,还有人漠不关心,其结果自然就是有人可以获得竞争优势。

不得不说现代投资组合理论关于证券市场是一种理想的刻画,就像古典经济学中瓦尔拉斯首倡的均衡理论一样,是学者心中的世界大同。在瓦尔拉斯的那个世界内,生产者不愁产品卖不掉,发行者不愁股票发不出去,消费者不愁买不到心仪的东西,投资者不愁股票买贵了。均衡时的商品价格指引着社会资源的配置,就像有只看不见的手,生产和消费被调度得井井有条,有效的资本市场合理配置社会要素,商品和资本高效地联系在一起,社会进入帕累托最优,不再需要任何改变,世界已经大同。

有效市场假说最多只是一种理想状态,这种状态停留的时间可以忽略不计,纠正的过程一定带来新的偏差,纠正的过程中可能会达到有效边界,但一定又会越过,因为不可能有刚刚好在奥运会百米决赛终点线上停下的运动员。现代投资组合理论的瑕疵在于不可能所有的投资者都掌握市场所有的信息并正确地分析和利用它。事实上就这一点而言,市场参与者都心知肚明,只不过有效市场假说的拥趸不说出来罢了。

今天价值投资者阵营中也不乏现代投资组合理论的同情者,尤其是在经历了被成长型投资不断拉开差距的价值型投资的坚持者中。过去50年,价值型投资法和成长型投资法将价值投资者一分为二。我们前面介绍过,它们的差别在于对公司的估值体系不同,价值型投资坚持格雷厄姆的传统,以公司的账面价值为主要估值基础;成长型投资的估值基础是现金流折现。美国资本市场的"漂亮50"(Nifty Fifty)出现后,两派渐行渐远。它们就像金庸小说《笑傲江湖》中华山派的剑宗和气宗,本来是同气连枝的,后来却分道扬镳,最后竟然形如仇寇。现在它们不仅成为投资思想的学派,而且成为区分产品、经理和组织的标签。基于这一区别,一个持续的记分牌被保留下来,用来衡量一个阵营对另一个阵营的PK表现。有报告显示,在21世纪的第二个十年里,价值型投资的表现落后于成长型投资,这导致一些人宣称价值型投资将永远消亡。而另一些人则断言,价值型投资的伟大复兴即将到来,就像冬天总会过去,春天一定会到来一样。

(二)跌破净资产的股票继续下跌是不是意味着安全边际高?

这个问题的答案不尽相同,即使由价值投资倡导者来回答也一样。关键在于你的提问对象是谁。

如果你问格雷厄姆,他肯定毫不犹豫地说:"Yes, absolutely!"

如果你问巴菲特,他会犹豫一会说:"Sometimes it's true, sometimes no."

前面介绍过，价值投资早期普及者之一格雷厄姆奉行的是低估值风格。格雷厄姆的风格被他的弟子巴菲特称为捡"烟屁股"，他强调寻找那些根据资产负债表上的资产，其清算价值比股票市值高很多的公司。格雷厄姆以此方法取得了令人羡慕的投资业绩。

价值型投资估值基础是企业的账面资产，其重估价值或者说是清算价值的预测稳定性和准确性较高，作为估值的目标对于所有价值型投资者来说都不是非常难确定的，即使是对于初学者而言。由此计算出的安全边际自然就会随着股票价格的下跌而提高。

巴菲特没有给出明确的答案，是因为他无法判断成交价是否在估值之下。如果是，那你的问题的答案是肯定的；如果不是，答案是否定的；如果不确定，答案是不确定。

在巴菲特眼中，市净率 PB 小于 1（破净股票）的公司未必被低估，市盈率 PE 小于 10 的公司也未必被低估，市净率超过 5 的可口可乐值得重仓买入，市盈率 13 倍的苹果必须追高。PB、PE 从来不是估值的工具，它们只能用作描述上市公司及证券市场。那些最具有"低估值参数"（低 PE、低 PB）特征的股票，通常不具有成长型特征。"低估值参数"不是低估的同义词。人们很容易被前者所诱惑。但以低市盈率的股票为例，只有当其当前的盈利和近期的盈利增长能够说明未来也能保持增长时，才有可能成为便宜货。仅仅追求低估值指标可能会让你陷入所谓的"价值陷阱"：那些在数字上看起来很便宜但实际上并不便宜的东西。因为它们有经营上的弱点，或者因为创造这些估值的销售和盈利在未来无法复制。

估值的问题如此重要，估值的问题又难以掌握，对于成长型投资者来说，不下点功夫肯定是不行的。经济学十大定律之首就是"世上没有白吃的午餐"。

（三）我的股票换手率低，成交金额小，要不要换掉？

价值投资者的答案是"不用"。他们经常昂着头说："投资是一项孤独的修行！"他们坚信"是金子总会发光的"。股票价值回归的道路可能是曲折的，等待可能是漫长的，但前途一定是光明的，结果一定是明确的。收获有时需要辛勤的汗水来浇灌，时间是价值投资者的朋友。

（四）调整投资组合时我总是卖掉赚钱的股票而保留亏损的股票，我的朋友也是这样做的，对吗？

价值投资者的回答是看股票经风险调整后的预期收益率。这个答案冷冰冰的，没有一丝热情。

上面关于问题（三）和（四）的答案是理性经济人的标准回答。理性经济人做出的所有肯定的答案都是他们推理和演绎的结果。他们充满理智，既不会感情用事，也不会盲从,而是精于判断和计算,其行为是理性的。

不会感情用事的理性经济人有感情吗?如果是个抽象的概念,自然不会有感情,如果是个活生生的人,没有感情是不可能的,而且经济学中最基本的概念"效用"除了经济含义外,还可以被赋予情感,例如快乐、自豪、自信、坚定、后悔、痛苦、犹豫、沮丧、冷漠等。从微观个体行为以及产生这种行为的心理等动因来解释、研究和预测金融市场发展的学科就是行为金融学。

行为金融学知识可以帮助我们更加全面地解决投资中的困惑。

二、行为金融学的财富效用公式

效用是经济学中最基本的概念之一。效用函数满足两个条件:效用越多越好和边际效用递减。数学含义为:效用函数的一阶导数大于0,二阶导数小于0。

经济学家构建过许多效用函数,伯努利构建了财富效用函数,其表达式为:

$$U = \ln W$$

其中,自变量 W 是财富。

运用伯努利财富效用公式,经济学家可以得出相同的财富变化比例对应相同的效用变化的结论,因为"$U_1 - U_2 = \ln(W_1/W_2)$"。由此可推断出只要社会的财富占比不变,也就是社会的贫富状况不变,社会的效用就不变,财富变化能在富人和穷人中唤起非常相似的心理回应。相反,如果富人的财富增长速度适当低一些,穷人的财富增长速度稍微快一点,社会的发展带给穷人的满足程度更高,富人满足度虽然没有穷人增加得多,但也在较高的基数上增加了,这样的发展岂不是真正的和谐发展吗?这样的和谐发展只需满足一个条件:名义收入和实际收入要保持同步,名义收入经过通货膨胀调整后可以得出实际收入。遗憾的是通货膨胀像个小偷,光顾了我们每个人,总体上穷人作为债权人是受损的一方,富人作为债务人是受益的一方。这个小偷偷走了穷人的获得感,也剥夺了政府的努力。有人说,政府不是不遗余力地管理通货膨胀吗?这句话别人可以说,你可千万不要当真。自从有了法币,多印点钱比啥事都轻而易举。一有风吹草动,政府首先想到的是印钱。钱印多了,通胀就来了,钱不走,通胀也不会离开。弗里德曼说过:"通货膨胀在任何地方都是货币现象(Inflation is always and everywhere a monetary phenomenon)。"

经济学家发现伯努利财富效用公式无法处理财富的绝对数字增减带来的效用改变量,如果硬要计算,实际意义也不大。好比小明有100万元,它的效用是6,增加了10万元,它的效用是6.04,效用的增加值为0.04。小涛有10万元,它的效用是5,增加了10万元,它的效用是5.3,效用的增加值为0.3。两人的效用值的增值相差较大,而增加的10万元对于小明和小涛来说,可能的效用是一样的——比如都用来买家里的第一辆车。

伯努利财富效用公式存在的缺陷并没有让人们放弃使用它,直到出现一个明显不合理的案例:

从前,小明有100万元,小涛有10万元。

现在,小明有50万元,小涛有50万元。

根据伯努利财富效用公式,现在小明和小涛的财富效用应该一样,他们该一样高兴或者一样沮丧。大家感受一下,小明财富缩水了一半,应该沮丧才是,小涛财富暴涨4倍肯定特别高兴。他俩的财富效用会一样,有冇搞错?

现代投资组合理论的奠基人马科维兹发现,财富效用是伴随财富的变化出现的,而不是伴随财富的各种状态出现的。伯努利财富效用理论没有考虑参照点,该是前景理论登场的时候了。

三、前景理论揭示的真相

前景理论原创性地设立了参照点,作为观察效用变化的立足点和着眼点。有了参照点,人们对财富效用的感受将分为财富增加区间和财富减少区间——投资时分别对应盈利和亏损。在不同的区间,前景理论发现人们的财富效用变化不同——即使对应相同的财富变动比例。

可以简单地认为前景理论部分继承了伯努利财富效用公式,但在财富增加区间和财富减少区间有所不同。如果将效用与财富的关系绘制在以参照点为原点,以财富为横轴、效用为纵轴的笛卡儿坐标系(如图16-1所示)上,第一象限的图形与伯努利财富效用公式描绘的基本相同,第三象限的图形如果围绕原点旋转180度,在现状上与第一象限的图形基本类似,但刻度数值区别明显。

前景理论最重要的发现是人们对亏损的反应比对盈利的反应大得多。这种现象被称为"损失厌恶",两种反应的比值的绝对值叫作"损失厌恶系数"。有几个实验曾对"损失厌恶系数"做过调查统计,得出的结论是这个系数通常在1.5到2.5之间,大多是2。粗略地看,对于相同的比例,人们财富增加得到的效用不及财富减少的一半,投资者亏损时感到的痛苦比盈利带来的快乐多一倍,也就是说:"失去比得到给人的感受更强烈。"

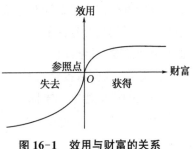

图16-1 效用与财富的关系

前景理论还发现了大多数人在有确定性选项时会规避风险,大多数人在面临肯定损失时是愿意冒险的。

在股票市场中,2019年以后的几年中我国A股中成长确定性很高的公司股票估值得到提升的现象好像也能得到部分解释。

前景理论发现大多数人倾向于冒险选项。当期望是损失时,人们抛弃了确定性。确定性不是参照点,面对确定性,人们可能这样选择,也可能选择相反。人类都善变,不光是女人。

面对肯定的损失,人们选择冒险,这也应了我国的那句生存哲学:"与其坐以待毙,不如铤而走险。"

四、心理账户

投资者买入股票时所花的费用跟持仓的市场价值没有任何关系。当你卖出时你的交易对手不关心你的股票是以什么价格买入的,在现代化交易系统里,他甚至都不知道你是谁,你也不会关心他是什么人。你们在双方认可的价格下进行了产权的转移,他获得了股权,你获得了资金,这个交易就像你买股票时一样——你也没有关心出售股票给你的投资者的买入价。

在金融学里,这种以往发生的,但与当前决策无关的费用叫作沉没成本。理性经济人应该排除沉没成本对决策的干扰,就像2001年诺贝尔经济学奖得主斯蒂格利茨教授在《经济学》一书中举的例子:

假设现在你已经花了7美元买了电影票,你对这场电影是否值7美元表示怀疑。看了半小时后,你的最坏的怀疑应验了:这电影简直是场灾难。你应该离开电影院吗?在做这一决策时,你应该忽视这7美元。这7美元是沉没成本,不管是去是留,这钱你都已经花了。

投资者往往无法摆脱买入成本的影响,一个重要的因素是总有人提醒你它的存在。只要你打开券商的交易终端查看你的投资组合时,每一只股票的盈亏情况总是清清楚楚,通常浮动盈利的用红色显示,浮动亏损的用绿色显示。

实际上,大多数投资者对交易终端显示的个股盈亏状况都非常在意。这种记录在他们的心中建立了牢固的印象。对照前景理论的方法,投资者以买入成本作为参照点,市场价对应买入成本计算出收益或亏损,这个存在于投资者心里的账户叫作心理账户。

行为金融学教授理查德·萨勒认为:小到个体、家庭,大到企业集团,都有或明确或潜在的心理账户系统。在做经济决策时,这种心理账户系统常常遵循一种与经济学的运算规律相矛盾的潜在心理运算规则,其心理记账方式与经济学或数学的运算方式都不相同。因此经常以难以预期的方式影响着决策,使决策违背最简单的理性经济法则。

心理账户满足前景理论的应用条件,自然就符合前景理论的相关结论。

投资者为每只股票都建立了心理账户,心理账户记录了股票的盈亏情况及收益率。心理账户随着股价的波动而波动,心理上的波动自然是不可避免的,情绪难免也会受到影响。

五、问题(四)的行为金融学解释

当我们掌握了心理账户和前景理论后,我们就可以理解提出问题(四)的投资者心中的疑惑。

假设投资者持有两只股票——股票甲和股票乙,建立的两个心理账户分别为心理账户甲和心理账户乙(以下简称为账户甲和账户乙),账户甲盈利5%,账户乙亏损5%,股票的效用曲线根据前景理论绘制。

账户甲效用为正,账户乙效用为负,在效用的绝对数值上,账户乙的明显大于账户甲的。如果将两个账户的效用相加,总计为负。

投资者面临新的投资机会,如果只能卖出一只股票,他的决策肯定是股票甲。理由有三:新的投资机会也具有不确定性,根据实验三的结论,账户有盈余的适合冒险,而只有账户甲满足这点,所以卖掉股票甲,这是一个理由。理由二是账户甲与账户乙的效用预测。如果上涨,账户甲的效用增加得慢,账户乙的效用增加得快,这是因为账户甲处于效用的平台段,增速缓慢,而账户乙将进入效用损失的尖锐阶段,因而收复得快,再乘系数,账户乙的效用增长得更快。如果下跌,账户甲的效率损失将进入尖锐阶段,而账户乙处于平台段,减速较为缓慢,这是因为账户乙的系数较高。所有结果难以确定,有可能账户甲划算,也有可能账户乙合算。综合起来应该保留股票乙。理由三,账户乙符合实验二的条件,应该保留股票乙。

六、窄框架与宽框架

为问题(四)找到的三个理由几乎完美地解决了问题,如果是考试,得到高分应该不成问题,没有得满分的原因是理由二有些瑕疵,不完备。股票甲和乙的未来走势除了同涨同跌外,还应该有一涨一跌、不涨不跌、一变一不变等情形,此外即使是同方向变动,还有变动幅度不同的情况。不过给出上面答案的人未必服气:你这样讨论哪里是尽头,我们只要在大致的范围内说明道理就行。

问题的实质就在于这个范围。这种仅限于某个范围或某个对象的讨论是局部的、个体的,通常是片面的,研究问题的框架属于窄框架。用窄框架研究问题经常落入只见树木不见森林的困境,得出的结论有时会被贴上山头主义和宗派主义的标签,用窄框架与人打交道会被认为是圈子文化。与窄框架相对应的是宽框架,用宽框架研究问题是整体的、全面的和全局的。

现在用宽框架来研究问题(四)。

首先考虑组合的收益和风险,保留哪只股票有利于组合的绩效。根据最新的估值计算股票甲和乙的预期收益率,哪只股票的高就保留哪只股票。

其次根据年化收益率选择,保留高的那只股票。如果结论跟上面的不一致,有经验的做法是两只股票都减点仓,比例上通过年化收益率选择的多减一些。大多数时候年化收益率的测算缺少科学的工具,它跟"市场先生"的情绪直接相关,没准"市场先生"很快就兴奋了,没准"市场先生"总是很沮丧,谁知道呢?

以上所做的计算只与计算时点的股票市场价有关,跟股票的沉没成本无关。在这一点上只有理性的投资者才能真正地做到,需要一定的时间磨炼。

遗憾的是,即使投资者能得出明确的结论,他们有时也不愿意卖掉理应卖掉的已亏损的股票。前景理论指出,卖掉亏损股票的痛苦是加倍的,股票卖掉后心理账户就关闭了,这个痛苦的记忆将永远跟随着投资者的投资生涯,不时冒出,折磨你一下。大部分投资者模糊地希望有朝一日能等到翻身之时,有些投资者坚定地认为只要不卖出,就没有真正地亏钱,套牢的等待只为解套时饮的美酒更甘醇。

在这些投资者认知上还有些内容需要探讨,比如禀赋效应,比如处置效应,关于自信,关于后悔。

七、禀赋效应

传统经济理论认为人们为获得某商品愿意付出的价格和失去已经拥有的同样的商品所要求的补偿没区别,即自己作为买者或卖者的身份不会影响自己对商品的价值评估,但禀赋效应理论[1]否认了这一观点——拥有一件东西会让你高估它的价值。在人们拥有一件东西之后,人们会倾向于认为,自己拥有的物品比别人拥有的同样的物品更有价值。

禀赋效应表面上是"敝帚自珍",表面上是"孩子是自己家的好",实质上是"损失厌恶"。

禀赋效应的存在会让一些投资者高估持有的亏损股票的价值,表现在对公司未来的经营活动的乐观情绪和对公司现金流预测时的激进以及对折现率选择时的不慎重等。更有甚者,在对公司的信息处理上戴上有色眼镜,有利的信息被采用,不利的信息被忽视,公司经营业绩达不到预期时千方百计为公司找理由,为公司解释,为管理层推诿,尽管这些理由很牵强、很边缘,有的甚至有些荒唐。

---

[1] 禀赋效应是指当个人一旦拥有某件物品,那么他对该物品价值的评价要比未拥有之前大大增加。

八、处置效应

处置效应的信奉者有句口头禅:"他强任他强,清风拂山岗;他横由他横,明月照大江。"

上面讲过,投资者卖出盈利股票以享受成功投资的乐趣,保留亏损股票是不想留下痛苦的记忆。这种投资者持有亏损的股票而卖出盈利的股票的偏好就是一种处置效应。

与禀赋效应一样,投资者需要管理好处置效应。普通投资者陷入处置效应无法自拔的,可能带来非常严重的经济损失,特殊情况下可能血本无归。价值投资者投资的公司如果陷入价值陷阱,投资价值的塌陷带给投资人的损失也会比较大。对此投资者不可不防。

实际上,处置效应是一种窄框架。放入宽框架中讨论处置效应通常可以消除可能由此引起的危害——除了对后悔情绪的管理。

九、后悔

后悔是由替代现实的可用性引发的反事实情绪,是一种自我惩罚。

下列行为会让价值投资者后悔:

(1)一位奉行价值投资的朋友向我推荐他研究过的一家公司,我没有研究,就买了,结果套了不少。

(2)我自己发现一家公司,仔细研究后,想买时,一位朋友说他跟这家公司很熟,公司一般,不建议买,我就没买,结果股价翻番。

(3)我仔细研究了一家公司,定了买入价,股价一直没到达过这个价格,错失了大牛股。

(4)我研究了一家公司,买入后股价下跌了一些,公司出年报后,我发现一个重要的信息跟我预测时差距较大,而且会持续一段时间,但我认为股价已经反映了这个信息,没有采取行动,结果股价继续下跌。

(5)我研究了一家公司,买入后股价下跌不少,按照经验我果断割肉卖出。公司出年报后,我又研究了一遍,发现基本面跟预测的没有变化,安全边际加大了,应该买进。但我犹豫了,因为害怕被同一块石头绊倒两次。想起上次亏损的心理账户,我放弃了。后来股价暴涨。

(6)去年研究了一家公司丁,简单测算的预期收益率比投资组合中的股票丙高出不少,将股票丙换成股票丁,结果一年下来,股票丙的涨幅远远超过股票丁。

在大众的眼里,(1)是不可原谅的,应该受到责备;(6)是值得同情的,谁没经历过呢？人们采取行动而产生了不如保持原状的结果时往往后悔感更强一些。大众预料到你的后悔,这唤起了他们的同情心。其他不好评论。

在你的心中,以上所有都会让你感到后悔,后悔本身就是投资生活的一部分。归根结底,有些是学艺不精造成的,比如(2)(3)(4);有些是受心理扰动影响偏离了业务规范,比如(5);有的你会不以为然,比如(6)。具有讽刺意味的是,大众对你的同情,你全然无感(好像是人们常说的"价值投资者是反人性的逆行者"),而这可能正是你通往专业投资者的标志之一。有的是成长途中都会缴的学费,比如(1)。要成为一个成功的价值投资者,你除了要付出比普通投资者更多的时间和精力学习外,获取丰富的实践经验也是必不可少的。这些经验获得的背后多多少少会有些金钱的损失、时间的浪费及情感的付出等。一个聪明的投资者必能将这些支出变成自己成长的宝贵财富,经历风风雨雨的洗礼,终将见到绚丽的彩虹!

后悔的情绪会使投资者陷入处置效应不能自拔。不少投资者因为担心将来后悔而在应该做出改变决定的时候继续保持原来的状态。后悔的风险是不对等的,其不对等性通常体现在决策时偏向于大众化的和厌恶风险的选择。当然不能排除有些投资者在后悔情绪的笼罩下为了摆脱困境而做出非理性的决定,进而造成更为严重的后果。往往是该加仓的没加仓,该减仓的没减仓,该满仓的没满仓,该割肉的没割肉。这些非理性的结果会让不少投资者感到还不如维持原状,投资者又会回到处置效应中。处置效应在事态变化时会加重投资者的后悔情绪,这使投资者做出理性的决定更加困难。一直处于处置效应中成为投资者不得不接受的结果。

十、摆脱处置效应需要外部帮助

有些投资者是幸运的,政府的税收制度提供了摆脱处置效应所需要的外部帮助。在美国,卖掉亏损股产生的负的资本利得可以抵扣税赋,可以观察到美国的投资者会在12月卖掉更多的亏损股票。一年中每个月都可以用负的资本利得抵扣税赋,在除12月以外的其他月份,心理账户的影响让大多数投资者期待明天会更好,不到万不得已不想在心理账户上留下亏损,放大痛苦。万不得已的日子就在每年的12月。

享受不到这项制度的投资者可以借助他人摆脱处置效应。这个人可以是你的亲人,可以是你最好的朋友。你需要给他们明确的指令,而不是让他们决策。他们要做的只是下单输入指令就行。你可千万不要让他们代替你决策,那样的话,结果只会更糟。如果给他们的指令是斩仓,他们通常会快刀斩乱麻。如此,换人如换刀,你方可摆脱处置效应,告别心理账户的阴影。

十一、价值投资者必须坚持慢思考

2002年诺贝尔经济学奖得主卡尼曼将认知系统分为系统一和系统二。

系统一：反应快速，依赖直觉，包含各种偏见，不那么精确，随时运作，低成本、低能耗。系统一属于快思考。

系统二：工作起来需要人们集中注意力，但理性精准，运行需要分析与推理的介入，高成本、高能耗。系统二属于慢思考。

快思考和慢思考都有大量的使用者，从数量上讲目前我国很多投资者只用快思考进行股票买卖决策。我们来看几个例子：

你最好的朋友告诉你××股票好，你立马买入；

你听到CCTV2上的分析师谈论的××公司，觉得不错，你买入；

你观察到某某基金表现不错，你决定申购；

你看到某某股票成交量放大，K线组合呈多头排列，你买进；

你看到某某股票价格接近历史低点，你查看了股票的市盈率、市净率、分红率，你还留意到公司没有经营亏损，你建仓；

你看到某某上市新股是你经常消费的品牌，你买入。

这些靠自觉而做出的决策都属于系统一，是快思考。这些"拍脑袋"产生的决策多是机械的、快速的，甚至是盲目的，都未经过大脑的深思熟虑。我们不去探究这些决策的结果——这不是我们最关心的，我们注意到这些快思考下决策的一个后果就是市场的交易量放大，增加了市场噪声。

慢思考是理智思维模式，这种理智的思维模式是认知过程的反思部分，它是一种可控的方式，投入努力才显得慢速。当我们清醒时，快思考和慢思考都处于活跃状态，当快思考遇到障碍时才会向慢思考求助。遗憾的是大多数人很少动用慢思考，倒不是因为慢，而是他们认为可以快速而准确地处理所有的问题，包括股票投资的事情，然而结果往往难以如愿。

慢思考需要自我控制，持续的自我控制显然是令人不快的，这也是大多数人不愿意慢思考的原因之一。

价值投资者必须使用慢思考，事实上不动用慢思考你也不可能完成我们探讨的价值投资方法的学习和实践。价值投资者的痛苦是必须坚持慢思考，始终处在自我控制中，始终头脑清醒，始终坚信理念，始终保持对上市公司的关注，始终对照预测条件的变化，始终关注估值的基础，始终留意在自己能力范围内的上市公司。一句话就是：始终专注于公司基本面。

价值投资者在慢思考中沉思、冥想、自言自语、左右手互搏、自己跟自己下棋，这注定他是个求道者。没有坚定的信念成不了求道者，没有健康的体魄成不了求道者。智力普通的人也可以成为求道者——只要他不断地学习。价值投资者实践价值投资的过程就是一场求道的修行。

十二、结语

我们编了一首名为《致敬价值投资》的诗歌,献给价值投资的实践者,并以此作为本书的结尾。

致敬价值投资

谁说价值投资阳春白雪?
价值投资也可下里巴人。
谁说价值投资易懂难学?
价值投资只需按部就班。
谁说价值投资作茧自缚?
价值投资终是破茧成蝶。
谁说价值投资故步自封?
价值投资总是与时俱进。
谁说价值投资刻舟求剑?
价值投资经常因时制宜。
谁说价值投资冷若冰霜?
价值投资时常热情如火。
谁说价值投资暴殄天物?
价值投资往往精准出击。
谁说价值投资浪费时间?
价值投资一直惜时如金。
谁说价值投资三心二意?
价值投资从来专心致志。
谁说价值投资浅尝辄止?
价值投资一贯持之以恒。
谁说价值投资者因噎废食?
价值投资者始终百折不挠。
谁说价值投资者胜负难料?
价值投资者终将所向披靡。